本书系上海市哲学社会科学规划青年项目“新赶考路视域下中国共产党人民主体观创新发展研究”（2022EKS001）阶段性成果

马克思“现实的人”理论及其当代价值研究

程 丙 著

人 民 出 版 社

目　录

引言:马克思“现实的人”理论的超越向度

马克思主义是一座“取之不尽,用之不竭”的“宝矿”。作为一门社会科学理论,它由内而外地散发着颠簸不破的真理魅力,巍然屹立于人类思想成果之林;作为一种文明价值取向,它持之以恒地观照着现实世界中人民的生存境遇与前途命运,充分浸润着人民智识与人民意志;作为一面指引人类实践之旗,它科学地揭示了人类社会发展的历史奥秘,指示着人类社会发展演进的光明前景。“马克思是全世界无产阶级和劳动人民的革命导师,是马克思主义的主要创始人,是马克思主义政党的缔造者和国际共产主义的开创者,是近代以来最伟大的思想家。”①他倾注毕生精力对所处的时代和世界进行深入考察,对人类社会发展规律进行深刻把握,形成了科学的、严密的、发展的思想学说体系,给世人留下了丰厚的精神财富。

一

作为这笔精神财富的重要组成部分,“现实的人”是马克思构筑

① 习近平:《在纪念马克思诞辰200周年大会上的讲话》,人民出版社2018年版,第1页。

自身思想学说体系的理论要素，也是马克思探求人类自由解放道路的逻辑支点。马克思关于“现实的人”的理论叙事是开启马克思思想世界的一把“钥匙”。在马克思之前的哲学家那里，关于人的理解和论说大多存在“脱实向虚”的倾向，不同程度地陷入了神秘主义的认识困境，无法正确揭示人的存在与人的本质的内在规定，更无法正确认识人与现实的辩证关系。马克思站在无产阶级劳动大众的立场上，立足无产阶级劳动大众的创造性实践，对以往的哲学家们关于人的追问的虚幻图圄进行了彻底的批判。在此过程中，马克思深入地思考了与“现实的人”密切关联的社会现实问题，科学地认识到“现实的人”在人类社会存在与人类历史发展中的主体作用，系统地阐释了“现实的人”的内在规定，逐步形成了具有变革性意蕴的“现实的人”理论。

从走出象牙塔、担任《莱茵报》编辑开始，马克思对“现实的人”的理论探索大致经过四个阶段。一是从《莱茵报》时期至克罗茨纳赫时期的发轫阶段。面对黑格尔理性国家图景与普鲁士人民水深火热的强烈反差，马克思倾向从“各种关系的客观本性”中为普鲁士人民的正当利益诉求辩护。马克思十分关注“人民的思想、忧虑和希望”，初步萌生“现实的人”的问题意识。二是从《德法年鉴》时期至《巴黎手稿》时期的初步发展阶段。马克思从横遭压迫的“一切受难的人”中关注到“遭受普遍苦难而具有普遍性质”的无产阶级，将其视作“积极建立新世界”的主体力量，并在批判金钱拜物教和劳动异化问题的过程中切近了“现实的人”存在的经济基础根源。三是从唯物史观创立至马克思主义诞生的基本成熟阶段。马克思从生产力与生产关系、经济基础与上层建筑的运动规律中揭示了“现实的人”的主体本质，阐明了“现实的人”在“历史活动的深入”中具有的主体地位，赋予了“现实的人”以崭新的历史书写作用。四是马克思主义诞生以后的深化发展阶段。根据唯物史观的基本原理和不断发展着的"群众的实践",马克思对"现实的人"的理论思考逐步完善。马克思充分地意识到,"现实的人"的主体地位的实现与主体本质的复归具有长期性和复杂性,必须遵循人类历史演进的过程规律、作为主体的人的发展规律以及理论批判与建构的认知规律。在马克思"现实的人"理论的科学指引下,无产阶级劳动大众逐渐觉悟到自身是自己的主人,是社会的主人,更是人类社会发展的主人,并以"联合起来"的创造性实践不断开辟着实现自由和解放的新境界。

可以说,马克思始终将生活在现实世界中的无产阶级劳动大众置于理论视野之内,尊重无产阶级劳动大众的主体地位,崇尚无产阶级劳动大众的主体价值,并从无产阶级劳动大众的主体实践及其内在规定中建构起关于"现实的人"的"真正的哲学"。

在价值指向层面,马克思"现实的人"理论充分观照"人的世界"的评判标准与价值规约,充分彰显"人的世界"的发展目标与价值追求。马克思指出:"人不是抽象的蛰居于世界之外的存在物。人就是人的世界,就是国家,社会。"①从现实性的"人的世界"出发,马克思始终将无产阶级劳动大众作为"批判的武器"的价值主体,坚持以无产阶级劳动大众为中心的价值尺度。从青年时代开始,马克思便面向社会政治现实,关注无产阶级劳动大众的生存境况与主体命运。从为摩泽尔河畔深陷贫困问题的民众辩护到为无产阶级挣脱沉重的枷锁呼号,从批判以往的哲学家们对人的存在的轻视或误解到创立以"现实的人"为核心范畴的唯物史观,从揭露资本主义社会人的异化问题到思考人的自由全面发展的共产主义出路,马克思矢志不渝地坚守着"现实的人"的价值基准,为保障"现实的人"的主体地位、复归"现实

① 《马克思恩格斯文集》第1卷,人民出版社2009年版,第3页。

的人"的主体本质进行不懈探索。虽然马克思关于"现实的人"的叙事过程不断发展、关于"现实的人"的叙事内容也不断完善,但他为了维护无产阶级劳动大众根本利益的价值立场始终没有动摇。马克思置身无产阶级劳动大众一边,为建立一个没有压迫、没有剥削、人人平等、人人自由的理想社会上下求索,深刻诠释了"人的世界"的价值真谛。

在问题指向层面,马克思对"现实的人"的主体性问题进行批判与解构的过程,即是"现实的人"理论的建构过程。在全面考察无产阶级劳动大众的现实样态与主体性境况的基础上,马克思发现了"现实的人"的主体本质被遮蔽、被钳制、被异化的残酷事实,分析了围困"现实的人"的主体本质复归的多重原因。也正是在化解"现实的人"所遭遇的主体困境的过程中,马克思拥有了认识"现实的人"的理论要素与方法范式,从而建构起"现实的人"的理论形态。马克思意识到,无论是在宗教神学领域、国家生活领域还是市民社会领域,无产阶级劳动大众一直处于弱势地位,而异化的力量如同幽灵一般似乎具有掌控一切的本领,充斥在各个领域,不断地消解着人的主体力量。马克思并未迷恋这种"幽灵",而是以"现实的人"为抓手,坚定地批判了异化的多重幻象。在对宗教神学与国家生活的双重批判中,马克思驱散了"上帝""精神""观念""自我意识"等抽象概念对"现实的人"的戕害,将主体本质复归于"现实的人",并进一步阐明了无产阶级劳动大众的主体性意蕴。当深入到市民社会的物质基础层面进行批判时,马克思揭开了资本吞噬"现实的人"的主体性的内在根源,主张唤起无产阶级劳动大众的主体意识、汇聚无产阶级劳动大众的主体力量,以革命之道铲除资本异化的势力,真正恢复"现实的人"的主体地位。

在实践指向层面,马克思"现实的人"理论来源于现实世界中无产阶级劳动大众的主体性实践,又蕴含着作用于这种主体性实践的基本要求。与此同时,马克思对"现实的人"的理论思考也在面向无产阶级劳动大众的主体性实践中不断发展、不断完善。一方面,马克思"现实的人"理论是实践的理论,指引着无产阶级劳动大众改造世界的行动。即马克思指明,无产阶级劳动大众作为"行动着的群众",要充分发挥自身蕴藏的主体力量,与资产阶级统治力量斗争到底,彻底推翻资产阶级统治、打破资本主义生产方式、废除私有制度,建立无产阶级专政、全面占有社会生产资料、充分掌握社会生产力,以不断实现自身的主体地位、改变自身的主体命运。另一方面,马克思"现实的人"理论是伴随实践的深入而不断发展的理论。马克思指出:"在实践中,一开始就和这种共产主义批判相适应的,是广大群众的运动"①。"群众的运动"是马克思"现实的人"理论在实践之维的具体表征。通过对"群众的运动"进行历史地、具体地、持续地考察,马克思"现实的人"的理论内涵也随之不断深化,其真理性光芒也越发彰明。马克思坚信,随着"群众的运动"的影响力日益增强,无产阶级劳动大众的队伍必然更加壮大,"现实的人"的主体地位将会不断提高,"现实的人"的主体本质也必将复归人自身。

二

在马克思主义的研究场域中一直回响着一些纷繁复杂的论调,根据其立场归纳来看,大体可分为保卫马克思、曲解马克思和反对马克思的三种倾向。而且一些曲解、误读甚至抹黑马克思的观点甚嚣尘上,极具魅惑性。"现实的人"是贯穿马克思理论批判的一条重要线

① 《马克思恩格斯文集》第1卷,人民出版社2009年版,第290页。

索,也是马克思理论著作中的高频词汇。从"现实的人"的逻辑向度切入马克思的思想世界、管窥马克思的理论图谱,不仅可以为认识马克思、读懂马克思和学习马克思提供一种可行的理解范式,而且可以从马克思关于"现实的人"的理论求解中回应和批驳对马克思主义的错误附加。

第一,彰显马克思思想理论的整体性。对于"什么是马克思的理论主旨"这一问题,学界存在不同观点,如阶级斗争说、无产阶级专政说、意识形态批判说、现代性批判说、社会发展说等。不可否认,这些论说都囊括在马克思所批判与建构的理论主旨之内,也都能在马克思的文本中找到相关论断,但如果将其中的任一论说拔高为马克思的理论主旨,都或多或少存在偏颇之处,尚不具备足够的说服力。近年来,学者们越来越注重从马克思主义的整体性上理解和把握马克思的理论主旨,进而从这种整体性上认识到,为人类求解放是马克思毕生的奋斗目标,更是马克思矢志不渝的理论追求。"马克思一生饱尝颠沛流离的艰辛、贫病交加的煎熬,但他初心不改、矢志不渝,为人类解放的崇高理想而不懈奋斗,成就了伟大人生。"①而在马克思的文本中,对人类解放旨趣的深刻诠释更多是通过对"现实的人"的主体性批判与主体性建构来具体呈现的,即"现实的人"作为真正的主体,必须摆脱物质与精神的奴役枷锁,不断实现自身的全面解放与全面发展。所以,马克思关于"现实的人"的理论叙事与其整体性的理论主旨是相生相伴、互为表里的。聚焦马克思对"现实的人"的理论思考来进行学理研究,可以为理解马克思的理论主旨提供一种更为具象化的视域;同时,在这种具象化的视域中能够加强对马克思思想理论的整体

① 习近平:《在纪念马克思诞辰200周年大会上的讲话》,人民出版社2018年版,第3—4页。

性认识,更好地呈现马克思思想理论的价值精华。

第二,确证马克思主义发展的连续性。在马克思主义发展的世界版图上,西方马克思主义形成了别具一格的理论“气候”,而关于人的问题的探讨则是西方马克思主义的核心内容。特别是在马克思《1844年经济学哲学手稿》发表以后,人道主义倾向的理论阐释迅速地占领西方马克思主义的阵地,强调马克思主义是一种具有强烈的人道主义色彩的人学理论。列斐伏尔、弗洛姆、马尔库塞、布洛赫、萨特等,无一例外地高擎着人学旗帜,将马克思主义视为人本主义,将社会主义看作对布尔乔亚世界的人学抗议。① 这种人学式解读的典型例证之一,即是将马克思青年时期与成熟时期的思想进行对立分析,认为马克思青年时期关注人的问题,研究总体性的人,是真正的人道主义者,而马克思思想成熟以后,对研究人的问题逐渐失去了兴趣,转向研究经济的物性问题。典型例证之二,则是在马克思与恩格斯及后来所谓“正统马克思主义”之间制造思想隔膜,声称马克思的人本主义思想意蕴在恩格斯晚年的理论阐释中发生了“退化”,而苏联教条式的马克思主义彻底扼杀了马克思的人本主义思想意蕴。随着马克思主义研究的不断深入和马克思主义本土化、时代化发展的逐步推进,肯定马克思主义发展的连续性、批判西方马克思主义人学式解读的片面性,逐渐成为一种共识。那么,如何确证并进一步深化这一理论共识?从马克思“现实的人”理论及其中国化时代化发展的逻辑理路进行回应,不啻为“一剂良方”。其一,马克思对“现实的人”的理论思考与其个人的成长发展轨迹相一致,经历了萌发、初创、定型以及深化四个阶段,这种理论思考的连贯性自然而然地消解了“两个马克思”的对立

① 参见张一兵主编:《当代国外马克思主义哲学思潮》上卷,江苏人民出版社 2012 年版,第 180 页。

“神话”。其二,“现实的人”作为马克思唯物史观的核心范畴,始终指称的是作为实践主体和历史创造者的无产阶级劳动大众,而非西方马克思主义人学“滤镜”下抽象虚幻的人,这一核心范畴的理论内涵及其价值意蕴远远超越了虚无的人学范式,也进一步凸显了西方马克思主义本质性的理论缺陷。其三,中国共产党人坚持解放思想和实事求是相统一,坚持固本培元和守正创新相统一,实现了对马克思“现实的人”理论的中国化时代化发展,并取得了丰硕的理论创新成果,这是驳斥西方马克思主义关于马克思主义发展非连续性质疑的最强例证。

第三,守好社会主义意识形态的“主阵地”。毋庸讳言,在我国的思想舆论领域,时常涌动着形形色色的反马克思主义“暗流”。这些“暗流”尽管辐射领域有所不同、具体论调各有侧重、表现形式也存在差异,但在根本目的上却高度一致,即歪曲事实、混淆是非,抹黑、攻击马克思主义、侵蚀社会主义意识形态。从整体上来看,这些危害社会的错误思潮大多是从唯心主义的世界观出发,以抽象人性论的底层逻辑来炮制各种蛊惑人心的不实言论。它们把人当作编织思想舆论的重要手段,但却拒绝面向历史、面向现实思考人的问题,其实际上都属于西方资本主义的意识形态变体,是西方资本主义价值观输出的舆论形式。因此,坚决地批判抽象人性论,是揭露各种反马克思主义论调伪善实质的根本所在,也是回击各种反马克思主义论调的必然要求。将马克思“现实的人”理论及其当代价值作为理论研究的主体内容,在辩证唯物主义和历史唯物主义的理论园地中甄别“现实的人”与“抽象的人”的本质区别,有利于廓清抽象人性论对马克思主义的抹黑事实,从而能够有理有据有节地批判各种反马克思主义论调,牢牢巩固马克思主义在意识形态领域的指导地位。

三

马克思强调:"问题是时代的格言,是表现时代自己内心状态的最实际的呼声。"①时代发展所面临的迫切问题是反映时代状况的声音,也是把脉时代发展的关键。这启示我们,要善于倾听时代之声、及时解答实践之问。党的十八大以来,中国特色社会主义进入新时代。站在新的历史方位,放眼中国与世界,世界百年未有之大变局加速演进,中华民族伟大复兴进入关键时期。在"两个大局"加速演进并深度互动的时代背景下,我国正在推进中国式现代化这一具有重大历史意义的实践创新。在强国建设、民族复兴的新征程上,我国发展取得了辉煌成就,也面临着一系列新的课题,迫切需要从理论与实践的结合上作出新的解答。马克思"现实的人"理论的方法论意蕴,可以为新时代新征程解答好这些新的发展课题提供重要参考。

其一,强化当代中国实践发展的人民性旨归。人民性是马克思"现实的人"理论的鲜明品格,坚持人民至上的价值理念深深地溶于马克思的血液之中。从马克思关于"现实的人"的理论叙事中解析坚守人民至上的基本规定与实践要求,能够为当代中国实践发展的人民性指向添写最深刻的注脚。一是始终坚持发展为了人民的价值立场。为了改变无产阶级劳动大众受剥削、受压迫的命运,马克思义无反顾地投身无产阶级革命运动,站在革命斗争的最前沿,持续思索着"现实的人"何以复归主体本质、实现全面发展的问题。作为长期执政的马克思主义政党,中国共产党承袭着马克思的遗志,续写着马克思的事业,始终牢记为人民谋幸福、为民族谋复兴的初心与使命,坚持全心全

① 《马克思恩格斯全集》第1卷,人民出版社1995年版,第203页。

意为人民服务的根本宗旨。新时代新征程要始终坚持发展为了人民，将人民对美好生活的向往转化为切实可行的发展目标，顺应人民期盼、满足人民愿望、增进人民福祉。二是始终坚持发展依靠人民的行动路向。早在《莱茵报》时期的理论批判工作中，马克思便透过纷繁复杂的社会现实问题觉察到普鲁士人民被束缚的集体力量。到唯物史观创立时期，马克思科学揭示了无产阶级劳动大众的主体力量，阐明了人民是实践的主体、历史的创造者，在推动历史发展和社会变革中起决定性作用。习近平强调：“只有按历史规律办事，我们才能无往而不胜。历史反复证明，人民群众是历史发展和社会进步的主体力量。”①因此，从马克思“现实的人”理论所揭示的历史规律看，当代中国的发展成就归根结底是依靠人民取得的，即人民为中国发展经验的累积、发展道路的铺就、发展动力的续航贡献了无穷的智慧和力量。新时代新征程要始终把人民作为最大的依靠，充分尊重人民首创精神，不断激发人民的创新创造活力，在人民群众创造性实践的广阔天地中汇聚起发展的磅礴力量。三是始终坚持发展成果由人民共享的现实目标。马克思明确指出，社会化的生产实践活动是无产阶级劳动大众实现主体价值的直接载体，而非属于少数有产者的活动，其应当以无产阶级劳动大众的富裕为目的，由“所有人共同享受大家创造出来的福利”②。这意味着，人民群众不仅是推动发展的主体，更是共享发展成果的主体。让广大人民群众共享改革发展成果，既体现了社会主义的本质要求，也彰显了社会主义制度的优越性。新时代新征程要始终坚持全民共享、全面共享、共建共享和渐进共享的理念和要求，不断实现好、维护好、发展好最广大人民根本利益，让人民群众在共享发

① 《习近平著作选读》第一卷，人民出版社 2023 年版，第 211 页。

② 《马克思恩格斯文集》第 1 卷，人民出版社 2009 年版，第 689 页。

展中拥有更多的获得感、幸福感、安全感。

其二,明确用心用情用力为民造福的重中之重。马克思在“现实的人”理论中辩证阐释了“现实的人”的主体需求与主体利益的内在一致性。“现实的人”的主体利益的生产、获取和占有,源于其在劳动实践过程中主体需求的不断满足,而为了更好地满足自身的主体需求、维护自身的主体利益,“现实的人”又必须通过劳动实践不断推动社会生产力的发展进步。马克思说道:“需求本身也只是随着生产力一起发展起来的。”①这表明,一方面,“现实的人”的主体需求与主体利益对社会生产力的发展具有指引作用。不断满足“现实的人”的主体需求、维护“现实的人”的主体利益,既是社会生产力发展迈向更高水平更高阶段的现实动力,又是社会生产力发展的根本目的。另一方面,社会生产力的发展对“现实的人”的主体需求与主体利益具有催化作用。随着社会生产力的发展进步,“现实的人”的主体需求必然在新的劳动实践中不断进阶,其主体利益也必将得到更为充分的保障,从而有利于“现实的人”的主体地位不断提高、主体本质不断彰显。因此,深入分析马克思“现实的人”理论中蕴含的主体需求与主体利益的辩证逻辑,能够为新时代新征程干好为民造福的事业提供重要启示。一方面,要密切关注并不断满足人民的美好生活需要。人民的美好生活需要既反映着个体争取自身利益的愿望,也反映着集体维护普遍利益的要求。而这些与人民息息相关的利益问题又直接关系着人民是否具备实现自由全面发展的充分条件。进入新时代,我国社会主要矛盾发生了新变化,人民的美好生活需要也呈现出新特征,即“需要”的多样性不断丰富、层次性不断提高、领域性不断拓展。人民不仅对物质文化生活产生新的需求,而且对公平、正义、法治、生态、健

① 《马克思恩格斯文集》第8卷,人民出版社2009年版,第175页。

康、安全等方面的需求也日益增加。新时代新征程继续为民造福,想人民之所想,行人民之所嘱,必须牢牢把握人民美好生活需要的新动向,及时回应人民对"好不好""优不优""精不精"等高品质生活的问题关切,在高质量发展中不断满足人民的美好生活需要,为推动人的自由全面发展提供坚实保障。另一方面,要坚持两点论与重点论相统一,抓好为民造福的着力点。在为民造福的事业中,人民群众最关心最直接最现实的利益问题,是最为紧迫、最为关键的"牛鼻子"。习近平强调:"民生是最大的政治。要抓住人民最关心最直接最现实的利益问题,把人民群众的小事当作我们的大事,从人民群众关心的事情做起,从让人民满意的事情抓起"①。当前,民生领域亟待解决的痛点难点堵点问题在客观上制约着人民主体需求和主体利益的有效实现。因此,必须以更大力度、更实举措保障和改善民生,着力解决人民群众最关心最直接最现实的利益问题,不断补齐民生短板,推动普惠性、基础性、兜底性民生建设取得更多实效。

其三,厚植中国共产党执政兴国的群众根基。在系统性建构"现实的人"理论的过程中,马克思观照无产阶级革命运动的发展现实,指明了无产阶级是与资产阶级对立的一切阶级中"真正革命的阶级",是"掌握着未来的阶级"。② 无产阶级必须拥有"最坚决的、始终起推动作用"的领导力量,建立无产阶级政党,才能促使自身参与的革命运动产生广泛而深刻的影响,也才能肩负起推翻旧世界、建立新世界的历史使命。随着革命运动的深入发展,马克思深刻意识到,无产阶级政党要真正"塑造无产阶级的运动"并"始终代表整个运动的利益",应当不断壮大自身的阶级队伍,不断巩固自身的阶级基础。即无产阶

① 《习近平关于基层治理论述摘编》,中央文献出版社 2023 年版,第 19 页。

② 参见《马克思恩格斯文集》第 2 卷,人民出版社 2009 年版,第 41 页。

级政党只有不断密切同无产阶级劳动大众的联系,充分赢得包括“现代的工人”“自然形成的贫民”“基督教日耳曼的农奴”等广大劳动者的信赖和支持,才能确保自身的政治合法性和阶级稳定性,才能指导无产阶级革命运动不断走向胜利。因此,马克思对“现实的人”的理论探索,呈现着对无产阶级政党及其领导的革命运动的人民性之思。这一思想智慧能够为中国共产党在新时代新征程走好新的赶考之路提供根本遵循。一要站稳人民立场。人民群众是中国共产党的生命之根、执政之基、力量之源,人民立场是中国共产党的根本政治立场。自诞生之日起,中国共产党就摆脱了以往一切政治力量追求特殊私利的局限性,明确代表中国最广大人民的根本利益。百余年来,中国共产党始终站在人民群众一边,把人民作为一切工作的出发点和归宿,将最广大人民的根本利益作为自己的最高利益,坚持立党为公、执政为民。新时代新征程中国共产党人要始终坚持人民立场,牢记党性与人民性是高度统一的,党与人民是风雨同舟、生死与共的关系,不断提升为人民服务的宗旨意识,走好党的群众路线。二要守护好人民的心。从干革命、搞建设,到抓改革、促开放,进而开启全面建设社会主义现代化国家新征程,中国共产党的百年奋斗史是一部得民心、守民心的历史。习近平强调:“一切向前走,都不能忘记走过的路;走得再远、走到再光辉的未来,也不能忘记走过的过去,不能忘记为什么出发。”①面向未来,中国共产党人要始终保持对人民的赤子之心,把人民放在心中最高位置,以百姓心为心,与人民同呼吸、共命运、心连心。三要涵养人民情怀。“一个政党,一个政权,其前途命运取决于人心向背。”②从石库门到天安门,从兴业路到复兴路,中国共产党百余年来

① 《习近平谈治国理政》第二卷,外文出版社2017年版,第32—33页。

② 《习近平著作选读》第二卷,人民出版社2023年版,第50页。

所付出的一切努力、进行的一切斗争、作出的一切牺牲，都生动诠释了挂念人民、热爱人民、敬畏人民的高尚情操。新时代新征程中国共产党人要永葆不负人民的家国胸怀和精神境界，信仰人民、情系人民，不论担任什么职务，不论身处什么地方，都要担当作为、夙夜在公、勤勉工作，不断增强爱民忧民为民惠民之心，汇聚起至深、至浓、至热的人民情怀。

四

综上所述，马克思“现实的人”理论不论是在人类思想史上还是在马克思主义发展史上都具有革命性的超越价值。深入探讨马克思“现实的人”理论的叙事逻辑，充分挖掘马克思“现实的人”理论的方法论意蕴，对于新时代新征程更好地解答时代新课题具有重要的理论意义和现实意义。为了更好地呈现马克思“现实的人”理论及其对当代中国发展的价值启示，本书的写作遵循过程与目标相统一、理论与实践相统一、整体与部分相统一、问题与对策相统一的辩证逻辑，运用文本研究法、比较研究法、跨学科研究法、调查研究法，主要探讨了以下几个问题。

第一，马克思“现实的人”理论的形成逻辑。马克思关于“现实的人”的理论思考是在其所处的那个时代下出场的，呈现着现实的、具体的、历史的形成逻辑。从历史背景看，工业革命进程中欧洲社会的裂变现实以及无产阶级劳动大众沦为牺牲品的悲惨遭遇，触发了马克思关注人的现实需求、倾听人的现实呼声的“总开关”。从文明传统看，由启蒙理性遗产所催化的劳动大众主体意识觉醒及其争取主体权利的斗争，启发马克思关注到无产阶级劳动大众的主体力量，也驱使马克思不断开掘无产阶级劳动大众的主体潜能。从理论资源看,萦绕在马克思成长周遭的"主体命运"批判思潮,为马克思思考"现实的人"的理论问题提供了多元养分。从发展过程看,密切联系资本主义上升发展期的时代之声与无产阶级劳动大众的主体命运,马克思对"现实的人"的理论探索大致经过萌发、初创、定型以及深化发展四个阶段。

第二,马克思"现实的人"理论的基本内涵。在马克思看来,"现实的人"并非单向度的存在,而是复调化的存在,因此,其切入"现实的人"的理论场域,分析"现实的人"的理论问题,阐释"现实的人"的理论规定,具有不同的维度。在革命斗争之维,马克思将阶级斗争作为认识"现实的人"的革命主体性的重要范畴,揭示了广大无产者与少数有产者之间不可调和的阶级矛盾,肯定了无产阶级作为真正的革命阶级的主体作用,并为无产阶级扮演好资产阶级"掘墓人"角色提供了科学的行动指南。在权利争取之维,马克思通过批判黑格尔法哲学和总结无产阶级革命实践经验,认识到"现实的人"所具有的权利主体性,并从巴黎公社"人民掌权的政府的趋势"中提出了科学社会主义路向的权利争取之道,确证了无产阶级劳动大众真正成为权利主体的现实可能性。在劳动创造之维,马克思基于无产阶级劳动大众的生产生活实践,阐释了"现实的人"与生俱来的创造性本能及其在"自我意识—劳动实践—历史发展"中的作用机理,并从"现实的人"的主体创造力量中发现了人类历史书写的根本动力。在利益共享之维,马克思从物质利益问题的政治经济学分析中觉悟到,利益范畴的价值属性应然指向"现实的人",必须从"现实的人"的利益需求出发,与"一切人反对一切人的战争"作斗争,不断维护无产阶级劳动大众的主体利益。

第三,马克思"现实的人"理论的表现特征。马克思关于"现实的人”的理论探索是形成唯物史观的重要基础。同时，在唯物史观创立以后，马克思以唯物史观的立场观点方法为指引，丰富和发展了“现实的人”理论的内在规定。可以说，马克思对“现实的人”的理论建构充分融合着唯物史观的叙事逻辑，彰显着辩证唯物主义与历史唯物主义的理论特征。一是坚持个体与共同体相统一。马克思将人的自由个性与社会共性的辩证统一作为理论建构的逻辑基点，强调建立以“自由人的联合体”为组织形态的真正的共同体，从根本上克服资本主义异化力量对“现实的人”产生的“二元化”影响，不断促使现实世界真正成为“人的世界”。二是坚持历史感与现实性相统一。马克思始终关切无产阶级劳动大众的历史命运，始终立足无产阶级劳动大众的现实实践，从兼容历史与现实的劳动实践范畴中，系统地论证了“现实的人”的主体属性，充分挖掘了“现实的人”的主体力量。三是坚持过程论与目的论相统一。马克思对“现实的人”的理论思考体现了他本人对自身“实践力量”的运用，蕴含着合规律与合目的的理论发展逻辑。即在马克思的思想世界中，人民性的批判立场与价值指向是持之以恒的，但他对真理的追问过程是一个不断嬗变、不断进阶的过程。

第四，马克思“现实的人”理论在中国的发展。马克思主义是不断发展的开放的理论，而不是机械化、模式化的思想公式。马克思主义之所以具有旺盛的生命力，关键就在于它具有与时俱进的理论品质，始终处于时代前沿。马克思主义经典作家一再告诫世人，学习和运用马克思主义理论，必须坚持一切从实际出发，必须随着实践的变化而不断实现理论创新，“决不把马克思的理论看做某种一成不变的和神圣不可侵犯的东西”①。中国共产党自成立以来，在革命、建设、改革各个历史时期，始终将“思想建党、理论强党”作为极端重要的任

① 《列宁选集》第1卷，人民出版社2012年版，第274页。

务来抓,以马克思主义科学理论为指导,不断结合新的实际推进理论创新。百余年来,在推进马克思主义中国化时代化的历史进程中,一代代中国共产党人始终坚持以马克思“现实的人”理论的立场观点方法为遵循,在回答实践问题、引领实践发展的过程中,不断丰富着“现实的人”的理论意涵,展现了中国共产党人对真理的执着追求,也促使马克思“现实的人”理论在中国大地上焕发出蓬勃的生机与活力。

第五,新时代新征程坚持和运用马克思“现实的人”理论的价值启示。而今,历史的发展样貌已经远远超出马克思所处的那个时代,但马克思关于“现实的人”的思想主张依然闪烁着耀眼的真理光芒。在理论创新方面,启发我们党要科学揭示新时代新征程理论创新的人民性底色,注重从人民群众的创造中汲取理论创新智慧、深化“两个结合”的理论创新规律并不断检验理论观点的真理性。在实践发展方面,启发我们党要牢牢把握新时代新征程实践发展的人民性要求,并将这种人民性要求转化为根本保障、物质保障、政治保障和方法保障方面的行动指南。在具体解答“人民之问”方面,启发我们党要不断巩固人民主体地位,扎实推动全体人民共同富裕,并以坚定的历史自信掌握历史主动、走好新的赶考之路。

言而总之,马克思“现实的人”理论是一个意涵丰富、逻辑严密的“批判的武器”,在新时代新征程仍然熠熠生辉,展现着旺盛的生命力。

第一章　马克思“现实的人”理论的历史生成

在与海尔梅斯就《莱茵报》政治立场展开的论战中，马克思说道：“任何真正的哲学都是自己时代的精神上的精华。”①也就是说，任何一种真理性的思想学说，都是在特定的社会历史条件的滋养下绽开的，是现实的、具体的、历史的智慧结晶。马克思关注“现实的人”的境遇，解构“现实的人”的问题，探索“现实的人”的出路，并没有脱离他所处的那个时代，也没有像以往的哲学家那样陷入虚幻的逻辑世界。密切观照资本主义仍处于上升发展期的时代境况与劳动人民的主体命运，马克思在面向现实的多重批判中形成了关于“现实的人”的深刻见解。

第一节　马克思“现实的人”理论的时代背景

马克思生活的时代正是欧洲资本主义上升发展的重要历史时期。伴随工业革命持续行进的号角，欧洲社会在资本主义现代化的过程中发生了巨大变化。工业革命进程中欧洲社会的裂变状态以及劳动人民沦为牺牲品的悲惨事实，触发了马克思关注人的现实需求、倾听人的现实呼声的

---

① 《马克思恩格斯全集》第1卷，人民出版社1995年版，第220页。

"总开关"。同时,在启蒙理性思想的影响下,劳动人民主体意识的觉醒以及争取主体权利的斗争,启示马克思不断关注占社会绝大多数的劳动人民的主体力量。

一、工业革命导致社会结构深刻变化

在工业革命到来之前,资本主义的生产关系在欧洲社会内部已经逐渐发展起来。一些发展较快的国家凭借着在资本原始积累过程中所赢得的优势,积极推进以手工技术和雇佣工人分工为基础的工场手工业。这不仅促进了社会生产力的快速发展,而且加快了社会变革的进程。然而,这种以手工技术为核心的资本主义生产方式,仅仅能够代表一定的生产力发展水平,并不能反映生产关系变革的普遍需求。作为"经济上的艺术品",工场手工业分布在城市和农村的广大基础之上,但它"既不能掌握全部社会生产",也不能从根本上改变社会生产的性质。①

从18世纪60年代肇始,伴随大机器生产轰鸣声的工业革命将先前资本主义原始积累阶段的工场手工业以及更为落后的封建主义生产方式一道送入了"历史博物馆"。由生产技术革新开启的创造力从英国发端,在欧洲版图上一刻不停地向前发展。虽然在此之前人们对创造力并不陌生,并且也利用自然力创造出了水轮机、风车、水坝等,但是那时人们尚未完全掌握控制自然力的方法。工业革命前后,一项又一项工具技术的发明证明了人们可以利用大自然的强大动力进行工业化生产。特别是托马斯·纽科门、理查德·阿克莱特和瓦特在蒸汽机的发明与应用上所做的努力和尝试,证明人类可以从相关的技术发明中获得"普罗米修斯之火",制造出比人力和畜力更加强大、更加有效的引擎。随着蒸汽机的改

① 参见《马克思恩格斯全集》第44卷,人民出版社2001年版,第426页。

良与广泛使用以及机器制造业的逐渐兴起，工业革命催生的创造动力在社会化生产的过程中得到多样化体现，工业革命的影响力也相应地扩散到各个生产领域。在农业领域，新的轮作方式和机械化农具的推广提高了农业生产效率，粮食产量大幅度增加。在纺织业领域，机器织机逐步取代手动织机，纺织效率极大提升。此外，从冶金、采矿、商业、交通运输到人口规模，与社会化生产密切相关的各个部门都迎来了重大变革。到 19 世纪初期，工业革命的成就及影响已几乎蔓延至欧洲大陆全部，乃至机器化生产一直较为落后的德国也通过关税同盟的签订步入了资本积累与财富创造的新阶段。1811 年，英国运转着世界 40% 的棉纺锭，加拿大与美国运转着另外 22% 的棉纺锭，而剩余 38% 的棉纺锭分散在德国、法国、俄罗斯、比利时、瑞士、意大利、西班牙、葡萄牙、奥地利等国家。这是一项惊人的记录，是机械设计和专业技能的一次胜利。①所以，在工业革命浪潮的持续作用下，发明创造和机器化生产迎来发展的高潮，社会生产效率大幅度提高，欧洲的社会生产力水平开始了质的飞跃。

当然，综合来看，工业革命实质上是一个以工业化为核心的复杂而深远的社会转型过程。其欣欣向荣的聚光点是由万道光线聚合而成，社会生产力的发展进步只是象征工业革命进程中欧洲社会转型的一道光线。换言之，工业革命带来的变化涉及经济、政治、社会生活等众多方面。在社会生产力发生变革的同时，欧洲其他方面的转变也在进行过程之中。从经济方面看，竞争性生产与自由化市场逐步成为驱动经济发展的关键因素。大规模、多样化的工业产品开始供应更加广阔的市场。来自美洲、非洲、亚洲等地的生产原料，在英国的工厂里被加工为丰富商品销往世界

① 参见[美]乔伊斯·阿普尔比：《无情的革命：资本主义的历史》，宋非译，社会科学文献出版社 2014 年版，第 172 页。

各地。一旦第一个资本主义国家成功地发展为工业形式,作为交换和流通手段之一的市场便会转变为一个资本主义竞争性压力的传输带。① 最终的结果便是一种新型的资本主义生产制度的出现,这个制度使农业部门与工业部门相互影响、相互促进,并有能力将竞争迫切性施加于世界其他地区。同时一种全新的国际生产分工和国际贸易体系也伴随这种生产制度而出现。到19世纪中后期,英国已经成为"世界工厂",也成为名副其实的世界贸易中心。从政治方面看,英国人是迎着《权利法案》的荣光来迎接工业革命的到来。在工业革命推进的过程中,英国的政治秩序仍旧是为了寻求一种权力的平衡状态,在国王、贵族和平民之中不断地进行权力的斗争。同样,继起的法国、美国也在18世纪下半叶完成了资产阶级革命运动,分别以《人权宣言》《独立宣言》宣告了旧制度、旧体系的崩解和新制度、新秩序的确立。这意味着,传统的政治专制主义日益被资产阶级民主制度取代。原有的旧式权威或封建威胁在渐渐消退,新型的权力制衡政治形态正不断地挣脱繁文缛节与权势羁绊。主导机器大工业生产的工厂主和资本家同时可能是掌握政治权力的新贵族。然而,在同一时期的不同地域内政治转型的进程也存在不同之处。"德意志"在当时仍是公爵领地、封地以及独立城市联合体的代名词。作为联合体中最大也是最有希望完成德意志民族统一的普鲁士,仍以强化的君主权力和铁腕的统治手段,要求民众遵守"服从"的习惯,并抵御着来自开明自由派的政治讨伐。在普鲁士君主专制统治之下,财富创造与权力运用依旧是统治阶级的专属物,德国政治改革的内生动力仍然比较孱弱。从社会生活方面看,人们的活动空间和发展空间发生了前所未有的变化。由于众多工业和制造业集中在资源或交通便利的城市地区,越来越多的人开始

① 参见[加]埃伦·米克辛斯·伍德:《资本主义的起源:学术史视域下的长篇综述》,夏璐译,中国人民大学出版社2016年版,第106页。

迁移到城市寻找就业机会，城市地区人口不断增长，城市化进程加速推进。同时，铁路、航运等交通运输业的大力建设，也便利了人们的日常出行，加强了社会的流动性。

然而，这种从社会生产力发展到社会各方面进步的共时态呈现，也仅仅是工业革命影响下欧洲资本主义发展的“第一副面孔”。工业革命带来的深刻变革也意味着，世界可以人为改造，那么，处在这种世界之中的人，究竟以什么样的姿态“栖息”？对于该疑问的正当关切，现实地指向了工业革命之下欧洲资本主义发展的“第二副面孔”，也就是资本主义生产关系下劳动人民所遭受的无尽苦难。

随着机器生产的逐渐推广，为了更好适应生产需要，以工厂为典型的一种全新的生产组织形式开始出现。资本家们建造高大的厂房，一方面可以安置机器，另一方面也便于招募更多的工人来集中劳作。在这种工业化生产的组织形式中，工厂主和资本家们为了获得更多的经济效益，按照生产各环节之间的工序衔接，设计出生产的流水线，并将其广泛应用到生产过程中。流水线上的工人们分工劳作、协同配合，以确保生产的高效有序。同时，工厂主和资本家们越来越重视工厂的管理工作，制定严格的规章制度，强调生产的组织纪律，要求工人服从管理、接受监督。这些生产组织和管理形式的变化，慢慢形成了早期的工厂制度。工厂制度的出现也意味着，生产所需的土地、工厂、机器、原料等生产性资料归工厂主和资本家占有，也成为毫无疑义的合法事实。然而，这种看似能够永续推动社会财富积累的发展方式，却天然地具有不可调和的内在矛盾，也即生产的社会化与生产资料占有的私人化之间的悖反。

作为连接矛盾两端的劳动大众，在社会化生产与私人化占有的双重裹挟下，遭受着透支生命的沉重负担。在社会化生产的一端，传统自食其力的家庭作坊在机器造就的专业劳动分工中逐渐失去了立足之地。许多旧式的手工工人、失地的乡村劳动者、童工，为了解决温饱和生存的问题，不得不加入到机器化生产的工厂中,加入全日制劳作的队伍中。当时工厂或相关企业招工时,工厂主往往更愿意以家庭为单位雇佣工人。以曼彻斯特罗伯特·皮尔工厂 1801 年至 1802 年间的招工人数构成为例,在该工厂一年时间内雇佣的 136 位工人中,有 95 人是来自 26 个家庭。① 以家庭为单位的劳动者,便以这种无奈的方式卷入社会化的大生产过程中。即便是劳动者重新获得了就业机会,但在越来越专业化的劳动分工中,"工人变成了机器的单纯的附属品,要求他做的只是极其简单、极其单调和极容易学会的操作"②。在私人化占有的一端,工厂主与资本家为了财富和资本的反复积累,不断地扩大再生产。其结果是,工厂主和资本家们坐拥生产资料和无尽的财富,而直接从事生产的劳动大众,尤其是产业工人,却越发地困窘。一方面,劳动者居住的条件非常有限,甚至是脏乱破败的"贫民窟"。"给他们住的是潮湿的房屋,不是下面冒水的地下室,就是上面漏雨的阁楼。为他们建造的房子不能使恶浊的空气流通出去。给他们穿的衣服是坏的、破烂的或不结实的。给他们吃的食物是劣质的、掺假的和难消化的。"③另一方面,劳动者工作的条件也是相当残酷。在采矿厂里,妇女、儿童和男人一起工作,他们需要手提满满一篮的煤,走过通风不良的长隧道。在当时盛行的棉纺工厂,工人不分冬夏,每天需要完成高强度的工作,禁锢在地狱般的厂房内,呼吸着煤气毒臭、蒸汽和棉飞毛混合的污浊气体。工厂成了黑暗、肮脏和危险的地方。所以,在资本主义社会的剥削秩序中,处于生产一线、社会底层的劳动大众,严重透支着身体,甚至需要付出难以挽回的生命代价。

---

① 参见[法]费尔南·布罗尔代:《15 世纪至 18 世纪物质文明、经济和资本主义》第三卷,顾良等译,生活·读书·新知三联书店 2002 年版,第 689 页。

② 《马克思恩格斯文集》第 2 卷,人民出版社 2009 年版,第 38 页。

③ 《马克思恩格斯文集》第 1 卷,人民出版社 2009 年版,第 411 页。

二、启蒙运动推动人的主体意识觉醒

在马克思读大学期间，父亲亨利希·马克思在写给他的信中曾说过这样一段话：“你知道，我远非狂热的宗教信徒。但是，这种信仰迟早都会成为一个人的真正［需］要，生活中往往有这种时候，甚至一个无神论者也会［不知］不觉地拜倒在至高无上的神面前。”①马克思父亲所说的这种“信仰”，显然不是对宗教神学的信仰，而是对像牛顿、洛克、莱布尼茨等人都曾关注过的理性主义的信仰。他本人对于18世纪法国启蒙运动在政治、宗教、生活、艺术等方面的成就非常推崇，他也虔诚地接受着理性主义的精神洗礼。他相信理性的绝对力量，相信人们在现实生活中遭遇的一切苦难与不幸，是由于人们缺失了理性。而导致理性缺失的深层根源，在他看来，是权力所有者为了长期维护自己的既得利益，对理性精神进行了人为的钳制或歪曲。所以，人们需要不断地开掘理性主义的精神资源，借助理性之光摆脱束缚在肉体和精神上的枷锁。亨利希·马克思对启蒙理性的这种理解和态度，可以看作是18世纪到19世纪初期欧洲多数有教养的人士的看法。这也在一定程度上说明了启蒙运动的理性旗帜仍然飘扬在欧洲思想文化领域的上空。它不仅潜移默化地影响着思想界、理论界对于社会政治问题以及人的存在问题的看法，而且已经如空气般地融入人们生活的日常中，启发人们不断地思考、不断地觉悟。

的确，启蒙运动以降，欧洲思想文化领域所取得的理性成就非同凡响，由此构成了马克思思想学说出场较为深远的思想文化土壤。正如前文提到的，欧洲的资产阶级势力在经济、政治等领域与封建旧势力展开了持久性的斗争，并获得了阶段性胜利。与之相呼应，在思想文化领域，这种新旧势力的冲突与对抗也如火如荼地进行着，并且在法兰西的思想先

① 《马克思恩格斯全集》第47卷，人民出版社2004年版，第518页。

锋那里达到了最为激进的程度。这一时期的启蒙思想家们批判地继承了文艺复兴时期自然主义式的人本主义精神，见证着工业时代技术创新与发明创造对世界与人的现实改变，逐渐以内生于人的理性尺度审视传统的形而上学、宗教唯灵论及神学社会制度，以理性标准批判这些外在于人类历史与人自身的所谓权威，“建立起以本体论为中心的完整的机械唯物主义体系和战斗无神论”①。作为启蒙运动的导师，伏尔泰把理性从探索形而上的存在转向了问究自然界和人类。他说道：“我们认识了许多真理，发明了许多有用的东西。所以，即便我们认识不到蜘蛛和土星光环之间有什么关系，那也不要气馁，还是继续探索我们能力所及的东西吧！”②在他看来，虽然人类对理性的理解和掌握是存在一定局限的，但是理性却能够驱使人类经由感官获取到一切可知的观念。对于宗教神学的批判，伏尔泰也借助理性发出了令僧侣们都为之震颤的战斗宣言。“你们曾经利用过无知，迷信和愚昧的时代来剥夺我们的遗产，践踏我们，用我们的血汗来自肥。理性到来的日子，你们就发抖吧。”③卢梭也充分运用理性潜在于人的基础属性，论证了即便是自然状态下的人也独有一种根本区别于动物的“自我完善的能力”，自由地显现精神的灵性，进而具备“自由主动者的资质”，“可以把受自然支配的行为与自己主动的行为结合起来”④。卢梭认为，正是人类所具有的理性潜能，为人类自身由自然状态进入社会状态预设了原生性的基础前提。可以说，启蒙运动的理性之光经过前所未有的批判精神、革命热情和抽象法则的加工与创造，擘画了一幅崇仰理智、追求开化的文明蓝图。在理性激流的影响下，人们对思想自由、避免暴君、社会公正的期待正逐渐转变为一种新的现实。“以

① 苗力田等主编：《西方哲学史新编（修订本）》，人民出版社 2015 年版，第 459 页。

② ［法］伏尔泰：《哲学书简》，李筱希译，北京理工大学出版社 2018 年版，第 218—219 页。

③ ［法］伏尔泰：《哲学辞典》，王燕生译，商务印书馆 2019 年版，第 2 页。

④ ［法］卢梭：《卢梭全集》第四卷，李平沤译，商务印书馆 2012 年版，第 241 页。

往的一切社会形式和国家形式、一切传统观念，都被当做不合理性的东西扔到垃圾堆里去了；到现在为止，世界所遵循的只是一些成见；过去的一切只值得怜悯和鄙视。只是现在阳光才照射出来，理性的王国才开始出现。从今以后，迷信、非正义、特权和压迫，必将为永恒的真理、永恒的正义、基于自然的平等和不可剥夺的人权所取代。”①

在启蒙运动的精神园地中，人民的概念无疑是理性主义的非凡创制。作为表征普遍理念的重要对象，人民被认为是替代上帝与封建君王的“新权威”，也被视作是赋予政治国家统治以合法性的基石。在历史之维，启蒙思想家们主张回到近代思想传统的滥觞那里，即从希腊城邦时代民主政治的萌发状态中观察人民概念的肇端。他们偏爱“用自由与文明的标准来衡量其时代的现代国家”，包括构成国家的基本概念，而城邦式的政治抟结详述了自由与文明标准的“源头活水”，并且在启蒙时代仍未变得完全过时。② 在雅典城邦，人民的概念与当时人们对于民主的理解存在同根同源的关系。在伯利克里执政时期，具有公民身份的市民、农民、商人、手工业者等可以通过公民大会、五百人议事会等政治机构广泛参与政治生活。在阵亡将士的国葬仪式上，伯利克里讲道：“我们的制度之所以被称为民主制，是因为城邦是由大多数人而不是由极少数人加以管理的。……我们在政治生活中享有自由，我们日常生活也是如此。”③虽然雅典城邦事实上的民主仍是政治共同体内部的有限民主，占城邦人口多数的妇女以及作为奴隶主私产的奴隶等被排除在政治生活之外，但其构建与管理政治共同体的公共行动映射了人民概念的始源性规定。因而，启蒙思想家们希望借助类似“自然意识”现象的城邦式民主，发掘人

---

① 《马克思恩格斯文集》第 3 卷，人民出版社 2009 年版，第 524 页。

② 参见[美]列奥·施特劳斯：《什么是政治哲学》，李世祥译，华夏出版社 2011 年版，第 55 页。

③ [古希腊]修昔底德：《伯罗奔尼撒战争史》上卷，徐松岩译，上海人民出版社 2017 年版，第 199 页。

民作为政治生活起点的朴素意蕴。当然，启蒙思想家们并未沉溺于城邦时代直观的人民概念传统，而是试图以“理所当然”的修正，使得人民的概念在理性主义的逻辑图谱上被建构并被接受。也就是说，在形而上学之维，启蒙思想家们力求揭示理性与实存的结合必然，从超越特殊可能与外化现实的理性天国中界定人民的意义指称。在他们看来，由于公共性力量的主导和推动，人类个体将通过互相让渡、联结共生的形式产生具有精神灵性和公共生命的社会共同体。而从单独的个体缔约为不可分割的整体之过程，正是理性的人民概念得以成型的关键一环。对于缔约的人们，“总起来就称为‘人民’”①。这意味着，在理性主义的体系中，人民是作为世俗理性变体的公共意志的外化产物，也是确保公共意志在政治生活领域得以实现的对象性术语。当所谓人民的形象在政治国家登场时，它所展现的不外是公共意志的效力，也就是呈现为集体存在形式的理性主权。

那么，启蒙思想家们擘画这种理性主义蓝图以及论证人民概念的真实面目是什么？马克思曾言明，“一定时代的革命思想的存在是以革命阶级的存在为前提的”②。从表面上看，启蒙运动是为了树立人的主体地位，为了拯救受苦受难的芸芸众生。人民的概念在这一时期被广泛使用，人民的形象也被看作是政治国家的源泉。但理性主义的思想光辉并非企图在资产阶级发展壮大的“电闪雷鸣”中再造一个新世界，而是为了整饬资产阶级的政治殿堂，服务于资产阶级掌握政治话语权。所以，启蒙思想家们在架构其所谓可验证的理论体系时，总是起始于理性的先验假设，然后落脚于社会政治场域。为了论证和维系资产阶级统治的合法性与正义性，一方面，以“天赋人权”“自然法”“自由意识”等抽象观念为圭臬，倡

① ［法］卢梭：《卢梭全集》第四卷，李平沤译，商务印书馆2012年版，第33页。

② 《马克思恩格斯文集》第1卷，人民出版社2009年版，第551页。

导建立一个理性主义国家；另一方面，为维系理性法则的至高无上，又假意主张实现卢梭式的“主权在民”状态，用象征公意基础的社会公权力约束民众。然而，不论多么令人陶醉的理性旋律，终究是属于资产阶级的美好向往，“理性的王国不过是资产阶级的理想化的王国”①。

对于仍处于蒙昧之中且占社会绝大多数的劳动大众而言，并不能从资产阶级的“理想国”中获得任何实际的主体权利。启蒙理性对于深陷剥削与奴役困境中的劳苦大众，唯一可能的现实作用，便是在理性编织的谎言中不断催化自身主体意识的觉醒。当“理性的王国”降临人间的时候，也是理性的谎言开始原形毕露的时刻。这种启蒙理性的幻象对劳动大众的魅惑并未长久。因为在支撑起理性王国的物质基础层面，前文论及的资本主义基本矛盾在持续的积累当中。随着社会化大生产与私人化占有之间的矛盾日益凸显，介于二者之间的贫困劳动者在超负荷的劳作压力下，并不愿继续做机器“奴隶”。同时，在“自由、平等、权利”等启蒙口号的鼓噪下，劳动大众不甘沉沦的主观愿望逐渐转化为了一种抗争意识。这种主体意识在资本主义周期性经济危机的作用下，演变为了广大无产者与少数有产者之间的冲突与对抗。有产者为了凸显其对于普通劳动者的强大控制权，随意地挥霍着自己手中握有的雇佣和解雇劳动者的权利，并且他们拒绝普通劳动者与他们一道平等地拥有自由权利。② 私有制成为有产者专享的社会福利，劳动工人任何关于安全、工资、工时以及工作条件的权利争取，在有产者眼中都是对自由的冒犯和攻击。身陷苦难与贫穷的无产者，一开始的对抗是对高强度工作的“能躲则躲”，而当有产者无情地封堵了他们渴望实现物质自由与权利自由的通路之后，躲避的对抗转向了对机器的怒火，砸坏机器的反抗剧目不时上演。随着

① 《马克思恩格斯文集》第3卷，人民出版社2009年版，第524页。

② 参见[美]乔伊斯·阿普尔比：《无情的革命：资本主义的历史》，宋非译，社会科学文献出版社2014年版，第166页。

劳动大众在经济危机的作用下越发濒临绝境，经济组织内部的对抗愈渐演变为跃出经济组织的社会性斗争。不断壮大的产业工人联合反抗资产阶级的运动或起义在欧洲大地上有计划、有组织地开展起来。到19世纪“三大工人运动”爆发，欧洲以工人阶级为主体、联合农民及城市平民的斗争力量达到一个高峰。

三、马克思的故乡

18世纪到19世纪初期，欧洲大地上发生的社会之变、文化之变，深刻影响着西方世界的文明进程。英国和法国树立起来的新发展榜样，驱动着欧洲其他地区奋起直追，不断融入新的世界秩序。从瑞典到意大利、从荷兰到俄罗斯，每个欧洲大国最终都经历了各自的调整与变革，力图与新的发展潮流同频同调。随着资本主义的发展和各种关系的调适，资产阶级的力量在英国、法国、荷兰等国家已经足够强大，并且在对抗封建贵族专制的革命斗争中取得了绝对性胜利。

可是这种情况在德国却是另一番景象。在欧洲的地理版图上，德国仍然是一个松散的联合体，还算不上是真正意义的现代国家。到18世纪末期，德国基本上还是传统农业文明的“自留地”，同时，其内部各邦国之间没有形成统一的国内市场，也缺乏发展对外贸易的有利条件，社会生产力水平较为落后。容克地主享有领地警察权、领主裁判权、教会保护权等一系列特权。他们在政治上实行半家长式的封建统治，在经济上进行超经济的盘剥，自由农民和市民阶层只能在封建性质的生产关系缝隙中求生。[①] 虽然迫于欧洲资本主义整体向前发展的压力，特别是在携带着资产阶级革命思想穿越欧洲大陆的拿破仑军队的冲击下，德国的封建势力

① 参见孙伯鍨：《探索者道路的探索：青年马克思恩格斯哲学思想研究》，北京师范大学出版社2017年版，第16—17页。

为了自保不得不做出让步，废除农奴制、给予城市较大的商业自由、建立关税同盟等改革举措逐步出台，德国的资本主义经济也迎来了发展的新机遇。以象征工业革命“进度条”的蒸汽机数量为例，19 世纪早期普鲁士全境拥有蒸汽机寥寥无几，根本无法与同时期英国、法国数千台的规模等量齐观。到 19 世纪中期，普鲁士蒸汽机数量已猛增至上千台。① 机器化生产效率的显著提升，为日后统一的德国成为欧洲工业巨头奠定了器物革新基础。此外，轮船的出现，莱茵河、奥得河、威悉河和易北河等大河干道以及更多的运河修建，铁路干线的修筑，形成了较为完备的商业交通动脉，便利了国内国际市场的发展。

然而，德国的封建反动势力依然强大，他们在新旧社会调和与转换的过程中不时地寻找复辟的机会。1814 年巴黎和约的签订，让这些封建反动势力重新得势，并开始着手恢复传统的统治秩序。这一时期拿破仑狂飙突进式的革命战争在欧洲大陆落下了帷幕。欧洲各国的疆界大都恢复到革命战争前的状态。作为和约签订的最大受益者，普鲁士也收回了莱茵兰至威斯特伐利亚的领土，并着手恢复旧欧洲的秩序。回归旧的地缘政治边界，意味着旧的社会结构和国内等级制度重获新生。② 在当时的德意志联盟中盛行这样一种观点，即与“从新的社会结构退回到已被瓦解的旧社会形态”相较，“从旧的社会结构过渡到新的社会结构”更容易引发国家与社会的不稳定因素。所以，封建反动势力再一次巩固了专制统治。而这也意味着，德国的资产阶级势力仍然难以发展壮大。他们需要与宗教改革、国家战争、贵族的经济竞争以及拿破仑占领所造成的后果等多重势力进行纠缠与抗争。此后，德国的封建统治者也继续颁布了一

① 参见黄楠森等主编：《马克思主义哲学史（修订版）》第一卷，北京出版社 2005 年版，第 4 页。

② 参见［美］史蒂文·奥茨门特：《德国史》，邢来顺等译，中国大百科全书出版社 2009 年版，第 152 页。

些不痛不痒的改革法令,但这些法令实行的结果也是为容克地主阶级等较为富裕的阶层提供了自由和便利,资产阶级和贫苦的劳动大众并未得到任何实惠。

马克思的家乡特里尔也频频上演着劳动大众生活萧条的景象。与马克思成长相伴的,是当地在关税同盟和自由竞争影响下所产生的失业、物价上涨、赤贫等民生问题,该城市有超过 1/4 的人口完全依靠公共救济而生活。① 不难理解,当马克思走出象牙塔、走向社会之际,呈现在他眼前的,并不是井然有序、一片繁荣的和谐社会,也不是知足常乐、恬然自适的“彼德麦耶尔式”家庭生活。马克思在与普鲁士当局展开交锋的“笔墨官司”中,也记录了普鲁士民众遭受的苦难。当地克莱沃近郊的贫民为了暂时解决饥饿问题和无家可归的问题,甚至被迫选择去故意违反森林管理条例,好在拘留所获得一份监狱口粮。莱茵省议会关于林木盗窃法草案讨论的暧昧立场,将穷人“当作枯树抛入犯罪、耻辱和贫困的地狱”②。一边是由于贫困和破产而不得不通过捡拾枯树以降低生活成本的穷人,另一边是林木被奉为神明。旧贵族、城市代表、骑士等级等为“非人的、异己的物质”作辩护,贫民却被无情地抛弃,成为失败的牺牲品。此外,马克思还揭露了摩泽尔河沿岸地区葡萄种植农民常年处境困苦的棘手问题。虽然葡萄种植业促进协会想方设法摆脱困难处境,但莱茵省当局并没有把葡萄种植农民的贫困问题看作是亟待解决的民生问题,也并不打算采取任何可能消除贫困的行政措施。葡萄种植农民陷入贫困乃至可能走向灭亡的问题,被当局视作是一种自然淘汰的现象。对于葡萄种植农民而言,只能听天由命。

但是,综观当时德国人的生活,虽然延续了服从国王和专制的道德传

① 参见[英]戴维·麦克莱伦:《马克思传》,王珍译,中国人民大学出版社 2016 年版,第 7 页。

② 《马克思恩格斯全集》第 1 卷,人民出版社 1995 年版,第 243 页。

统,并且,在启蒙开智的文明转型中德国人也委婉地拒绝了法国的激进方式,但即便如此,德国人对于主体意识的精神审美,还是从最初的胆战心惊转向了谨慎接纳。法国大革命催生的自由解放条款,包括法律面前人人平等、铲除教会和贵族特权以及基于工作者能力和技术而不是等级出身来决定是否得到聘用和提升等,吸引着德国人的目光。谨小慎微的德国知识分子和教育部门也逐渐在“忠于国家”的社会信念中嵌入“个人自由”的伦理原则,倡导民众在支持既有社会的前提下自由展现生命精华。在柏林的酒吧和沙龙里,德国的知识分子经常辩论一个议题,即受启蒙理性影响下的法国人是否计划建立一个基于完善的普鲁士原则的国家。所以,属于德国人的启蒙社会法则与公共信念虽然与法国人不同,但德国人也尝试在个体与国家、自由与权威之间寻找平衡点,以追求个体启蒙(理性和自由)和主观真理(更高的权威并服从于它)恰到好处的共存样态。[①] 由此,也助长了德国资产阶级和普通民众争取自由民主的反抗斗争。1817年的瓦特堡集会和1832年的汉巴赫集会,虽然没能撼动普鲁士封建专制制度,但还是以浩大的声势助推了德国自由民主运动的发展,也提升了德国民众的政治觉悟。一部分更加激进的知识分子青年组建了新的革命团体,在文学、哲学、艺术、宗教等领域抨击封建专制主义,主张按照自由主义精神来改造德国的政体。“青年德意志”运动和“青年黑格尔”运动便是当时比较有代表性的革命团体。此外,德国无产阶级运动也逐渐兴起。1836年流亡法国的德国手工业无产者组织“德意志人民联盟”改组为“正义者同盟”,形成了德国工人运动最早的秘密组织。到19世纪40年代,“正义者同盟”在广大无产阶级中的影响力持续扩大。

同时,就马克思家乡所在的莱茵兰地区,由于拿破仑时代曾被法国占

① 参见[美]史蒂文·奥茨门特:《德国史》,邢来顺等译,中国大百科全书出版社2009年版,第138—139页。

领并作为法国启蒙运动和大革命的“新实验基地”,《拿破仑法典》的理性精神已经渗透在了人们的价值观念和日常生活中。当普鲁士国王弗里德里希—威廉四世开始收紧手中的权力,授意颁布一系列强化权威、限制自由的法令时,莱茵兰地区民众的不满情绪与反抗之声尤其强烈。一是争取言论自由的权利。1841 年因莱茵兰地区部分城市爆发自由主义的请愿运动,莱茵省议会召开关于新闻出版自由的辩论,主张反对言论自由、反对新闻出版自由。而在“一切思维着的人和一切受难的人”看来,普鲁士的书报检查制度侵犯了民众的自由权利,“新闻出版就是人类自由的实现”①。民众并不情愿做书报检查制度的奴隶,而是“用矛头而且要用斧子去为它战斗”②。二是反对区乡旧制的恢复。莱茵兰地区在作为“新实验基地”的期间,实现了城市的区和农村的乡在法律上的平等,削弱了乡村封建土地占有制的特权。但随着莱茵兰地区再次纳入普鲁士专制统治之下,旧贵族的势力得以抬头,他们假借民众的名义企图废止区乡平等制度。这一举动遭到当地民众强烈抵制,也受到莱茵兰地区进步的资产阶级和具有民主意识的知识分子的强烈批判。《莱茵报》从 1842 年的 8 月至 12 月发表了一系列反对实施普鲁士的等级原则、扩大封建贵族特权、维护区乡权利平等的文章和通讯。所以,与德国其他地区相比,莱茵兰地区的自由气息、开放氛围和抗争精神更加明显。

第二节　马克思“现实的人”理论的思想资源

在马克思成长发展的过程中,萦绕在他周围的各种思想学说构成了一个的丰富的理论宝库。这些思想资源尽管或多或少地存在理论局限

① 《马克思恩格斯全集》第 1 卷,人民出版社 1995 年版,第 166 页。

② 《马克思恩格斯全集》第 1 卷,人民出版社 1995 年版,第 202 页。

性,但其中的一些新视角、新观点、新论断,对马克思开展理论批判具有重要启发意义。马克思关于“现实的人”的理论思考也吸收了这些思想养分。从启蒙理性的文化土壤中生长起来的空想社会主义思潮、历史法学派理论、离马克思最近的德国古典哲学尤其是青年黑格尔派言说都有关于“主体命运”问题的探讨,为马克思思考“现实的人”提供了理论灵感。

一、空想社会主义的“社会底层”范畴

空想社会主义是资本主义时代来临之际无产阶级劳动大众对摆脱现实的压榨、构建面向未来的美好社会的一种憧憬。正如前文提到的,随着资本主义的发展,广大无产阶级劳动人民陷入了“相对贫困化”的境地。为了改变被奴役被剥削的命运,人们开启了破坏工厂、捣毁机器、争取权益的反抗斗争。与之相对应,思想文化领域也兴起了对于无产阶级如何改变现状以及如何建设理想社会的讨论。正如恩格斯指出的:“社会所表现出来的只是弊病,消除这些弊病是思维着的理性的任务。于是,就需要发明一套新的更完善的社会制度,并且通过宣传,可能时通过典型示范,从外面强加于社会。”①从性质上看,由于当时资本主义的发展状况尚不成熟,无产阶级劳动大众的力量也在发展之中,同时,无产阶级对于改变自身命运的认识也还不够科学、不够全面,所以,这种客观的历史情况也决定了相关理论构想的空想性。但是,空想社会主义者站在无产阶级劳动大众的立场上,批判资本主义制度、设想美好未来,显露出了一些“天才的思想萌芽和天才的思想”②。作为空想社会主义的主要代表人物,克劳德·昂利·圣西门、沙尔·傅立叶和罗伯特·欧文都在各自的思想学说中论述了如何帮助无产阶级劳苦大众从奴役状态中挣脱,并帮助

① 《马克思恩格斯文集》第9卷,人民出版社2009年版,第274页。

② 《马克思恩格斯文集》第9卷,人民出版社2009年版,第274页。

他们设计理想化的社会方案。特别是空想社会主义者面向人的价值向度、面向资本主义的批判向度以及面向社会发展的未来向度，充分表达了对于无产阶级劳苦大众的同情和关怀，潜在地引导马克思将理论目光朝向无产阶级劳苦大众。

圣西门出身于法国的一个贵族家庭，但他却不愿意继续沿袭家族世袭的身份和地位，而是立志为普通劳动人民发声，为改进人类文明而奋斗。他先后参加了美国独立战争和法国大革命，对于处在社会底层的贫困百姓的生存状态和实际需求有着更加切身的体会。他也把自己经商所得的钱财用于科学研究、学习知识以及游历各地并著书立说，建起了“荣誉的祭坛”。[①] 圣西门认为，资本主义制度并不能改善普通民众的生活，反而是导致人民一切不幸的根源所在。通过观察大革命前后的法国社会，圣西门发现，法兰西民族内部实际已经被分成多个等级，“而在等级内部又形成若干个特权阶层”，“百分之九十九的老百姓都相信自己生来不是为了自身幸福而劳动，而是为了使他人享福而服务；认为能够判断什么是适合于他们的，不是他们自己，而是他们的领袖”。[②] 由于政治上的愚昧无知，即便是经过大革命的斗争，法国人民仍然没有能够建立起理想的社会制度。但是，社会上哪个阶级对于大革命感受最深、反响最热烈？圣西门指出，感受最深的是最下等阶级，而且他们也最热烈地投身到革命中。这些普通的平民，“正是民族中唯一的生产阶级，他们才是法兰西民族”[③]。按照“有益于最大多数人”的基本原则，圣西门提出应当从实业的观点中获取约束社会的力量，合理地组织实业活动，建立实业型政府，

① 参见《社会主义发展简史》编写组：《社会主义发展简史》，人民出版社、学习出版社 2021 年版，第 24 页。

② [法]克劳德·昂利·圣西门：《圣西门选集》第一卷，王燕生等译，商务印书馆 2017 年版，第 146—148 页。

③ [法]克劳德·昂利·圣西门：《圣西门选集》第一卷，王燕生等译，商务印书馆 2017 年版，第 152 页。

让广大劳动者能够自己学会组成真正的社会。

傅立叶从小接受过良好的教育，并且在法国大革命时期积累了丰富的从商经验。这些经历帮助他养成了善于体察社会、善于学习思考的习惯。特别是在与资本家打交道的过程中，傅立叶最为直接地感受到了被称作文明制度的资本主义制度的冷酷无情和自私自利。他认为，尽管资本主义制度创造了大规模的工业生产、高度发展的科学和艺术，但这种制度在根本上是建立在欺诈和不公正之上的。“对从事生产劳动的人说来，文明制度是一场灾难，而对饱食终日无所事事的人和少数长官说来，却有利可图。”①所以，在傅立叶看来，所谓的文明制度并不是人类社会的终极状态，恰恰相反，这种制度“是人类所能建立的社会制度中最丑恶的一种”，对广大劳动者来讲是一种可恶的陷阱，“因为文明制度虽然有种种生产的功绩和源源不断的以假代真的智慧之光，却不能保证给予人民劳动和面包”。② 生产一线劳动者陷于贫困、命运未卜的状况也坚定了傅立叶寻找“医治社会疾苦的药方”的决心。他仍然是从人的主体性出发，主张建立和谐制度。“在和谐制度下，穷人有很多发财致富的机会，他们绝不会像我们那些无法上升到主人地位的雇佣劳动者那样垂头丧气；他们有希望看到自己的儿女由于知识、才能、美丽，由于与国王结婚，从而使自己成为身居高位的人；……他们没有其他开支，因为吃得好，穿得好，一切都由法郎吉出钱。”③虽然这种和谐制度是以充满唯心主义色彩的“情欲引力的新科学”为理论依据，但其中关于社会公平正义、分工协作、人的全面发展等问题的论述，让贫苦大众看到了建设新社会的希望。

---

① [法]沙尔·傅立叶：《傅立叶选集》第一卷，赵俊欣等译，商务印书馆2017年版，第111页。

② [法]沙尔·傅立叶：《傅立叶选集》第一卷，赵俊欣等译，商务印书馆2017年版，第110页。

③ [法]沙尔·傅立叶：《傅立叶选集》第二卷，赵俊欣等译，商务印书馆2017年版，第190—191页。

与圣西门、傅立叶的家庭出身不同，来自英国的欧文出生在一个相对贫困的家庭。虽然生活环境比较艰苦，但欧文聪明好学、吃苦耐劳。凭借着自己的不断努力，欧文在工业革命时期的英国实业领域干出了一番作为。也正是在实业领域历练的过程中，欧文目睹了工业革命产生的社会后果，他对穷困潦倒的工人给予无限的同情，并尽可能地帮助工人改善生产生活条件。随后，欧文积极投身于有利于工人的社会运动和社会试验，在丰富的革命实践中形成了关于社会主义的初步构想。欧文指出，在资本主义社会中，资产阶级是掠夺、暴力和欺诈的代名词，为民众谋福利往往是欺骗生产阶级去创造财富的空话。“私有者是这样利欲熏心，以致其中的很多人，虽然财富年年增加，大大超过他们的合理需要，可是在看到或听到每天有成千上万的同胞因为富人不给工作而死亡的消息时，却无动于衷。”①而私有财产是促使私有者做出粗鄙的野蛮行为的根源。欧文认为，私有财产引发私有者的虚荣心和骄傲自满，令私有者为了维护自己的狭隘利益而选择压迫劳动大众，全然不顾他人不可或缺的自然权利。为了铲除这一灾祸根源、维护共同利益、实现人类幸福，欧文提出了劳动公社的制度构想。在公社大家庭中，“人人在其中都将获得新的思想、新的情感、新的精神”，“每个成员将尽其智能彼此团结互助，而公社与公社之间也用同样方式联结起来。”②欧文强调，只有以联合起来的形式共同行动，人们的劳动实践才有成效，人们也才能在社会生活中获得幸福。

二、历史法学派的“实证之物”范畴

在启蒙运动兴起的时期，资产阶级为了反对封建专制统治以及宗教

---

① ［英］罗伯特·欧文：《欧文选集》第二卷，柯象峰等译，商务印书馆2017年版，第12页。

② ［英］罗伯特·欧文：《欧文选集》第二卷，柯象峰等译，商务印书馆2017年版，第18—19页。

神学统治，把批判和斗争的目光投向了由神学体系主宰的自然法领域。区别于神学自然法的“上帝启示”原理，启蒙思想家和革命家将人类理性作为一切存在的理论源泉，并借助由理性原则外化而来的自由、平等、正义等原则，建构起一套关于世俗社会的自然法体系。随着资产阶级革命力量的不断壮大，古典自然法学派的影响力也逐渐增强。这种“理性万能”的法理学说在法国大革命时期迎来了实践检验的重要时刻。然而，尽管大革命寄托了启蒙思想家和革命家对于普遍永恒的理性正义的美好愿景，但现实却并没有应验这种美好愿景，反而给民众带来一系列灾难。理想和现实的巨大反差不禁引发人们对于古典自然法的怀疑，特别是法律史学界对普遍理性的法理基础进行了深刻反思。学者们开始意识到，所谓先验存在的理性原则外化其实是一种虚幻的东西，并非真实的存在。古典自然法学派的学说是建立在这种虚幻状态之上的空中楼阁，是一种形而上学的逻辑推演。同时，随着工业革命的深入推进，实证主义的思想风气让人们看到了现实的可塑性，人们也更愿意以务实的态度来思考理论问题。古典自然法学派的主导地位受到了学界反理性主义思潮的冲击和动摇。

德国的历史法学派便是在上述情形之下发展起来的。当时，德国法律史学界围绕德国法律应该如何发展展开了广泛讨论。以蒂博为代表的哲学法学派坚持以相对温和的理性主义为理论基础，认为德国的法律应该走法国式的法典化道路，制定一部统一的法典。针对蒂博的观点，萨维尼在《论立法与法学的当代使命》一书中表达了相反的看法。他反对从抽象的理性主义出发来解释法律的存在意义，主张人们应该深入到具有独特性和历史性的民族习惯和民族信念中认识法律的真谛。根据德国当时尚未统一且民族主义情绪高涨的实际情况，萨维尼认为德国的法律尚不具备走向统一的条件，急于编撰法典的做法不可取。随后萨维尼主导创办《历史法学杂志》，形成了宣扬历史法学派观点的理论阵地。他也成为推动历史法学派发展的关键人物。

历史法学派认为,关于法律的存在问题,不仅是一个需要进行理论阐释的问题,更是一个需要历史地回答的问题,认识的关键在于要把法律的存在看作确切有据的事实。基于人类文明早期就存在的法律状况事实,历史法学派提出,法律来源于一定历史阶段各民族内部的精神信仰,其所体现的并非普遍理性,而是民族的独特性。萨维尼指出,法律"乃是排除了一切偶然与任意其所由来的意图的这个民族的共同信念,对其内在必然性的共同意识",是"一个独特的民族所特有的根本不可分割的禀赋和取向"。[①] 在他看来,法律如同各民族的语言、行为方式和基本的社会组织体制,向世人展现着各民族"特立独行的景貌"。同时,法律也会伴随民族的发展而发展,在时代的演进中呈现出兴替变化的规律。为了证明这种论调的合理性,历史法学派将实证主义方法引入法学研究领域,强调历史地考证法律发展的过程。学者们广泛收集、参阅各国的法律史料,从一个个具体的法律事实中归纳法律形成和发展的基本规律。萨维尼强调:"法的素材是由民族的整个过去给予的","每一个时代深思熟虑的活动,必须专注于认清这些具有内在必然性的给定的素材,使之青春常驻,并保持新鲜"。[②]

毫无疑问,历史法学派所采用的历史实证主义方法,有意将讨论的焦点落在历史的、民族的传统与习惯上,旨在游说人们回到德国先前的法律秩序中,其主张也成为德国贵族势力抵制立法改革的"护身符"。马克思在大学阶段涉猎了历史法学派的著述,并在《莱茵报》时期批判该学派"庸俗的怀疑主义"。固然马克思憎恶胡果、萨维尼等人"放荡的轻佻",

① [德]弗里德里希·卡尔·冯·萨维尼:《论立法与法学的当代使命》,许章润译,中国法制出版社 2001 年版,第 7 页。

② [德]弗里德里希·卡尔·冯·萨维尼:《历史法学派的基本思想:1814—1840 年》,郑永流译,法律出版社 2009 年版,第 20 页。

但历史法学派提出的“法律源自民众生活”“法律存在于历史之中”“立法遵照民族的共同信念”等具有实证主义色彩的观点，从理论的侧面启发马克思要通过历史的发展过程以及历史的素材来观察世俗生活的本质。

三、德国古典哲学的“人类主体”范畴

随着启蒙运动的深入发展，德国古典哲学家们将法国大革命的进步精神上升到哲学的高度，以自身擅长的思辨传统，建立起一座唯心主义的“理性大厦”。他们跳出了以往哲学关于“人与自然”关系的思维图圄，更加关注纯粹的主体与客体的关系问题，特别是能动的思维主体与思维对象之间的区别与联系。在此之中，主体问题自然成为德国古典哲学家们探讨的重要命题。

康德论证了主体囿于“物自身”的有限能动性。在认识论问题上，康德承认，人类感官的一切对象都以超验的“物自身”为基础而存在。人们虽然不能彻底揭示“物自身”的性状，但可以借助“纯然的显象”知性地认识“物自身”的规定性。基于此，康德认为，主体与客体的同一性在于主体与客体相符合。这种“客体”不是超验的“物自身”，而是以经验性材料为基础、由主体设定的客体（现象）。由此，客体对于主体才是可知的。即在康德看来，主体对于客体的符合，从本质上看还是因为客体是符合于主体的客体，而不是人的认识所无法触及的自在客体。从有限可知论的前提出发，康德强调：“关于事物的一种经验知识惟有在主观的规律之下才是可能的，而主观的规律对于这些作为可能经验之对象的事物（当然不是对于作为物自身的事物，但在这里也不考虑这样的事物）也是有效的。”①

① ［德］康德：《康德著作全集》第四卷，李秋零译，中国人民大学出版社 2005 年版，第 299 页。

费希特坚持将“自我”作为唯一独立的实体。他把认识与实践的主体统一起来,认为“自我”在其自身的活动中创造出一切经验和知识。“一切可以运用它的内容都必定在我之内,包含在自我之中。”①从“自我”的第一原则出发,费希特构设了“自我”的知识学逻辑,即自我设定自身(正题),自我设定非我并与自我对立(反题),自我和非我统一于自我之中(合题)。在这里,“自我”是“绝对地、无条件地由它自身规定的”,“设定”是“自我”的本原行动。② “自我”不但设定了存在,同时也设定了意识。主体与客体的矛盾之争在“自我”的活动中实现了统一。这种统一,不仅是“自我”和“非我”即自我意识与意识对象的统一,同时也是意识活动与内容的统一。因此,一切事实,用费希特的话来说,即“解释一切经验意识的事实”,在主体进行判断之前,已经被“自我”直截了当地预先设定好了。可以说,费希特在知识学的阐释体系中将“自我”的基质属性发挥到了极致。

谢林运用绝对同一原则阐释了“自我意识”的至高无上。他认为,哲学大体上被划分为“自然哲学”和“先验哲学”。二者都不是将存在作为本原,而是将“存在于本身本来既是原因又是结果”的“绝对同一”视作是唯一实在的东西。③ 自然哲学的任务是“自下而上”地将自然界的发展上升为理性规律,而先验哲学的任务则是“自上而下”地将理性规律贯彻于绝对客观性当中。二者殊途同归,只是从相反的道路证明了主体和客体的绝对同一性。谢林指出,最高的同一性是“自我意识”。虽然自然科学也体现同一性,但其自身在完成的状态下将会回到先验哲学的原理中,即回到“知识自身之内”。“自我意识囊括了我们知识的全部领域,甚至把

---

① 梁志学主编:《费希特著作选集》第一卷,吴儁深译,商务印书馆 1990 年版,第 479 页。

② 参见梁志学主编:《费希特著作选集》第一卷,吴儁深译,商务印书馆 1990 年版,第 489 页。

③ 参见[德]谢林:《先验唯心论体系》,梁志学等译,商务印书馆 2011 年版,第 23 页。

这个领域扩展到无限，而在每一方面自我意识总是至高无上的。”①从“自我意识”的绝对原理出发，谢林明确自己研究的领域是由“自我意识”产生的具体化的知识体系，而非穷究“自我意识”的最后根据。

当关于主体的哲学思辨发展到黑格尔那里时，“自我”的主体性被“绝对理念”的光环所遮蔽。黑格尔声称：“定在与概念、肉体与灵魂的统一便是理念”，“如果不以任何一种方式让理念存在着，就没有什么东西有生命的”。② 人类社会与人的命运，在黑格尔看来，由普遍观念所主宰，都表征着自由意识的精神外化。换言之，人类社会的发展演变过程，其实是“自由意识”以外在的形式进行自我运动、自我实现的过程，与原子式存在的个体没有任何本质关联。黑格尔在构筑理念的“逻辑圣宫”时，疏离了人或“自我”的现实主体性，转而诉诸精神性活动。他认为，“许多人作为单一者，人们往往乐于把它理解为‘人民’，诚然是一种组合，但只是作为合众，——一种无定形的群众”③。人要想具备主体性，唯有当人有自由意志的时候才有可能，也即精神性活动把它内在的东西落实为人的“心灵的垄断”，主体性才能存在于人的规定当中。

所以，作为近代以来德国意识形态领域的一种隐晦表达，古典哲学家们审慎地生产着关于主体问题的新观点，显现出对于人类主体命运的关切与思辨。古典哲学家们对于这一命题的理论阐释以及所采用的方法范式，为马克思在继承传统的基础上开辟新的理论园地提供了重要的思辨“武器”。

四、青年黑格尔派的“现状批判”范畴

作为马克思早年间密切交往的同辈群体，青年黑格尔派成员的思想

---

① ［德］谢林：《先验唯心论体系》，梁志学等译，商务印书馆2011年版，第24页。

② ［德］黑格尔：《法哲学原理》，邓安庆译，人民出版社2016年版，第19页。

③ ［德］黑格尔：《法哲学原理》，邓安庆译，人民出版社2016年版，第446页。

世界深受黑格尔的熏陶。他们一面吸收黑格尔思想的合理成分，一面反思黑格尔思想的不足之处，在此基础上形成了新的思想主张。特别是对黑格尔调和哲学与宗教的逻辑学做法，青年黑格尔派成员并不认同。他们在阐述自身对于宗教问题的看法时，强烈地表达了批判现实秩序的革命倾向。具体来看，在这种激进的理论批判中，存在两种不同的阐释路向。

一是以鲍威尔、施蒂纳为首的“自我意识”路向。在鲍威尔看来，宗教是自我意识的产物。福音书是由人撰写的，其内容和形式都始终贯穿着人的自我意识。一些抱有一定宗教目的的人有意识地编造出福音故事，经过一代代的发展形成了宗教。所以，基督教的历史叙事也是一代代神学家编纂的历史，都是自我意识活动的结果。他指出，《新约》的许多作品都是历史发展进程的反映，自我意识正是在这一进程中发展到自觉的地步。① 以批判基督教的历史为切入点，鲍威尔得出，任何历史的发展都离不开人的自我意识的活动，只有人的自我意识才是真正的绝对实体。鲍威尔的批判坚持从自我意识原则出发，旨在高扬自我意识的普遍力量，阐明自我意识原则在人的生活和人类社会历史发展进程中具有决定性地位。在黑格尔那里，自我意识需要受到绝对理性的宰制，而在鲍威尔的理论体系中，自我意识却是独立行事，不受任何实在因素的制约。自我意识创造着一切尘世的生活，实体性的领域只是表征自我意识的具体化领域。与鲍威尔的观点相近，施蒂纳将自我意识看作万事万物的来源和动力。在关于“神的事业”的认识上，施蒂纳批判道：“神并不为更高者效劳，只是使自己满足。神的事业是纯粹利己主义的事业。”②同理，施蒂纳认为，

① 参见[波]兹维·罗森：《布鲁诺·鲍威尔和卡尔·马克思：鲍威尔对马克思思想的影响》，王谨等译，中国人民大学出版社 1984 年版，第 55 页。

② [德]麦克斯·施蒂纳：《唯一者及其所有物》，金海民译，商务印书馆 2017 年版，第 4 页。

人类的事业也是如此，人类并不是为更高的事业效劳，而只是为了人类自身的发展。既然神的事业和人类的事业都指向它们自身，在它们自己的基础上存在，那么，对于“我”而言，“我”的事业也存在于“我自己”的基础上。一切其他事物对于“我”而言没有任何价值。由此，施蒂纳提出一个核心的论断：“我的一切就是我，我就是唯一者。”①人类历史发展的起点即是“唯一者”。它是宇宙中的终极存在，不受任何对立面的约束，一切国家制度、财产、道德等都包含在“唯一者”之内。总之，借助对自我意识的探讨，鲍威尔等人将人从黑格尔的逻辑框架中解放出来，按照新的自我意识标准来理解人，关注到了人的现实作用和人的主体命运问题。但他们没能沿着人的主体性向度继续思考，反而对人的自我意识表现出极大的兴趣，并将人的这种主观精神进行绝对化的理解与阐释。也即在鲍威尔等人看来，自我意识表面上是指个体主观性的精神活动，用以解释个体范畴，但实质上是指全部人类历史活动的发展，是具有本原意义和普遍意义的范畴。鲍威尔等人不断强化自我意识的至高无上性，坚持自我意识是现实世界和人类社会发展的“唯一力量”，显然是将自我意识放在了超自然的地位上。②

二是以费尔巴哈为代表的“直观自然”路向。关于宗教神学的本质，费尔巴哈更多是从人与宗教对象的“感性”关系上进行论证。他指出，宗教对象是内在于人的一种存在，就如同人的自我意识、人的良心一样，不能脱离人本身。“人怎样思维、怎样主张，他的上帝也就怎样思维和主张；人有多大的价值，他的上帝就也有这么大的价值，决不会再多一些。”③因此，费尔

---

① ［德］麦克斯·施蒂纳：《唯一者及其所有物》，金海民译，商务印书馆 2017 年版，第 5 页。

② 参见［波］兹维·罗森：《布鲁诺·鲍威尔和卡尔·马克思：鲍威尔对马克思思想的影响》，王谨等译，中国人民大学出版社 1984 年版，第 94 页。

③ ［德］路德维希·费尔巴哈：《费尔巴哈哲学著作选集》下卷，荣震华等译，商务印书馆 1984 年版，第 38 页。

巴哈认为,宗教神学并没有独自的、特殊的内容,它所囊括的一切对象不外是属于人的对象。"宗教是人的隐秘的宝藏的庄严揭幕,是人最内在的思想的自白,是对自己的爱情秘密的公开供认。"①从感性直观的唯物立场出发,费尔巴哈揭开宗教的虚幻面纱,将"神学溶化为人本学",开启了针对旧哲学的人本学批判。在费尔巴哈看来,以往的旧哲学都是从抽象的实体出发,将思维、自我、自觉的精神等作为最高的实体,以自造的概念和自我的想象去观察世界和人本身。在黑格尔所痴醉的绝对精神里,费尔巴哈看到的是主观意识的被扭曲的自我,是作为自身的幽灵在行进的自我。② 费尔巴哈提出,新哲学的出发点是感性的、直观的、实在的实体——是人这一最实在、最完整的实体。新哲学应当以人的真理性为基础,从活生生的、现实的世界中去掌握现实的实体和事物。费尔巴哈这里所强调的人,指的是以自然为基础的、感性直观的存在物。虽然费尔巴哈这种认识和判断离真正揭示人的本质还有较大差距,但他在新哲学中将以往哲学所关注的抽象实体转变为实在的人的实体,面向人的尺度进行哲学思辨,具有重大的进步性意义。

青年黑格尔派成员的思想主张对马克思早期批判社会政治问题具有重要启发。在与青年黑格尔派成员进行思想互动的过程中,马克思的理论视野从抽象的彼岸世界转向现实的此岸世界,基本形成批判现实秩序的革命倾向。同时,马克思在分析具体问题时,也审慎地借鉴了青年黑格尔派成员的理论成果。在此基础上,马克思深入社会政治现实中,科学揭示了人的主体性意蕴。

---

① [德]路德维希·费尔巴哈:《费尔巴哈哲学著作选集》下卷,荣震华等译,商务印书馆1984年版,第38页。

② 参见[以]阿维纳瑞:《马克思的社会与政治思想》,张东辉译,知识产权出版社2016年版,第12页。

第三节　马克思“现实的人”理论的发展过程

走出象牙塔、走向“社会舞台”之后，马克思“现实的人”理论的发展大致经过四个阶段。从《莱茵报》时期到克罗伊茨纳赫时期，马克思初步关注“现实的人”的理论命题；从《德法年鉴》时期到《巴黎手稿》时期，马克思尝试深刻地思考“现实的人”的理论命题；从唯物史观创立到马克思主义诞生，马克思对“现实的人”的理论思考基本成熟；自马克思主义诞生之后，在理论与实践的融合发展中，马克思对“现实的人”的科学认识不断优化。

一、初步萌发：从《莱茵报》时期至克罗伊茨纳赫时期

在年少求学阶段，马克思对人的问题已经有所关注。中学毕业之际，马克思透过毕业考试的题作内容，表达了为“人类的幸福”与“自身的完美”而选择职业的远大抱负。虽然这种职业追求充满理想主义色彩，但人的存在与人的价值问题犹如一粒种子播种在马克思的心田。在博士论文中，借助伊壁鸠鲁的原子偏斜运动学说，马克思肯定了凸显个性自由的自我意识，流露出对人的主体性本质的理论关切。可以说，在步入社会之前，人的问题已经存在于马克思的脑海中，只是彼时马克思更多是一种形而上的理解，缺少面向社会现实的思考。

担任《莱茵报》编辑以后，站在普鲁士社会政治现实的最前沿，马克思逐渐疏离了黑格尔的理性国家观，向世人呈现了一幅以劳动大众为主角的世俗图景。面对普鲁士书报检查令对民众言论自由的戕害，马克思扛起了捍卫民众言论自由的旗帜，将自由报刊看作是“个人同国家和世界联结起来的有声的纽带”①。面对依靠捡拾枯木勉强度日的贫民和逐

① 《马克思恩格斯全集》第1卷，人民出版社1995年版，第179页。

渐陷入贫困境地的葡萄种植者，马克思揭穿了私人利益“下流的唯物主义”本质，并对贫苦群众沦为“牺牲品”的事实表达了强烈不满。面对象征封建专制死灰复燃的等级委员会，马克思直言等级委员会的存在是普鲁士政治生活的倒退，“从国家生活领域倒退到国家生活早就使其丧失意义的某些虚构的领域”①。或许马克思对《莱茵报》创办理念的定位，可以直观地反映这一时期他的思想动态。与其他报刊不同，《莱茵报》“不是枯燥无味的评论和卑鄙的阿谀奉承”，而是为了“理解人民的愿望”，“以意识到自己的崇高目标的（虽然是尖锐的）批判精神来阐明国家大事和国家机构的活动”②。正是在对涉及民众切身利益的社会政治问题发表看法的过程中，马克思对处在现实中的人有了总体性的感知。

退出《莱茵报》后，马克思前往克罗伊茨纳赫，继续思考社会政治现实与人的关系问题。在《克罗伊茨纳赫笔记》中，马克思全面考察了欧洲国家近 2500 年的政治变迁史，尤其是对法国大革命的历史全貌进行深入分析。在摘记兰克《历史—政治杂志》时，马克思比较了法国路易十八执政时期确立的“钦定的国王宪章”与之后路易·菲利普执政时期确立的“钦定的王权”。他强烈地意识到，作为象征国家观念的宪法，是由国家的现实情形所决定的。“国家观念始终都是国家存在的那些[旧]形式的宾词。”③黑格尔的理性国家观其实是一种主宾颠倒的虚幻国家观。在探讨历史上财产所有权与政治权利的关系问题时，马克思看到，财产的多寡与个人的权利联系密切，在一定程度上财富的占有量是衡量政治权利的关键标准。这些理论性的认识，不仅标志着马克思在弄清历史前进的客

① 《马克思恩格斯全集》第 1 卷，人民出版社 1995 年版，第 334 页。

② 《马克思恩格斯全集》第 47 卷，人民出版社 2004 年版，第 37 页。

③ 中共中央马克思恩格斯列宁斯大林著作编译局资料室编：《马列著作编译资料》第 12 辑，刘暐星译，人民出版社 1980 年版，第 36 页。

观动力方面取得重要进展，而且引导马克思越发关注人的现实性存在问题。

到写作《黑格尔法哲学批判》时，马克思将人的现实性存在当作批判黑格尔理性国家观的“阿基米德点”。具体而言，马克思以普鲁士的社会政治境况为现实依据，主张以实存国家的非理性批判黑格尔国家观点的虚幻性，并力求从人的“现实的规定”中还原包括家庭、市民社会与政治国家在内的国家机体的本质。虽然马克思的理论视野还没有拓展到社会物质生产的基础领域，但他已经从关于人的存在的“现实的规定”中发现了超越黑格尔的理论突破口。在黑格尔的法哲学体系中，国家是先验观念设定下的、象征最高权力的存在形式。家庭和市民社会则是依附于国家而存在，它们的利益也相应地统合于国家利益。面向普鲁士社会政治现实，马克思强调，家庭、市民社会、国家等实体性存在形式，是属于现实的人的活动场域。它们作为呈现主体本质的不同载体，均象征着现实的人的属性。“如果在阐述家庭、市民社会、国家等等时把人的这些社会存在方式看作人的本质的实现，看作人的本质的客体化，那么家庭等等就表现为主体所固有的特质。”①马克思反对把家庭和市民社会中的“群体”和“各个人”构成国家的过程，视作理念的自我活动现象。在他看来，国家机体“是从作为家庭的成员和市民社会的成员而存在的这种群体中产生的”②。此时马克思对黑格尔的批判，明显地倾向于回归人的现实规定性。他站在“坚实的地面上”，站在普鲁士人民一边，现实地思考着国家的社会政治问题。随后，根据这种面向“现实的人”的理论基调，马克思辨析了制度、行政、立法等国家要素与人的现实性存在之间的应然联系，初步建构起关于国家治理的总体看法。

---

① 《马克思恩格斯全集》第3卷，人民出版社2002年版，第51—52页。

② 《马克思恩格斯全集》第3卷，人民出版社2002年版，第12页。

二、上升发展:从《德法年鉴》时期至《巴黎手稿》时期

1843年10月,马克思在巴黎同阿尔诺德·卢格一起筹办《德法年鉴》。尽管这本刊物的“寿命”很短,只出了两期合刊,但其政治批判力和理论批判力却非常显著。马克思在该刊物上发表了《论犹太人问题》和《〈黑格尔法哲学批判〉导言》两篇文章。在这两篇文章中,马克思完成了从唯心主义向唯物主义、从革命民主主义向共产主义的转变。同时,伴随这种转变过程的发展,马克思对“现实的人”的理论认识也逐步深入。

在《论犹太人问题》中,马克思拨开“犹太人之问”的宗教迷雾,将所谓的神学问题转化为人的问题,以“人的解放”为旨归,提出了具有共产主义性质的理论创见。通过分析鲍威尔对政治解放与人的解放的概念混淆问题,马克思指出,政治解放仅仅是实现人的解放的基础环节。放眼已经完成或正在进行政治解放的国家,“人不仅在思想中,在意识中,而且在现实中,在生活中,都过着双重的生活——天国的生活和尘世的生活”①。政治解放对人产生的实际后果是,政治生活和市民社会生活发生分离,相应地,人的主体性也呈现出二元化的矛盾特征。作为现实的个体,一方面,人可以积极地加入政治共同体、参与到政治生活中;另一方面,由于市民社会从旧社会的政治关系中挣脱,市民社会的利己精神摆脱了政治枷锁,人的个性自由拥有了生长空间。所以,在马克思看来,“犹太人之问”深层追问的是人的主体本质何以复归的问题。在解答这一问题的过程中,马克思倾向于从人的现实关系出发,将原本属于此岸世界的人从彼岸世界中拯救出来,脱去现实的人的宗教镣铐。更为重要的是,马克思已经意识到,追问人的主体本质,不能陷入虚无之中,而应进入世俗之中。通过批判现代市民社会及其背后的“犹太精神”,马克思初步揭示

① 《马克思恩格斯文集》第1卷,人民出版社2009年版,第30页。

了人的主体本质复归的可能。

在《〈黑格尔法哲学批判〉导言》中，马克思延续了批判犹太人问题的基本思路。对于德国宗教问题，马克思不仅分析宗教问题本身，而且深入宗教产生的世俗基础进行理解。马克思指出，宗教批判是开展其他一切批判的前提条件。当宗教的神秘面纱被揭开以后，人们所看到的并不是“超人”，而是“没有获得自身或已经再度丧失自身的人的自我意识和自我感觉”①。马克思强调，不是宗教世界创造了人的世界，而是人的世界创造了宗教世界。宗教世界是人的世界的颠倒，“是人的本质在幻想中的实现”②。因此，反宗教的斗争在一定意义上反对的是宗教产生的世俗基础，批判宗教问题实际上是批判苦难尘世的序曲。马克思认为，与宗教给人们带来虚幻幸福不同，废除宗教、批判宗教是要为人们追求现实幸福。马克思形象地比喻道：“这种批判撕碎锁链上那些虚幻的花朵，不是要人依旧戴上没有幻想没有慰藉的锁链，而是要人扔掉它，采摘新鲜的花朵。”③如何建立人自己的现实幸福？在这篇文章中，马克思首先对现实的政治生活展开批判，将矛头指向了德国的国家制度。马克思认为，德国的国家制度总是以虚假的方式和盲目自大的形象在场，置现实的人于不顾。它反映了现代国家制度的未完成状态，表征着现代国家制度的先天缺陷。如果德国的国家制度想要摆脱现代国家制度的先天不足，必须从人的高度进行彻底革命。也正是在现实地分析德国革命的可行性时，马克思看到了新的、可以依赖的无产阶级解放力量。马克思明确把无产阶级视为与“人民的魂魄相同”的等级，肯定无产阶级的“社会总代表”角色，相信无产阶级能够实现人的解放的光荣使命。

随着阅读与思考不断向政治经济学领域拓展，马克思对自己的研究

---

① 《马克思恩格斯文集》第 1 卷，人民出版社 2009 年版，第 3 页。
② 《马克思恩格斯文集》第 1 卷，人民出版社 2009 年版，第 3 页。
③ 《马克思恩格斯文集》第 1 卷，人民出版社 2009 年版，第 4 页。

计划也进行了调整。他放弃了写作国民议会史的打算，转向系统地了解政治经济学的发展历程，并对众多经济学著作做了摘录和评论，形成《巴黎笔记》。通过做学习笔记的方式，马克思不仅对市民社会中的资本主义生产方式有了深刻认识，而且对在这种生产方式下的人的本质有了一定判断。与此同时，马克思也开始了新的研究创作。他原本计划对国家、法、道德、市民社会等一系列问题进行政治经济学分析，但最终并未全部完成。流传于世的共有三个手稿片段和"穆勒评注"，即《巴黎手稿》。

在手稿中，马克思充分重视现实的人的劳动范畴。一方面，马克思合理地借鉴古典经济学的劳动价值论观点，肯定劳动实践对于财富创造的重要作用。另一方面，马克思辩证地分析黑格尔劳动人本论观点，明确了劳动与人的主体性之间的内在关系。基于此，从感性地、现实地原则出发，马克思指出，作为人的生命活动、生产生活的劳动，是人"自由的有意识的活动"，而这恰恰就是人的本质所在。"有意识的生命活动把人同动物的生命活动直接区别开来。"①但是，在资本主义制度下，本应彰显人的主体本质的劳动，仅仅是人用来维持生计的手段，是一种遮蔽了人的主体本质的异化劳动。"异化劳动从人那里夺去了他的生产的对象，也就从人那里夺去了他的类生活，即他的现实的类对象性，把人对动物所具有的优点变成缺点，因为人的无机的身体即自然界被夺走了。"②马克思围绕"工人及其生产的异化"的国民经济事实，结合工资、利润和地租的形成过程，剖析了异化劳动的内在规定。也正是通过剖析异化劳动，马克思揭示了资本主义生产方式中资本与劳动之间的对立关系，阐明"私有财产运动"与异化劳动之间的相互作用关系。马克思认为，只有积极地扬弃私有财产，才能消解异化劳动以及异化劳动对工人阶级和人类社会产生

---

① 《马克思恩格斯文集》第1卷，人民出版社2009年版，第162页。

② 《马克思恩格斯文集》第1卷，人民出版社2009年版，第163页。

的异己力量。而要实现私有财产的扬弃，彻底解决困扰人的“存在和本质、对象化和自我确证、自由和必然、个体和类之间的斗争”，必须推动人类社会向恢复人的主体本质的共产主义目标迈进。①

三、基本成熟：从唯物史观创立至马克思主义诞生

从《神圣家族》出版到《共产党宣言》发表的这段时间，马克思的思想世界逐步走向成熟。在此期间，马克思不仅揭开了唯物史观的奥秘，而且以表征人的创造性实践的“自主活动”为基准，阐明了人民在历史书写中的主体地位，赋予现实的人主体本质复归的崭新尺度和领导基础。

在《神圣家族》中，马克思坚持从社会物质生产领域出发来观察人类历史，坚定地捍卫唯物主义的理论园地。他反对把历史看作是形而上学的主体，更反对将现实的人看作是形而上学的主体的体现者。鲍威尔等人以“绝对的批判”贬低人类过往的历史，只能证明“绝对的批判”本身的理论贫乏。马克思强调：“从非批判的观点来看，历史达到的结果是，最复杂的真理最终是不言而喻的，一切真理的总和，即人，最终是不言而喻的。”②人类的历史并非是面向“心灵的深处”、同现实的人相分离的彼岸历史，而是存在于现实世界中、以现实的人为中心的此岸历史。“历史的活动和思想就是‘群众’的思想和活动。”③马克思立足“现实的界限”，高度肯定人民群众的历史创造者角色。这标志着马克思对“现实的人”的理论思考迈出关键一步。同时，通过考察法国唯物主义和英法空想社会主义的观点学说，马克思进一步明确无产阶级创造历史的革命作用。在资本主义社会中，资产阶级和无产阶级是私有制产生的对立统一体。随着历史的深入和无产阶级队伍的壮大，对立统一体内部原本资产阶级处

① 参见《马克思恩格斯文集》第1卷，人民出版社2009年版，第185页。

② 《马克思恩格斯文集》第1卷，人民出版社2009年版，第284页。

③ 《马克思恩格斯文集》第1卷，人民出版社2009年版，第286页。

于支配地位、无产阶级处于被支配地位的关系将会对调。届时无产阶级将肩负起人的解放的历史任务，努力地开展消灭对立的革命行动，将原先被剥夺的“一切属于人的东西”复归人本身，在推动人类历史发展方面发挥进步力量。

《关于费尔巴哈的提纲》是马克思在布鲁塞尔写作的一则笔记。这个笔记表明马克思的理论探索同唯心主义和旧唯物主义划清了界限，同时形成了马克思新世界观创立的基础原则。在笔记中，马克思批判了费尔巴哈和一切旧唯物主义者对人的主观能动性以及实践作用的忽视问题，提出了科学的实践观，并将对“现实的人”的分析置于这种科学的实践观上。一方面，实践活动是体现人的主体性的基本方式，也是实现人的主体性的直接来源。马克思指出：“关于思维——离开实践的思维——的现实性或非现实性的争论，是一个纯粹经院哲学的问题。”①只有在实践的基础上，人们才能够科学地发挥主观能动性，获得对事物的正确认识。另一方面，实践活动是理解人的现实本质的一把“钥匙”。与以往的哲学家们不同，马克思从人的实践活动和社会关系之间的联系来审视人的本质。在他看来，“现实的人”并不是一个个孤立存在的个体，而是处在一定社会结构中的人。这些现实的个体由于进行着丰富的实践活动而彼此产生了复杂多样的联系和关系。这些全部的联系和关系构成了认识人的现实本质的真正基础。

到写作《德意志意识形态》时，马克思对唯物史观已经有了比较系统的认识。伴随这种科学世界观的出场，马克思深刻阐释了“现实的人”在人类社会发展中的主体地位。从“社会存在决定社会意识”这一唯物史观的基本原理出发，马克思指出，关注现实的人的物质生产实践活动，是理解人类社会发展的根本前提。新航路开辟以来各民族国家从原始封闭

① 《马克思恩格斯文集》第1卷，人民出版社2009年版，第500页。

状态向开放交往状态转变的进程也表明，人类历史发展并不是由幽灵般存在的世界精神自导自演的抽象行动，而是完全物质的、现实的人类自身的行动，“每一个过着实际生活的、需要吃、喝、穿的个人都可以证明这种行动”①。所以，科学把握人类社会发展的历史规律，首先应当从最基本的物质生产出发，考察人类的生产实践过程以及在生产实践中形成的生产关系。在此基础上，才能真正理解人类的各种观念形态，如政治、宗教、科学、艺术等理论产物的形成过程。而人类社会发展的历史动力就蕴含在由现实的人的物质生产所形成的生产力与生产关系的矛盾运动中。马克思认为，随着人类生产实践的发展，社会生产力不断进步，原有的生产关系将成为生产力发展的桎梏。在此情况下，摧毁旧的生产关系、建立新的生产关系是矛盾运动的必然走向。而这种走向往往爆发为革命，包括阶级冲突、思想斗争、政治斗争等。依据人类社会发展的历史规律，马克思确证了共产主义必将取代资本主义的历史趋势，描绘了“现实的人”的未来图景。在真正的共同体中，旧的生产关系将被消灭，“各个人在自己的联合中并通过这种联合获得自己的自由”②。在《哲学的贫困》中，马克思仍旧是从“现实的人”出发，更为精确地论述了唯物史观的基本原理。特别是在揭示生产力的构成方面，马克思指出，革命阶级本身就是最强大的生产力，因为其存在是以旧社会的全部生产力为前提。在资本主义社会中，无产阶级便是这一革命阶级。马克思强调，无产阶级必须与劳动大众联合起来，通过“全面革命”来发挥主体力量、实现社会改造，最终实现劳动阶级的解放。

当科学世界观在《德意志意识形态》《哲学的贫困》等著作中以相对成熟的形态被呈现以后，马克思并未停下理论探索的脚步，而是继续拿起

① 《马克思恩格斯文集》第1卷，人民出版社2009年版，第541页。

② 《马克思恩格斯文集》第1卷，人民出版社2009年版，第571页。

"批判的武器",努力将科学世界观传播到广大劳动群众中去。马克思恩格斯为共产主义者同盟起草的纲领《共产党宣言》,正是科学世界观在工人运动实践中的第一次运用。在这份具有开创性意义的纲领中,马克思明确将"现实的人"的主体性与无产阶级的革命性结合起来,论证了共产党组织在实现人的解放过程中的领导作用。《共产党宣言》指出,资本主义必然灭亡和共产主义必然胜利,是人类社会演替的规律使然。无产阶级是资产阶级的掘墓人,他们肩负着建立共产主义新社会的光荣使命。"无产阶级不仅人数增加了,而且结合成更大的集体,它的力量日益增长,而且它越来越感觉到自己的力量。"①无产阶级的主体力量将转化为代表现实的人的普遍利益的"公开的革命",助推无产阶级用暴力的方式推翻资产阶级统治、废除资本主义社会全部的占有形式,建立起自己的统治、占有社会生产力。而共产党人不论在理论上还是在实践上,都是无产阶级最坚强的领导核心,始终代表无产阶级革命的整体利益。随着无产阶级上升为统治阶级并消灭旧的生产关系,现实的人将形成"自由人的联合体"。

四、巩固深化:从"活的历史"中进一步考察和完善

马克思主义诞生之后,马克思积极地投身于新的革命实践与理论探索工作。面对欧洲革命的新情况、资本主义的新发展和国际社会主义运动的新变化,马克思从政治变革、物质生产和历史反思等多个方面夯实了"现实的人"的理论基础。

在政治变革方面,马克思密切关注无产阶级的革命实践,主张工人运动要打碎资产阶级国家机器,建立为绝大多数人谋利益的无产阶级专政,走工农联盟的革命"合唱"道路。在《1848 年至 1850 年的法兰西阶级斗

① 《马克思恩格斯文集》第 2 卷,人民出版社 2009 年版,第 40 页。

争》中，马克思从唯物史观视角总结了法国1848年二月革命和六月起义等重大革命事件的经验教训，阐释了无产阶级革命斗争的正确策略。区别于各种空洞的革命斗争理论，真正现实的革命斗争应当是不断地革命，建立无产阶级专政。马克思指出：“这种专政是达到消灭一切阶级差别，达到消灭这些差别所由产生的一切生产关系，达到消灭和这些生产关系相适应的一切社会关系，达到改变由这些社会关系产生出来的一切观念的必然的过渡阶段。”①在这种情况下，无产阶级的革命主体作用才能充分发挥，广大劳动人民也才能真正摆脱一切桎梏、获得支配资本的劳动权。在《路易·波拿巴的雾月十八日》中，马克思进一步指出，无产阶级作为彻底的革命力量，其革命行动不是为了使现有的国家机器更加完善，而是要集中自己的一切破坏力量，把现有的国家机器摧毁。同时，通过分析法国农民与无产阶级在主体利益争取方面的一致性，马克思提出，在革命前进的道路上，无产阶级是农民群体可信赖的同盟者和领导者，二者可以联合起来形成更加强大的革命力量。在《法兰西内战》中，马克思通过考察巴黎公社的革命经过，更为深刻地思考了无产阶级革命与恢复现实的人的主体性的关系。马克思看到，随着现代工业的快速发展，资产阶级国家政权越来越成为资本用以压迫劳动的合法机器，相应地，劳动大众被这种组织起来的专制力量牢牢奴役。因此，为了实现劳动大众的解放，无产阶级不是简单地掌握现成的国家机器，而是要打碎这种现成的、窃取了“社会主人地位”的国家机器，建立自己的国家机器，从而形成“可以使劳动在经济上获得解放的政治形式”②。

在物质生产方面，马克思坚持从个人的物质生产实践出发，深入资本主义生产方式的内部，通过系统考察资本主义社会的经济关系本质和经

① 《马克思恩格斯文集》第2卷，人民出版社2009年版，第166页。
② 《马克思恩格斯文集》第3卷，人民出版社2009年版，第158页。

济发展规律，以期从社会生活的物质基础中深刻揭示人的主体性。在《政治经济学批判》时期，马克思明确指出，在社会中从事生产实践的个人以及由这些个人所反映的社会联系的各种形式，是一切问题研究的出发点。并且，“越往前追溯历史，个人，从而也是进行生产的个人，就越表现为不独立，从属于一个较大的整体”①。从这种意义上看，以物质生产为基础来观察人类社会的形成与发展，其实也是观察现实的人在物质生产领域的主体性呈现。当马克思将研究目光聚焦于现代资本主义生产的范畴时，他也辩证地肯定了资本的文明面对人的积极作用。资本主义生产，一方面创造了具有普遍价值的劳动，另一方面也创造了一个普遍有用的体系。相比于一切以前的社会阶段的生产，资本主义社会的生产体现出社会成员对自然界和社会联系的普遍占有。但由于资本与生俱来的内在界限的影响，当其发展程度越高时，它就越发成为阻碍人的自由发展的生产界限和交往界限。因此，要真正实现人的个性自由的终极形式，并不是不断地克服资本运动、发展和实现的内在界限，而是要打碎资本主义的生产，推翻资产阶级的统治。到写作《政治经济学批判（1861—1863 年手稿）》时，马克思在对剩余价值学说进行历史性批判的过程中，更为具体地思考着人的劳动问题。他指出，以往的经济学家都是借助利润、地租等外在的形式来考察剩余价值，所以产生许多理论谬误。而考察剩余价值的关键，在于回到剩余价值生产本身，回到工人创造劳动价值的问题上。例如，在分析生产劳动和非生产劳动的问题上，马克思认为不能从资产阶级生产的货币主义角度来区分，而应当从劳动者的角度来区分，以劳动所体现的一定社会生产关系为基础。在他看来，在资本主义制度下，生产劳动指的是劳动者和资本相交换并为资本生产剩余价值的劳动；而在资本主义制度被摧毁之后，当劳动者创造的价值超过自己消费的价值而有剩

① 《马克思恩格斯文集》第 8 卷，人民出版社 2009 年版，第 6 页。

余时，这种劳动便是真正意义上的生产劳动。①

《资本论》是马克思研究资本主义社会经济形态的巅峰之作，也是马克思主义百科全书式的著作。在这部著作中，马克思以唯物史观的基本原理作为批判指南，通过深刻分析资本主义生产方式，全面揭示了资本主义社会的经济运动规律，科学论证了资本主义终将被共产主义取代的历史发展趋势。虽然《资本论》的直接研究任务是解开资本主义社会发展的内在奥秘，但这种研究是从辩证唯物主义和历史唯物主义的视域下推进的，因而人的问题不能不处于核心地位。也就是说，理解资本主义社会“经济的社会形态的发展”，不能超脱人的问题。在一定意义上，政治经济学批判与人的问题研究是辩证统一的。虽然在《资本论》的批判语境中，现实的人更多是经济范畴中的人格化表达，但这种表达充分蕴含着阶级关系、利益关系、交往关系等与人的主体性密切相关的内容。从整体上看，马克思在《资本论》中对现实的人的深入探讨主要体现在三个方面：一是从哲学意义上辩证人的存在与人的本质问题。关于人的存在问题，马克思不仅从结构维度论述人的存在形式，而且从发展维度指明人的存在与自然、社会之间的关系。关于人的本质问题，马克思既强调人是一切社会关系的总和和产物，也指出由于社会关系的动态性，人的本质也具有阶段性和特殊性。二是从现实发展中观察人的处境与命运。围绕资本主义社会中的异化劳动现象，马克思运用科学的剩余价值学说阐明了其背后隐藏的，人的社会性存在在一定历史条件下所形成的内在矛盾与冲突问题。在资本主义社会中，这种矛盾与冲突鲜明地表现为人的地位和命运的对抗性。作为“人格化的资本”的资本家掌握着统治工人的财富，而作为“人格化的劳动时间”的工人不仅越来越贫乏化，而且也丧失了生产的主体地位。全体工人和全体资本家之间的斗争在资本主义生产

① 参见《马克思恩格斯文集》第8卷，人民出版社2009年版，第615页。

的历史上不断上演。三是从未来趋势上把握人的解放问题。随着资本主义社会化生产与私人化占有之间的矛盾不断激化，“资本主义私有制的丧钟就要响了”，“剥夺者就要被剥夺了”。① 人民群众对少数掠夺者的胜利，将建立在社会所有制上，也就是建立“联合起来的、社会的个人的所有制”②。

在历史反思方面，马克思具体地分析资本主义社会向共产主义社会发展的道路问题以及未来国家的形式问题，科学地预见人的主体本质复归的阶段性。在更为系统地开展政治经济学批判的同时，马克思也密切关注国际社会主义运动的发展情况。在《国际工人协会成立宣言》中，马克思指出，要实现劳动解放，并在更广范围内发展合作劳动，必须夺取政权、实现工人阶级的国际团结。在《国际工人协会共同章程》中，马克思重申了各国工人阶级“亲密的联合”对于劳动解放的关键作用。到晚年时期，针对拉萨尔派建立在唯心主义世界观之上的机会主义革命斗争方略对德国工人运动造成的严重危害，马克思写下《哥达纲领批判》，站在唯物史观的理论地平上，集中地批判了拉萨尔主义观点。马克思反对拉萨尔派脱离社会生产关系空谈“劳动”“公平”等概念的做法。他强调，谈论“劳动”“公平”等概念，必须回到资本主义生产的经济基础中。即使是发展到共产主义社会，谈论“劳动”“公平”等概念也必须从社会的经济基础出发。在这里，马克思首次区分了未来社会发展的两个阶段，并阐释了两个阶段上人的主体性在社会分配方式中的不同体现。在共产主义社会的第一阶段，人的主体性更多依附于劳动价值的生产；在共产主义社会的高级阶段，人的主体性体现为需求的充分满足与自由全面的发展。此外，马克思也反对拉萨尔派空想的“自由国家”观点。他指出，社会是国家的

---

① 《马克思恩格斯文集》第5卷，人民出版社2009年版，第874页。

② 《马克思恩格斯文集》第8卷，人民出版社2009年版，第386页。

基础，现代国家制度建立在现代资产阶级社会的基础上，未来国家制度建立在未来社会的基础上。在资本主义社会向共产主义社会过渡的阶段，同这个阶段相适应的国家制度是无产阶级的革命专政。这一理论创见不仅把共产主义的远大理想与革命的具体道路结合了起来，而且为实现人的解放确定了更加实际的斗争方向。

第二章 马克思"现实的人"理论的主要内容

从马克思探索"现实的人"理论的历史性过程中可以看出,马克思着眼于劳动大众的生存境况与生产实践,将揭示"现实的人"的本质力量对象化的基本逻辑,融入研究人类社会发展历史的全部过程,同时,以人类社会发展的历史规律为指导,提出推进"现实的人"的本质力量主体化的科学方案,从而将解答历史之问与"现实的人"之问有机地结合起来。在马克思的思想世界中,"现实的人"的存在具有多重面向并表现为多种形式。这些不同的面向和形式构成了马克思解读"现实的人"的基本场域。具体而言,马克思通过考察人类社会发展进程中,特别是资本主义社会中劳动大众在革命斗争、权利争取、劳动创造和利益共享等方面的实践活动及其内在规定性,具体而深刻地阐明了"现实的人"的理论意涵。

第一节 "现实的人"的革命主体意涵

19 世纪 40 年代,随着资本主义机器大工业时代的到来,无产阶级反对资产阶级的革命斗争也越发激烈。继法国里昂工人起义和英国宪章运动之后,革命斗争的"战火"在德国西里西亚纺织工人起义中集中爆发。这次工人运动表现出更加鲜明的计划性和组织性,并将矛头直接对准资本主义私有制，强烈表达了无产阶级对于资本主义社会现状的不满与抗争。马克思称赞这次运动是勇敢、有创建且持久的，“法国和英国的工人起义没有一次像西里西亚织工起义那样具有如此的理论性和自觉性”①。彼时马克思站在无产阶级劳动大众立场上，置身无产阶级革命斗争的时代潮头，全面考察无产阶级革命超越传统政治革命的“恢弘的灵魂”，并以面向现实的批判理路，充分开掘了无产阶级劳动大众的革命潜能，形成了关于现实的人的革命主体性意涵。

一、阶级斗争与人的革命主体性

“阶级斗争”的提法并不是马克思的原创。在写给约瑟夫·魏德曼的信中，马克思说道：“无论是发现现代社会中有阶级存在或发现各阶级间的斗争，都不是我的功劳。”②在马克思关注阶级斗争问题之前，法国资产阶级历史学家已经叙述过阶级斗争的发展历史。法国复辟王朝时期，以梯叶里、基佐和米涅为代表的历史学家为当时的资产阶级革命编纂历史，出版了《欧洲文明史》《英国革命史》《法国革命史》《第三等级的形成和发展史概论》等历史著作。与以往历史学家编纂历史所采用的方法不同，他们认为，人类社会存在不同的阶级，阶级与阶级之间往往因为利益矛盾而不断斗争，由此影响着人类社会的结构变化与发展进程。基于此，这些资产阶级历史学家运用阶级斗争的观点分析了法国大革命的历史过程，进而逐渐认识到，法国大革命的实质是第三等级与封建贵族之间的斗争。“第三等级，它的力量——财富、毅力和见识日益增长，注定是要打倒和剥夺宫廷势力的。”③所以，对于阶级斗争问题，他们高度赞扬第三等

---

① 《马克思恩格斯全集》第3卷，人民出版社2002年版，第389—390页。

② 《马克思恩格斯全集》第49卷，人民出版社2016年版，第79页。

③ ［法］米涅：《法国革命史：从1789年到1814年》，北京编译社译，商务印书馆2017年版，第8页。

级反对封建贵族的斗争，却否认第三等级（包括除贵族与僧侣以外的一切等级）内部有阶级矛盾；只承认过去的阶级斗争的进步性，却否认资产阶级统治下进行阶级斗争的必要性，并把资产阶级统治下出现的阶级斗争问题视作疯狂之举。[①] 毋庸置疑，法国资产阶级历史学家关于阶级斗争的历史叙事，为马克思思考阶级斗争问题提供了重要的文献依据。

借鉴这些资产阶级历史学家提出的阶级斗争概念，马克思将阶级斗争视为分析“现实的人”的重要入口。他指出，阶级斗争呈现出的对抗形式，“不是指个人的对抗，而是指从个人的社会生活条件中生长出来的对抗”[②]。因此，阶级斗争问题与人的主体性问题具有密切关系。马克思指出，在人类历史的发展演进中，始终存在统治者与被统治者之间不可调和的阶级斗争。“自由民和奴隶、贵族和平民、领主和农奴、行会师傅和帮工，一句话，压迫者和被压迫者，始终处于相互对立的地位，进行不断的、有时隐蔽有时公开的斗争，而每一次斗争的结局都是整个社会受到革命改造或者斗争的各阶级同归于尽。”[③]在奴隶社会，奴隶主和奴隶之间的矛盾是阶级斗争的主要表现。随着阶级矛盾日益激化，奴隶们逐渐开始通过起义、暴动等方式，反抗奴隶主的压迫和奴役，恢复自身的主体自由，推动着奴隶社会向封建社会过渡。在封建社会，阶级斗争的主要表现则是地主阶级和农民阶级之间的矛盾。当二者矛盾达到难以调和的地步时，占社会人口多数的农民阶级，为了摆脱与地主阶级的土地依附关系、争取自身的主体权益，也是以暴力斗争的形式影响着人类社会的发展走势，最终推动封建社会向资本主义社会过渡。

在马克思生活的资本主义时代，“从封建社会的灭亡中产生出来的

① 参见黄楠森等主编：《马克思主义哲学史（修订版）》第一卷，北京出版社 2005 年版，第 41 页。

② 《马克思恩格斯文集》第 2 卷，人民出版社 2009 年版，第 592 页。

③ 《马克思恩格斯文集》第 2 卷，人民出版社 2009 年版，第 31 页。

现代资产阶级社会并没有消灭阶级对立。它只是用新的阶级、新的压迫条件、新的斗争形式代替了旧的”①。阶级斗争的主要表现转化为了资产阶级和无产阶级之间的矛盾。马克思在论述这种阶级矛盾的现实张力时,着重强调了其对占社会绝大多数的人造成的后果。资产阶级对无产阶级的压迫和剥削,导致劳动大众普遍赤贫。马克思指出,在资产阶级眼中,“遍地皆是的贫困”是穷人自身的问题,穷人为此应该受到相应的惩罚。换言之,资产阶级认为,赤贫现象并非一种应该从源头防止的不幸,反而是一种犯罪,应该加以镇压和惩处,“对它强制约束,使它万古长存”②。资产阶级对于劳动大众普遍贫困的问题采取向恶的态度和消极的作为,显示了资本主义社会阶级对立的现实残酷性。总的来看,阶级斗争贯穿整个人类社会发展的历史进程,与人的生存状态、现实需求、生产生活等关乎主体地位的范畴密不可分。在不同历史阶段的阶级斗争中,“人的完全丧失”形式可能存在差异,但这些阶级斗争的目的都指向人“回复自己本身”。③ 阶级斗争的发展史可以说是一部人类不断探索自我、发现自我、实现自我的主体叙事史。

也正是通过蕴含人的主体性“回复”的阶级斗争方式,整个人类社会向着更高阶段不断迈进。换言之,不同阶级之间由于冲突和对抗不可避免会导致暴力革命,而这恰恰形成了社会发展的直接动力。

一方面,从普遍的人类历史规律上看,阶级斗争是推动人类历史发展的直接载体。马克思在《政治经济学批判〈序言〉》中指出的:“社会的物质生产力发展到一定阶段,便同它们一直在其中运动的现存生产关系或财产关系(这只是生产关系的法律用语)发生矛盾。于是这些关系便由

---

① 《马克思恩格斯文集》第 2 卷,人民出版社 2009 年版,第 32 页。

② 《马克思恩格斯全集》第 3 卷,人民出版社 2002 年版,第 383 页。

③ 参见《马克思恩格斯文集》第 1 卷,人民出版社 2009 年版,第 17 页。

生产力的发展形式变成生产力的桎梏。那时社会革命的时代就到来了。"①即旧的生产关系不断通过阶级斗争的形式加以变革、更新,以更加适合社会生产力的发展状况,也推动着社会生产力不断解放,进而实现经济基础的变革。随着经济基础的变革,上层建筑也必将进入变革的状态并不断适应经济基础的变革。

另一方面,从特定历史阶段的发展上看,阶级斗争发挥着历史杠杆作用。马克思着重阐释了资本主义时代阶级斗争对人类历史发展的杠杆作用。与资产阶级贬低无产阶级运动、贬低工人的立场截然不同,马克思始终坚定地支持无产阶级运动,高度肯定阶级斗争的历史推动作用。在批判德国社会民主党党内机会主义错误倾向时,马克思回顾了无产阶级运动的历史过往,明确资产阶级和无产阶级之间的阶级斗争"是现代社会变革的巨大杠杆"②。因为这种斗争坚持以消灭私有制和剥削制度、实现全人类的解放为崇高目标,是对人的主体地位能否真正实现具有决定性意义的关键一环。只有走好阶级斗争这条路,才能从根本上清除人类解放道路上的私有制和剥削制度障碍,加快资本主义社会成为历史的步伐,促使人类社会向更高阶段的社会形态演进。

二、无产阶级的革命主体力量

"无产阶级"的概念最早起源于古罗马时期,用以表示自由民当中没有土地和其他财产、靠国家养活的低等级阶层。在很长一段历史时期,"无产阶级"称谓具有浓厚的贬损、蔑视色彩。马克思视域中的"无产阶级",是指在资本主义社会,被剥夺了生产工具和生产资料、不得不靠出卖劳动力为生的、受资产阶级剥削的雇佣劳动者阶级。"无产"并非是指

---

① 《马克思恩格斯文集》第2卷,人民出版社2009年版,第591—592页。

② 《马克思恩格斯文集》第3卷,人民出版社2009年版,第484页。

庸俗唯物主义层面上的“没有收入”，而是指在雇佣关系中被无偿剥削剩余劳动。因此，无产阶级是“一个被戴上彻底的锁链的阶级”①。在资产阶级眼中，无产阶级是不值一提的、处在社会最基层的、如“蚍蜉”之类的存在，而在马克思看来，他们却是能够改变人类命运的革命最大希望。一方面，被工厂主、资本家无情压榨与剥削剩余价值，构成了无产阶级革命的正当性；另一方面，迫切要求改变与资产阶级之间不对等的关系，以获取解放的政治诉求，构成了无产阶级革命的自觉性。无产阶级自诞生之日起，就开始了对资产阶级的斗争。“当诸侯同君王斗争，官僚同贵族斗争，资产者同所有这些人斗争的时候，无产者已经开始了反对资产者的斗争。”②最初，由于无产阶级没能认识到自身遭受压迫和剥削的根源所在，对于资本主义的发展还抱有一些不切实际的幻想和期待，因此，斗争实践都是局部的、零星的、松散的，还是比较低层次的自发性斗争，斗争产生的影响也相对有限。随着资本主义大工业的发展，无产阶级斗争经验不断积累，斗争实践开始具有联合性、计划性、组织性，并逐渐向更高层次的自觉阶段转变。所以，无产阶级在斗争实践中不断成长和进步，其革命底色也在斗争实践中不断擦亮。

在科学地分析阶级斗争问题的过程中，尤其是基于资本主义社会资产阶级与无产阶级之间斗争日益激化的矛盾现实，马克思清醒地认识到，资产阶级的发展壮大不仅推动了整个社会的生产力进步，同时也带动了无产阶级的发展。无产阶级的形成、巩固及壮大，本身就是资本主义制度和该制度之下的等级体系瓦解的昭示。“资产阶级不仅锻造了置自身于死地的武器；它还产生了将要运用这种武器的人——现代的工人，即无产者。”③马克思指出，“人为造成的贫民”“社会的急剧解体”产生的群众，

① 《马克思恩格斯文集》第1卷，人民出版社2009年版，第16页。
② 《马克思恩格斯文集》第1卷，人民出版社2009年版，第16页。
③ 《马克思恩格斯文集》第2卷，人民出版社2009年版，第38页。

即以出卖劳动力为生的广大劳动者，还包括“自然形成的贫民”“基督教日耳曼的农奴”，都在向无产阶级的队伍集中。随着无产阶级队伍不断壮大，且无产阶级联合起来的力量不断增强，无产阶级作为“更强大、更坚固、更有力”的阶级开始登上历史舞台。马克思强调，相比于其余的阶级，无产阶级是真正革命的阶级。

首先，无产阶级的存在具有普遍性。马克思将无产阶级视为是“社会的总代表”。其一，代表广大劳动人民遭受的苦难。无产阶级作为资本主义社会的底层阶级，最为直接地遭受着贫困、剥削和压迫。这种苦难并非局限于某一地区或某一团体，而是广泛地存在于社会各个角落。同时，无产阶级遭受的这种苦难并非是本阶级的特殊境遇，而是广大劳动人民的普遍遭遇，只是在无产阶级身上表现得更为直观、更加彻底。为了从根本上改变这种生存发展困境，无产阶级不得不团结起来，通过革命手段夺取生产资料所有权，实现生产资料的社会化。其二，代表广大劳动人民的共同权益，与“人民魂魄相同”。“过去的一切运动都是少数人的，或者为少数人谋利益的运动。无产阶级的运动是绝大多数人的、为绝大多数人谋利益的独立的运动。”①无产阶级不仅为自己的利益而斗争，而且为了广大劳动人民的利益而斗争。他们在争取“回复”自身主体地位的同时，也在为广大劳动人民争取更加公正、平等的社会制度。

其次，无产阶级的革命具有彻底性。马克思指出：“在一切生产工具中，最强大的一种生产力是革命阶级本身。”②在资本主义社会，这种最强大的生产力便是无产阶级本身，其代表先进生产力的发展要求和前进方向。无产阶级是资本主义大工业的产物，无产阶级队伍的壮大亦是资本主义大工业发展的结果。在整个资本主义大工业的生产分工结构体系

① 《马克思恩格斯文集》第2卷，人民出版社2009年版，第42页。

② 《马克思恩格斯文集》第1卷，人民出版社2009年版，第655页。

中，由产业工人构成的无产阶级位于该结构体系的核心环节。但无产阶级既不掌握生产资料，也不掌握劳动产品的分配权，与自身生存发展息息相关的各种正当需求也根本无法得到现存制度的保证。也就是说，在现存的社会制度下，工人阶级一无所有。辩证地看，他们也没有任何利益羁绊，具有摆脱资产阶级束缚的强烈愿望，能够最果敢、最无畏地冲在摧毁现存社会一切秩序的最前面，致力于从根本上改变资本主义的生产关系。马克思呼吁：“无产者只有废除自己的现存的占有方式，从而废除全部现存的占有方式，才能取得社会生产力。”①无产阶级只有“废除全部现存的占有方式”，取得社会生产力的真正主导权，促使既得的社会生产力和现存的社会关系无法继续存在，不断创造新的社会生产力和社会关系，解放自己、解放全人类才具有现实可行性。因此，无产阶级的革命预示着资产阶级灭亡的逻辑，也体现了无产阶级是资产阶级最先锋的掘墓人。

再次，无产阶级的价值追求具有社会性。正如前文所言，人类社会发展的不同历史时期，阶级斗争的目的都包含着人“回复自己本身”的规定性。在资本主义社会，无产阶级革命斗争的旨趣应然地蕴含着广大劳动人民“回复自己本身”的意义建构。人的解放的实现，需要完全丧失人的主体性的无产阶级，在充分认识到自身所具有的社会力量的基础上，以联合起来的组织形式实现社会力量向自身复归。这种联合的社会力量是人的自由个性全面发展的前提，更是人的自由个性在更高阶段全面发展的保障。当然，这种回复并非简单的复归，而是经历了质的飞跃之上的复归，是现实的人在更高层次上的自我实现。它不仅仅是一个政治或经济的过程，更是一个文化和精神的过程。在这个过程中，无产阶级通过联合和组织，实现社会力量的回归，更实现了精神世界的升华。他们认识到，自己的命运与整个社会的命运紧密相连，自己的价值不仅仅取决于个人

---

① 《马克思恩格斯文集》第2卷，人民出版社2009年版，第42页。

的劳动和贡献,更取决于整个社会的进步和发展。这种认识上的变化,使得无产阶级能够更加积极地参与社会的建设和发展,不再被动地接受命运的安排,而是主动书写自己的命运。他们开始更加关注社会的公平和正义,更加关注人民的利益和福祉,更加关注人类的前途和未来。所以,无产阶级的价值追求体现了其积极的社会参与和强烈的社会责任感。他们在探索自我、发现自我、实现自我的过程中,不断地汇聚起社会各方面力量,不断地实现对现有社会的超越和完善。

三、无产阶级的历史使命

作为真正革命的阶级,无产阶级如何发挥好革命主体力量,进而实现人之为人的主体地位,是马克思始终在思考的关键问题。他说道:“无产阶级,现今社会的最下层,如果不炸毁构成官方社会的整个上层,就不能抬起头来,挺起胸来。”①无产阶级肩负着推翻旧社会,建立新世界、实现人的解放的历史使命。

首先,组建无产阶级政党,形成革命运动的领导力量。无产阶级政党是无产阶级队伍的政治组织,在无产阶级革命运动中发挥着领导核心作用。一方面,无产阶级政党是阶级斗争和历史发展的必然产物。根据早期工人运动的实践过往,马克思认识到,在无产阶级革命斗争的自发阶段,工人群体由于缺乏组织领导,整个运动局面非常混乱。一方面,工人力量分散,并且由于群体之间的竞争形成了众多分裂势力;另一方面,即使工人进行有规模化地集结,也“不是他们自己联合的结果,而是资产阶级联合的结果”,受到资产阶级的欺骗和蛊惑,“在这种条件下取得的每一个胜利都是资产阶级的胜利”。② 所以,缺乏自身的政党组织,无产阶

---

① 《马克思恩格斯文集》第2卷,人民出版社2009年版,第42页。

② 《马克思恩格斯文集》第2卷,人民出版社2009年版,第39—40页。

级的革命力量容易被资产阶级狭隘的私人目的所利用，同时，受到各种现实因素的干扰和破坏，无产阶级的革命总是在自发行动中裹足不前，甚至走上斗争运动的歧途。革命形势之需要求革命的无产阶级必然要在组织发展方面进行变革。“无产阶级在反对有产阶级联合力量的斗争中，只有把自身组织成为与有产阶级建立的一切旧政党不同的、相对立的政党，才能作为一个阶级来行动。”①也即在无产阶级内部要组建一个强有力的领导集体，才能指导着无产阶级革命运动不断向前。

另一方面，无产阶级政党相比于其他政党具有先进性。“在实践方面，共产党人是各国工人政党中最坚决的、始终起推动作用的部分；在理论方面，他们胜过其余无产阶级群众的地方在于他们了解无产阶级运动的条件、进程和一般结果。”②这是马克思在《共产党宣言》中对无产阶级政党先进性的简明概括。从无产阶级队伍中形成的、用以塑造革命运动的政党，在实践上和理论上都具有先进性特征。这构成了无产阶级政党区别于其他政党最鲜明、最本质的特征。作为无产阶级的领导核心，无产阶级政党的实践活动是率领无产阶级劳动大众，推翻旧社会，建立新世界、实现人的解放。在此过程中，其始终代表无产阶级劳动大众的根本利益，在政治立场、政治方向和政治目标上与无产阶级劳动大众高度一致，以最坚决、最有效力的实践行动和最深刻、最全面的无产阶级革命理论，推动无产阶级革命运动进阶为属于“绝大多数人的”的“独立的运动”。同时，无产阶级政党始终坚持以政治领导为根本方向，坚决以集中统一的领导来组织和发挥无产阶级的政治优势。从阶级斗争上看，一切阶级斗争都是具有政治意义的斗争。相应地，无产阶级政党领导下的无产阶级运动也是一种政治斗争，具有鲜明的政治性，也需要在组织领导

① 《马克思恩格斯文集》第3卷，人民出版社2009年版，第228页。

② 《马克思恩格斯文集》第2卷，人民出版社2009年版，第44页。

上凸显政治性。从组织行动上看，如果缺乏政治领导，缺乏一种普遍的社会强制力量，就难以形成“统一的和指导性的意志”，“要进行任何合作都是不可能的”。①

其次，建立无产阶级专政，形成人民民主的统治力量。马克思指出，与现存社会秩序进行斗争，最根本的是解决所有制问题。因此，革命运动的核心任务是，摧毁资本主义私有制，建立社会主义公有制。而实现这种革命跨越的第一步，“就是使无产阶级上升为统治阶级，争得民主”②。无产阶级要打破现有的国家机器，建立无产阶级的统治，实行无产阶级的民主。与资产阶级的民主相比，无产阶级的民主，是真正的民主，具有明显的优越性。从本质上看，资产阶级的民主实际上是资产阶级对无产阶级进行阶级统治的一种手段。这种民主受众有限、内容片面、形式虚伪，仅仅代表资产阶级的意志，无产阶级劳动大众的意志往往被忽视或被边缘化。所以，资产阶级的民主实际上仍是一种少数人的民主，对于大多数人来说，它更像是一种专政。无产阶级统治之下的民主，全然不同于阶级社会下的民主，它也并非是无政府主义或乌托邦式的民主，而是具有无产阶级专政的本质属性，对作为革命主体的无产阶级劳动大众实行民主。正如巴黎公社那样，无产阶级将国家政权收归本阶级所有，对站在本阶级对立面的资产阶级实行专政，将原先统治人民的势力打倒，将被资产阶级篡夺的统治权力归还给无产阶级劳动大众，使国家机器真正成为保障人民民主的坚强后盾。

当然，需要明确的是，无产阶级专政的国家制度在场是适配于资本主义社会向共产主义社会过渡的历史时期。马克思明确指出：“在资本主义社会和共产主义社会之间，有一个从前者变为后者的革命转变时期。

① 《马克思恩格斯文集》第10卷，人民出版社2009年版，第372页。

② 《马克思恩格斯文集》第2卷，人民出版社2009年版，第52页。

同这个时期相适应的也有一个政治上的过渡时期,这个时期的国家只能是无产阶级的革命专政。"①也就是说,在人类社会挣脱资本主义束缚、迈向未来社会的转变时期,不仅需要用暴力推翻全部现存的社会制度,更需要在政治上建立新的国家制度。无产阶级专政是人类走向共产主义的必经之路。也唯有以无产阶级专政的政治形式,才能将原先被旧势力胁迫的劳动人民转变为推进社会革命的政治主体,充分激活社会发展的政治生命力。随着无产阶级专政的建立和巩固,广大劳动人民的革命主体活力将会被进一步激发,无产阶级的历史使命将会越发靠近实现的节点。

再次,探索工农联盟道路,形成更加广泛的联合力量。通过考察无产阶级革命实践,马克思强烈地意识到,要实现无产阶级的历史使命,充分彰显广大劳动人民的革命主体地位,在具体的革命道路选择上,应当走工人阶级与农民阶级组建联盟的道路。马克思指出,正确处理工人阶级与农民阶级的关系,对于无产阶级革命运动的成败至关重要。在用暴力推翻全部现存的社会制度的革命洪流中,工人阶级与农民阶级的关系并不是孤立的,而是相互依存、相互影响的。一方面,工人阶级需要广大农民的支持和声援。农民阶级作为社会阶层中的基础部分,占据了人口的大多数,是革命胜利的重要力量。工人阶级要想取得革命胜利,必须联合农民阶级,以共同对抗那些阻碍社会进步的旧势力。随着农民阶级广泛参与革命斗争,无产阶级革命力量将更加强大,更加具有影响力和威慑力。另一方面,农民阶级想要实现解放,也离不开工人阶级的领导和帮助。相比于农民阶级,工人阶级在革命运动中具有严明的组织纪律和先进的思想理念,能够引领农民阶级走向更加光明的未来。通过工人阶级的引导教育,农民阶级可以更好地理解革命斗争的旨趣,更加积极地参与到革命运动中去,从而使得摆脱旧势力束缚、实现土地和人身自由的愿望成为现实。

---

① 《马克思恩格斯文集》第3卷,人民出版社2009年版,第445页。

马克思指出，巴黎公社成为“历史的现实”的一个重要原因，在于法国的工人阶级没有真正得到城市以外的广大农民的响应和支持，甚至被资产阶级势力蛊惑的部分农民对工人阶级还持有敌对的态度。这说明法国无产阶级革命实践在革命道路的选择上还不够成熟，没能深刻认识到工人阶级与农民阶级之间存在的同一性关系。在马克思看来，无产阶级必须争得广大农民的支持和联盟，形成革命运动的“合唱”，避免再次“孤鸿哀鸣”。同时，随着革命实践的深化和历史的发展，被大农场主和资本家剥削的广大农民无疑将加入无产阶级队伍当中，成为无产阶级革命力量的重要组成部分，也是工人阶级可以依靠、可以信赖的重要联合力量。无产阶级专政的建立，应当是“建立在农民的切身利益和他们的实际需要基础之上”①。只要广大农民能够从中获得“莫大好处”，能够恢复“真正独立生产者的地位”，农民阶级便会信任这种新的政权组织形式，信任无产阶级政党，“欣然接受城市无产阶级为他们自己的领导者和老大哥”②。这种以工农联盟为基础的、具体化的无产阶级革命道路，不仅明确了无产阶级专政的行动方向，更是将无产阶级的历史使命，现实地融入革命力量联合与广大劳动人民革命主体地位实现的具体策略中。由此，无产阶级才能真正“充分认识到自己的历史使命，满怀完成这种使命的英勇决心”③。

第二节 “现实的人”的权利主体意涵

在铺展“现实的人”理论叙事的过程中，马克思高度肯定现实的人的主体自由和主体权利，不断地思考现实的人作为权利主体的丰富意涵。

① 《马克思恩格斯文集》第3卷，人民出版社2009年版，第201页。
② 《马克思恩格斯文集》第3卷，人民出版社2009年版，第201页。
③ 《马克思恩格斯文集》第3卷，人民出版社2009年版，第159页。

通过批判法哲学的理论虚幻性和考察无产阶级革命实践,马克思对“现实的人”的权利面向拥有了全面而深刻的理论认识。特别是在总结和反思如“壮丽日出”般巴黎公社革命的过程中,马克思以科学社会主义的基本原则为依据,科学阐释了现实的人真正成为权利主体的建构之路。

一、权利问题与人的自由主体性

正如在第一章中提到的,关于人与权利的关系问题,在近代启蒙思想家那里已经是备受关注的重要议题。虽然在更早的古希腊时期的雅典城邦,狭义上的城邦公民已经拥有朴素的基本权利以及行使权利的具体途径,但这种权利本质上是君主或统治者的恩赐和施舍,也就是说,这种权利本身是外在于人而存在的,且权利行使的主体非常有限,是属于少数人的权利。自《威斯特伐利亚和约》签订以降,欧洲大陆 30 年战争宣告终结,“一个教皇,一种主权”的宗教神权统治模式趋于崩解,而以国家主义为标志的近代民族国家体系开始发轫,具有主权行使效能的政治国家愈渐登上欧洲历史舞台。面对因近代民族国家兴起而产生的国家权力来源问题,服务于政治国家的启蒙附庸们担负起了理论论证的义务。他们诉诸近代世俗社会的理性觉醒,尝试去探秘国家权力的理性起源。

在斯宾诺莎的声辩中,政治国家被视为是宇宙中理性秩序最为直接的呈现形式,它的建立既合乎理性又有利于人的自由。斯宾诺莎认为,在政治国家出现以前,人们主要受到情感的控制,几乎没有权利可言,政治国家的产生修正了这种自然状态。人们走到一起,意欲通过集体的力量(权力)来保存个体的力量(权利)。由此,个人在服从于理性而不是情感的条件下成为真正自由的人,享有真正天赋的权利。① 洛克进一步发挥

① 参见[美]列奥·施特劳斯等:《政治哲学史》,李洪润等译,法律出版社 2009 年版,第 464—465 页。

了“人生而自由”的观点。他认为,在自然状态下人的自由受自然法的统治和支配,“而理性,也就是自然法,教育者有意遵从理性的全人类”①。为了弥补或补救自然状态下由于“人人是自己案件的裁判者”而造成的关于权利问题的一切争执以及社会成员的任何不法行为,尽可能保护社会成员的所有物(生命、自由和财产),人们结合成一个“政治的社会”,授权社会根据“社会公共福利”的要求来行使自然法的执行权,以“使用全体成员的全部力量”②。到卢梭那里时,人们何以结合为政治的社会有了更加明确依据。在《社会契约论》中,卢梭认为,社会秩序是一项神圣的权利,是其他一切权利的基础。这一权利不是从自然中产生的,“它是建立在许多约定的基础上的”③。在这些契约下,“我们每一个人都把我们自身和我们的全部力量置于公意的最高指导之下,而且把共同体中的每个成员都接纳为全体不可分割的一部分”④。也就是说,在社会契约的结合形式下,全体个人联合起来形成具有公共人格的政治体。在这种政治体中,每个人都具有双重身份,即不仅是国家成员又是主权者的成员。因此,根据社会契约的形成原理,政治体中的每个人都是在契约中服从自己本身,并平等地享有一切权利。

所以,从整体上来看,启蒙思想家们在溯源国家权力时,均关注到人的主体自由以及这种主体自由在“政治的社会”状态下如何转化为人的基本权利的问题。在他们的政治设想中,无论是个体还是集体都将在“共和国”或“政治体”中充分享有主体权利。然而,这种将人民的一切权利置于理性主义“拱门”之上的美好愿景,在本质上是一种虚幻的、伪善的想法。在历史事实层面,随着资产阶级不断发展壮大并在对抗封建专

① [英]洛克:《政府论》下篇,叶启芳等译,商务印书馆2017年版,第4页。
② 参见[英]洛克:《政府论》下篇,叶启芳等译,商务印书馆2017年版,第54页。
③ [法]卢梭:《卢梭全集》第四卷,李平沤译,商务印书馆2012年版,第17页。
④ [法]卢梭:《卢梭全集》第四卷,李平沤译,商务印书馆2012年版,第32页。

制的斗争中取得绝对胜利，“人民主权”的理念逐渐演化为资产阶级统治的暴力面相。也就是说，当象征人民意志的国家权力落入资产阶级手中后，所谓的“人民主权”逐渐变成了非正义压迫正义、资本权威僭越人民意志的非法手段。人民的主体权利遭到了本属于自身的国家力量的严重侵害。这也成为近代政治国家的一种真实写照。

与深受启蒙思想传统影响的理性权利观截然不同，马克思眼中的主体权利是属于现实的人的权利。这种面向现实而非面向理性的权利主体性之思，在马克思思想发展的早期阶段已经有了较为明显的体现。通过批判普鲁士社会政治现实，马克思肯定了“现实的人”作为权利主体的正义性。在《评普鲁士最近的书报检查令》中，马克思充分揭露普鲁士专制主义对人民言论自由的戕害。普鲁士书报检查令规定，不得阻挠对真理进行“严肃和谦逊”地探讨。对此，马克思质疑了关于真理问题的探讨与“严肃和谦逊”的规定的合理性关系。马克思一针见血地指出了书报检查令窒息扼杀真理与限制真理的实质。“如果谦逊是探讨的特征，那么，这与其说是害怕谬误的标志，不如说是害怕真理的标志。”①书报检查令用“严肃和谦逊”的抽象标准来框定言论自由的范围，为人们探讨真理设定严格的法令界限，本质上是充当了巩固普鲁士专制统治、扼杀民众自由权利的一种法定工具。“法律允许我写作，但是不允许我用自己的风格去写，我只能用另一种风格去写！我有权利表露自己的精神面貌，但是首先必须使这种面貌具有一种指定的表情！”②

二、国家制度的人本性规定

通过对普鲁士社会政治现实的批判性思考，马克思发现，保障现实的

---

① 《马克思恩格斯全集》第1卷，人民出版社1995年版，第110页。

② 《马克思恩格斯全集》第1卷，人民出版社1995年版，第111页。

人的主体权利，必然要求国家制度的存在形式与运行模式充分彰显人民意志，使“国家制度的实际承担者——人民成为国家制度的原则”①。即人民作为权利主体是国家制度形成的前提条件，而国家制度的存在和运行是为了更好地保障人民的主体权利。为了全面地论证国家制度的这种人本性规定，马克思以现存国家制度损害人民主体权利的事实为依据，对现存国家制度的黑格尔法哲学基础进行深刻批判。

第一，国家主权的人本性批判。黑格尔将“绝对的自我规定”的现实意志——王权视作国家制度的现实化身。在他看来，国家制度一旦发展到理性阶段，其全部属性均是观念的产物，表征观念的现实性。在由观念主宰的国家制度中，主权最初只是作为“自我规定”的主观性而存在，所以，这种主观性的实体化结果便指向了经验的君主个体。黑格尔特别强调，“自我规定”是王权内在环节的决定因素，是其他一切关涉国家制度内容的现实开端和最终归宿。由此，理性的国家制度在现实的国家生活中变成君主意志的体现。

马克思认为，黑格尔运用主谓颠倒的伎俩，将本应作为人的谓语存在的主观性当作主语，将“人民的主权”扭曲为“观念的主权”。作为主观性指称的君主个体只具备单一的确定性，无法反映绝大多数人的诉求与呼声，甚至可能呈现与人民相对立的趋向。马克思指出，国家起源于现实的人的类生活，而不是脱离一切社会关系的普遍理性。“现实的人——而且是人们组成国家——到处都重复表现为国家的本质。”②国家是人民的最高社会实现形式，国家设置的过程中蕴藏着源自人民的创造力量。国家制度也不是先验观念预设下君主意志的产物，而是现实的人民创造的产物。“国家制度一旦不再是人民意志的现实表现，它就变成了事实上

---

① 《马克思恩格斯全集》第3卷，人民出版社2002年版，第72页。

② 《马克思恩格斯全集》第3卷，人民出版社2002年版，第35页。

的幻想。”①所以，象征国家制度人格化的主权，并不等同于君主个人意志，而应然地蕴含人民的公共意志。人民是国家主权的现实主体，国家主权是表征人民的自我规定。君主代为行使国家主权的职责，在根本上由人民赋予，象征着人民主权。马克思明确指出：“人民主权不是凭借君王产生的，君王倒是凭借人民主权产生的。”②

第二，国家行政权的人本性批判。黑格尔将行政权解释为君主主权的客观方面，也就是说，黑格尔视行政权为君权的附属物。作为市民社会与政治国家之间的中介，行政权执行君王作出的决定，为君王完成行政事务，以维护君主专制制度，从而实现市民社会与政治国家的“统一”。“‘警察’、‘法庭’和‘行政机关’不是市民社会本身赖以管理自己固有的普遍利益的代表，而是国家用以管理自己、反对市民社会的全权代表。”③在现实的国家行政领域，由冗杂的官僚群体形成的官僚政治，幻化为国家的形象，支配着行政活动范围之外的人民生活。黑格尔把充满形式主义的官僚政治看作国家生活的物质内容和现实力量，肯定了官僚群体对国家政治的主导作用。

马克思批判了黑格尔所言的这种行政权的虚伪性。他指出，官僚政治其实是以泛化的形式逻辑绑架了国家内容及国家意图，将自身所在集团的形式目的夸大为国家的终极旨趣，或者说是把国家的最高追求替换为官僚集团形式主义的表象追求。这将导致国家生活背离人民的实际生活，将国家变成维护私人利益、官僚群体的合法机器。马克思认为，黑格尔对官僚政治的“哲学美化”，使得“官僚政治掌握了国家，掌握了社会的唯灵论本质：这是它的私有财产”④。在普鲁士国家生活中，国家行政的

① 《马克思恩格斯全集》第3卷，人民出版社2002年版，第73页。
② 《马克思恩格斯全集》第3卷，人民出版社2002年版，第37页。
③ 《马克思恩格斯全集》第3卷，人民出版社2002年版，第64页。
④ 《马克思恩格斯全集》第3卷，人民出版社2002年版，第60页。

内容实际上被官僚政治的内容侵占着。同时,官僚群体狂热地崇拜物质利益,形成封闭自守、牢不可破的利益集团或利益阶层。所以,国家沦为官僚阶层的占有物,沦为官僚群体争夺私利的"战场"。马克思指出,从行政权本身来看,其职能及内在规定性的形成与市民社会内在地耦合,行政权代表的对象首先是市民社会成员。他以市民社会领域的同业公会为参照,将政治国家与市民社会关联起来,揭示了行政权本身所具有的同业公会性质。"同业公会构成市民社会的官僚政治,官僚政治则是国家的同业公会。"①在市民社会领域,同业公会代表不同行业、不同集团的共同利益。这种同业公会属性应是国家行政的唯物主义,也就是说,官僚政治应以同业公会精神为内在前提。因此,国家行政应以同业公会精神为内在前提,国家行政机构应代表基于市民社会成员权利之上的全体人民的普遍权利,国家的"警察""法庭""行政机关",是市民社会"法定的""固有的"利益代表,应是人民的全权代表。行政权实行的根本是人民权利指向而非官僚等级指向,"与立法权相比,它在更大程度上属于全体人民"②。

第三,国家立法权的人本性批判。立法权被黑格尔解释为是依照国家制度对成文法律及国家事务进行有效规定的权力。立法对象"涉及的是法律本身(因为法律需要进一步规定),以及那些按其内容来说完全具有普遍性的国内事务"③。立法原则被规定为包含政治国家构成的全部要素,即王权原则、行政权及市民社会。但由于行政权是作为王权原则的附属物而存在,所以,行政权要素内在地归属于王权原则范畴。立法权实际上是"由王权原则和市民社会,由经验单一性和经验普遍性,由主体和

① 《马克思恩格斯全集》第3卷,人民出版社2002年版,第58页。
② 《马克思恩格斯全集》第3卷,人民出版社2002年版,第69页。
③ [德]黑格尔:《法哲学原理》,邓安庆译,人民出版社2016年版,第439页。

谓语组成的一种混合物”①。立法权原则变成了黑格尔对君王与市民社会对立矛盾相调和的一种愿景。相应地,立法主体在黑格尔的立法权理论中以混合中介的面貌出场。市民社会一方从人民之中遴选出“缩小的人民”代表组成“各等级”,与国家和政府一方的君王和国家机关成员,共同行使立法权。在黑格尔看来,市民社会的产业等级和土地贵族等级跻身为政治等级后,兼具了在国家中代表市民社会和在市民社会中代表国家的双重身份,相比私人个体来说具有一定的普遍性,能够致力于维护人民的普遍利益。虽然黑格尔观的立法权考虑了市民社会的存在意义,但人民并不是立法权运作的关键,君王任意才是重中之重。黑格尔指出,对立法起作用的首先是作为最高决断环节的君主权和作为咨议环节的行政权。

马克思并没有被黑格尔的立法幻象所遮蔽。马克思认为,黑格尔所构想出的等级要素是虚幻的。如果从市民社会的等级要素变体能够引申出政治规定的话,那国家整体的立法权就不复存在了,而只存在于那些凌驾于国家之上的“不同等级、同业公会和阶级的立法权”,因此,立法权也只能沦为维护特殊利益的工具。此外,马克思看到,等级要素的存在恰恰证明了市民社会与政治国家之间的分离状况,而其中特殊利益和普遍利益的对立构成了黑格尔构设立法权的前提。所以,等级要素本身就是市民社会与政治国家对立的特殊利益的产物,无论等级要素如何发挥作用都不可能调和这种矛盾。马克思将法的自然本质与法的历史演绎进行融合,从人民作为权利主体的立场出发,重新阐释了立法权的意涵。真正的国家立法并非如黑格尔所描述的那样,是王权、立法权和等级要素前后作用的三个环节,而只是全体人民行使参与管理国家事务权利的过程,是以人民的自由权利为遵循。马克思着重关注立法权的本真价值,强调“立

① 《马克思恩格斯全集》第3卷,人民出版社2002年版,第105页。

法权代表人民，代表类意志”①。

总之，黑格尔建立起一种抽象主义的理性国家观为普鲁士专制统治辩护，而马克思全面批判了传统法哲学及建立在这种法哲学基础上的国家制度的伪善面目，尝试性地提出彰显人民意志、保障人民权利的法哲学和国家治理总体方案。马克思逐渐意识到，在阶级对立的传统社会中，居于统治地位的始终是少数人或少数群体。他们拥有创设国家制度的绝对主导权，将国家制度当作维护自身特殊权利的手段。而绝大多数人的主体权利只是停留在统治阶级极具蛊惑性的口头承诺中，在事实上没有任何可靠的保障。显然，将权利主体性复归现实的人的理论洞察力，驱动着马克思不断揭示人民主体权利被遮蔽的事实，也促使他站在了更高的理论平地上。

三、权利主体的建构图景

随着探索的不断深入，马克思越发确信，在现实的国家生活中，事关人民主体权利保障的关键因素是政治权力。政治权力既是国家制度实现自身目的的政治前提和政治条件，又是国家制度实现自身目的的政治结果。② 谁掌握了政治权力的所有权，谁就拥有了建立国家制度的主导权，也就意味着谁能充分实现自身权利、成为权利主体。在马克思看来，这种政治权力应然也必然掌握在无产阶级劳动大众手里。由此创设而成的国家制度，能够保障人民主体权利的充分实现。马克思的这一认识在《法兰西内战》一文中形成了比较成熟的观点。他说道：“公社的伟大社会措施就是它本身的存在和工作。它所采取的各项具体措施，只能显示出走

① 《马克思恩格斯全集》第 3 卷，人民出版社 2002 年版，第 73 页。

② 参见牟成文：《人民意志：马克思法哲学的思想特质》，《中国社会科学》2020 年第 3 期。

向属于人民、由人民掌权的政府的趋势。”①巴黎公社虽然只存在了短暂的72天，但其实行的一系列探索性措施，证明了无产阶级劳动大众真正成为权利主体的现实可能性。

首先，人民平等享有普选权。马克思指出，公社的存在是多种多样的人的真正利益代表，“完全是一个具有广泛代表性的政治形式”②。以往的旧政权总是以等级制度替代人民享有的普选权，以议会的形式委派一些“假代表”欺骗人民。这种有违公社精神的虚假民主在公社中根本不可能存在。公社批判地采用了以往旧政权创立的普选制形式，通过实现经济地位的平等来保障人民的普选权，使选举者与被选举者的双方利益得到统一。由此，消除了以往议会形式下存在的根本利益的不平等，构设了新型民主政治体制，确保人民的普选权真实可行。具体来看，在公社体制下，人民手中拥有普遍的选举权和被选举权，可以根据自身利益和集体利益的需要，充分行使这些权利。普选权是服务于人民的权利。马克思一再强调：“普选权不是为了每三年或六年决定一次由统治阶级中什么人在议会里当人民的假代表，而是为了服务于组织在公社里的人民，正如个人选择权服务于任何一个为自己企业招雇工人和管理人员的雇主一样。”③通过行使普选权，人民选出真正代表普遍利益的代表担任市政委员，组成最高权力机关和执行机关——巴黎公社。巴黎公社下面分设执行、财政、司法、教育和社会服务等10个委员会。这10个委员会等同于10个政府部门，在公社委员会的领导下，负责相应领域的日常治理工作，行使国家职能。它们不服务于任何特权阶级，而是彻底地作为无产阶级专政下维护人民主体权利的工具而存在。因为组成这些国家机关的代表都是经由与其地位平等的人民选举而来的，他们现实地代表着最广泛的

① 《马克思恩格斯文集》第3卷，人民出版社2009年版，第163页。
② 《马克思恩格斯文集》第3卷，人民出版社2009年版，第157页。
③ 《马克思恩格斯文集》第3卷，人民出版社2009年版，第156页。

社会共同利益和公共意志。可见,巴黎公社的产生及其运作形式充分发挥了人民普选权的作用,确保了人民权利主体地位的真正实现。

其次,国家机关是社会公仆和人民勤务员。巴黎公社从人民作为权利主体的基本原则出发,破除了传统政治生活中国家行政的官本位逻辑和管理的神秘性。马克思认为,“公社是一个实干的而不是议会式的机构”①。这种“实干”象征着国家机关的人民性本质。一方面,各行政部门的公职人员不再是官僚政治维护官僚阶层特殊权益的工具,而是实实在在地承担服务人民职责的工作人员,“社会公职已不再是中央政府走卒们的私有物”②。在公社体制下,一切国家机关公职人员的职能与活动都是基于人民的委托。也就是说,人民对于国家事务拥有最高权力,享有对国家机关的主导权,可以根据自身意愿选出有一定任期的民选机关来管理人民事务。而民选机关与行政机关不是并列关系,民选机关有权撤换和任命行政机关的官员,行政机关则受制于民选机关,只能执行民选机关的决议并向其负责、受其监督。这就在权力运行机制上有效防止了行政权力凌驾于人民之上的问题,从而保证公职人员必须立足于人民发挥主体权利的现实需要,自觉维护人民的普遍利益。另一方面,也体现在公职人员与人民相当的收入和地位上,公社的全部工作人员没有任何额外的不同于人民的利益,他们自上而下不论公职级别,都只从公社中领取与工人工资相等的金钱报酬。“从前国家的高官显宦所享有的一切特权以及公务津贴,都随着这些人物本身的消失而消失了。”③公职人员与普通工人处于同等的经济地位,他们之间只有社会分工的不同,没有任何特权和特殊利益的存在。这在经济层面杜绝了公职人员成为压迫者的可能性,这也表明公社的公职人员不是以成为高官显贵为价值追求,而是踏踏

① 《马克思恩格斯文集》第3卷,人民出版社2009年版,第154页。
② 《马克思恩格斯文集》第3卷,人民出版社2009年版,第155页。
③ 《马克思恩格斯文集》第3卷,人民出版社2009年版,第154—155页。

实实地做好肩负人民嘱托的勤务员。

最后,人民对公社进行监督。马克思赞赏巴黎公社在人民的监督之下开展日常工作。在人民一边看,监督权的行使主要是人民对被选举出来的一切公职人员拥有罢免、撤换的权利,"每一个代表都可以随时罢免,并受到选民给予他的限权委托书(正式指令)的约束"①。如果公职人员不对选民负责,变成站在人民对立面的"假代表",那么,人民有权随时罢免其职务,再推选合适的人员担任,也可以通过公社对外发行的报刊对公职人员予以公开的督促和批评,从而及时防止侵害人民权利现象的发生。在公社一边看,人民的监督权驱使着国家机关要将本职工作向人民公开,让人民了解公社行政信息。公社委员会的每项决议、公告和法令,甚至会议记录都刊登在《公报》上。在公社存续的时间段内,共有 361 条公告和 400 多项决议通过《公报》向公众公开。各级公职人员代表也经常参加选民大会,向人民汇报工作情况、解释新发布的政策与法令、回答人民的疑惑与质询、收集人民意见与建议,听取人民监督反馈的声音,即"把自己的所言所行一律公布出来,把自己的一切缺点都让公众知道"②。由此,在激发人民权利意识的同时,进一步推动公社决策的科学化、民主化、公开化,避免出现议而不决、决而不行的形式民主。

第三节　"现实的人"的创造主体意涵

作为主体的人,在自身最为直接的活动性存在中具有怎样的作用形式与作用机理,是马克思十分关注的理论命题。主体性是人与生俱来的现实属性,但在实存的人类境遇中总是被转化为一种异己的力量,以遮蔽

① 《马克思恩格斯文集》第 3 卷,人民出版社 2009 年版,第 155 页。
② 《马克思恩格斯文集》第 3 卷,人民出版社 2009 年版,第 164 页。

人觉悟主体本性的可能。马克思从人的实践活动出发,在关于“自我意识—劳动实践—历史发展”的递进式思考中发现,人的活动性存在总是以人所具有的创造性本能为前提,又通过人的创造性本能的充分发挥来实现。基于此,马克思聚焦于“现实的人”的创造性本能,辩证厘定人们在活动性存在中呈现的主体创造性,形成了关于“现实的人”的创造主体意涵。

一、自我意识与人的能动主体性

在欧洲近代哲学的发展过程中,笛卡尔“我思故我在”的经典命题引领哲学界将问题视野从对象世界拓展到人的世界,由此,哲学领域开始衍生出与对象相对立的“自我”概念以及与对象意识相对立的“自我意识”概念,对人的主体问题的探讨也具备了理论上的可能性。然而,这种关于人的主体问题的哲学思辨直至发展到德国古典哲学那里,也并没有实现从彼岸世界到此岸世界的跨越,反而是在彼岸世界塑造了一个新的理性之神。也就是说,近代以来的哲学家们对人的主体问题的思辨,并没有真正观照处在资本主义社会化大生产最基层的无产阶级劳动大众,而是再次坐上了“历史的倒车”,投入了神秘主义的怀抱,用理性的力量锻造了一副禁锢人们主体意识的精神枷锁。

这一点在与马克思思想发展关联较为密切同时也较为复杂的黑格尔那里体现得尤为明显。黑格尔哲学体系中的主体观是精神本位的主体观。他认为,作为唯一普遍的实体,绝对精神是真正独立自由的现实。现实的人只是绝对精神的外化和体现绝对精神的对象化载体,现实的人的自由活动也仅是认识绝对精神自由本质的直观表象或者直接工具。因此,在黑格尔的分析逻辑中,人的主体性存在与主体作用的发挥是一种属于客体的主体性,人类能够认识世界、改造世界的根本原因,应当从作为理性思维与理性意志绝对统一的自由精神中去认识。相应地,人的自我意识应当从属于理性精神的自由本质。“意识只有在自我意识那里才获得它的转折点，从此可以摆脱感性的此岸世界的缤纷假象，摆脱超感性的彼岸世界的空虚黑夜，进入到当前存在的精神性白昼之中。”①人类的实践活动不过是意识从主观自我出发见之于客观的活动，体现人的主体性的劳动变成了意识的纯粹自为的塑造活动。最后，人类社会历史的发展在根本上也沦为了绝对精神或自由意识的自我发展和自我实现。人的主体创造性在黑格尔的精神主体观中再次“迷失自我”。真正应该归属于人的自我意识、劳动实践以及历史发展，被黑格尔囚禁在了“逻辑圣宫”里。

当然，黑格尔的精神主体观在马克思看来并非一无是处。在构筑“逻辑圣宫”的过程中，黑格尔用来阐述人的规定性方面的概念术语以及辩证思维，相较于其他人来说，更加深邃、更加缜密。马克思指出，德国的国家哲学和法哲学的发展，“在黑格尔的著作中得到了最系统、最丰富和最终的表述”②。黑格尔的哲学遗产无疑对马克思的思想发展产生了深刻影响。也正是以克服黑格尔思想局限性与借鉴黑格尔思想合理性为主要线索，马克思面向从事劳动实践的、活生生的人，将理性观念作用下人的对象化存在转变为实践活动作用下人的主体化存在，将被黑格尔轻视的家庭、市民社会等社会存在的物质性关系，作为考察人的存在的基础性前提，逐步揭示了现实的人的主体创造性。而马克思迈出的第一步，即是批判性地思考自我意识。通过对自我意识的反思，马克思明确了人所具有的主观能动性。马克思认为，任何存在物只有真正为本我存在的时候，才能具备主体性复归自身的可能。“任何一个存在物只有当它用自己的双脚站立的时候，才认为自己是独立的，而且只有当它依靠自己而存在的

① ［德］黑格尔：《精神现象学》，先刚译，人民出版社 2015 年版，第 117 页。

② 《马克思恩格斯文集》第 1 卷，人民出版社 2009 年版，第 10 页。

时候，它才是用自己的双脚站立的。”①就人类而言，也只有作为现实的人，站在坚实的地面上的人，才是真正存在的人。在这种条件下，人才能形成正确认识自我的前提，即自我意识能动地萌发的基础。否则，人非但无法认识自身的主体属性，反而可能变成“从属的存在物”。

早在博士论文中，马克思便通过分析伊壁鸠鲁提出的原子偏斜运动假说，对原子运动式的自我意识所具有的能动性潜能，表示出极大的兴趣。后来对鲍威尔把人的自我意识绝对化的做法，马克思又毫不留情地进行了批判。鲍威尔用所谓“普遍的自我意识”对黑格尔学说进行理论修正，无非是将神秘主义从客观的精神内化为自我的理性。由此，悬系在个体自我意识之上的将是一个更高的“普遍的自我意识”。鲍威尔事实上退回到了保守的黑格尔主义者的立场上。马克思强调，鲍威尔的自我意识在其自身之内是自足且无他的。也就是说，鲍威尔绝对化的理性不仅剔除了自我意识的实体和形式，同时也剔除了个体自我意识的他者，从而将自我意识的能动性也绝对化、对象化。马克思指出，自我意识并非是抽象的、孤立的最高存在，它只有与现实的人产生联系，才能体现自身的存在价值。即自我意识应当现实地指向人本身以及人的主体能动性。这种从现实的、主体的面向重新辩证自我意识能动性意蕴的思路，指引着马克思的认识逐渐向揭示人的主观能动性方面靠近。

在《1844年经济学哲学手稿》中，马克思提出，人的主观能动性体现在人与其他动物的区别之中，是彰显人的活动性存在的独特属性。动物是典型的自然存在物，它们的存在是以一种延续生命、维持生存的方式体现，即动物的存在，到处显现为生存的本能与简单机械的重复。人类则不同，“人则使自己的生命活动本身变成自己意志的和自己意识的对象”②。

---

① 《马克思恩格斯文集》第1卷，人民出版社2009年版，第195页。
② 《马克思恩格斯文集》第1卷，人民出版社2009年版，第162页。

所以，人的自我能动意识现实地呈现为人自由且有意识的生命活动，折射出与动物自然性存在的本质区别。人总是能动地立足于现实，又不断地改变现实，不断开辟新的现实。在这种能动性的生命活动中，内在于人的主体性的主观能动性被马克思明确指出。诚然，人也具有自然存在物的一般属性，但人更本质的属性是作为有意识的类在物，能够在不断改造对象世界的过程中，充分发挥主观能动性。

为了更好地说明自我意识应然是属于人本身并呈现人的主观能动性的认识论范畴，马克思引入了实践的概念。作为表征主体与客体之间基本关系的概念，实践所展现的是，主观见之于客观的过程中，主体的客体化倾向与客体的主体化倾向之间的双向运动状态。马克思在批判以往直观唯物主义的错误思潮时，将现实的人的理论活动与感性活动均看做人的实践活动。马克思指出：“环境的改变和人的活动或自我改变的一致，只能被看做是并合理地理解为革命的实践。”①这里的“革命”并不是指政治领域的斗争或变革，而是强调一种事物的状态从原有的属性向新的属性变易，内蕴一种强大的创造力。而这种革命式的创造力所体现的正是实践过程中人的主观能动性的充分发挥。一方面，“环境的改变”是现实的人通过自主的、有意识的实践活动，促使客观对象根据主体的自我需要产生人化的改变并以新的形态呈现出来的过程。在此过程中，人的自我能动意识是引发人与客观对象产生交互关系的主观前提，也是推动环境发生改变的主体动力。另一方面，“自我改变”强调的是现实的人在进行实践活动的过程中，即在与客观对象产生交互关系的过程中，在认识客体、运用客体、改造客体的同时，必然也汲取着客体所具有的属性，并自我地、能动地转化为主体所需的必要条件或补充条件。通过对实践概念的辩证理解，马克思越发意识到，在彰显人的自我能动意识的生命活动中，

① 《马克思恩格斯文集》第1卷，人民出版社2009年版，第500页。

实践的存在促使人的自我意识与人的自我意识的对象实现了活动性的内在统一。而作为现实世界中的实践主体，人们以实践的方式促使属于人本身的自我意识迸发出具有创造活力的主观能动性。

二、劳动实践的主体创造本质

在对"自我意识"作出面向现实、面向实践的矫正之后，马克思深刻地认识到，"全部社会生活在本质上是实践的"①。人们通过实践活动与对象世界发生联系，并在实践的过程中自觉地、独立地对对象世界进行认识、甄别、选择、加工，促使实践活动产生符合主体认知与主体需要的创造力量。恰是源自于人的主观能动性所蕴含的创造力，人们才能够在实践活动中解决好人与自身、人与人、人与外部世界的纷繁关系，不断彰显人的主体创造性。那么，如何将现实的人与生俱来的这种主体创造性在实践活动中具象地刻画？马克思再次回到对人的生命活动的认识问题上。他发现，劳动是属于人的生命活动的本质性规定，是"人的活动在外化范围内的表现，只是作为生命外化的生命表现"②。也就是说，劳动内在于人的存在性本质之中，并通过外化的生命活动形式凸显人的本质。通过劳动这种"自由的有意识的"类特性活动，人类展现着自身对主体创造力量的占有和运用情况。

历史地看，从古希腊到近代以前，劳动一直处于被贬抑的地位。亚里士多德将人类活动分为理论、实践和创制三种类别，其中"创制"即生产人类生存所必需的生活资料的活动，是由奴隶从事的最低贱的生产性活动。他认为，实践的目的是人自身，而创制的目的在人之外，创制的生产性活动仅仅是理论和实践的非生产性活动的手段和基础。在中世纪基督

① 《马克思恩格斯文集》第1卷，人民出版社2009年版，第501页。

② 《马克思恩格斯文集》第1卷，人民出版社2009年版，第237页。

教的思想体系中,劳动也仅仅是一个与人的“原罪”“救赎”联系在一起的宗教概念,并没有内在于人本身。直至近代,随着资产阶级的兴起,劳动的地位才发生实质性的变化。以路德教和加尔文教为代表的新教伦理,打破了中世纪以来宗教精神的枷锁,对“尘世的世俗活动”赋予宗教上的合法性和道德上的合理性。他们认为,与修道院生活相比,彼时的世俗劳动是真正履行天职的生活方式,是博爱的外在表现,唯有这种生活方式才合乎上帝的意愿、令上帝满意。韦伯在《新教伦理与资本主义精神》一书中指出:“与天主教的态度相比,宗教改革本身的影响只是极大地提高了对履行天职的有组织世俗劳动的道德重视和宗教许可。”①在这一时期,劳动开始由一种手段性的存在向目的性的存在转变。后来,德国古典哲学采用主奴辩证法的逻辑方式,使得劳动具有了一定的实践意蕴。这为马克思思考劳动概念提供了重要启示。在黑格尔那里,劳动是自我意识的塑造性实践。黑格尔说道:“劳动是一种被遏制的欲望,是一种被阻止的飘逝,换言之,劳动进行塑造。”②他认为,这种塑造性实践把“与对象之间的否定关联转变为对象的形式”,“是意识的纯粹的自为存在”。③ 以劳动为中项,自我意识从自为存在上升到自在存在。因此,黑格尔关注劳动、阐释劳动,归根结底是为了揭示自我意识的内在运动以及“持久不变”的特性。质言之,劳动被黑格尔规定为是抽象的精神性活动,是一种抽象的中介环节。马克思揭去了劳动实践的神秘外衣,立足人的全部现实性、能动性对象化活动,正确阐释了劳动的真谛。

马克思认为,劳动是现实的人有意识、有目的的对象化实践。“劳动是人在外化范围之内的或者作为外化的人的自为的生成。”④因而,任何

① ［德］马克斯·韦伯:《新教伦理与资本主义精神》,阎克文译,上海人民出版社2010年版,第206页。

② ［德］黑格尔:《精神现象学》,先刚译,人民出版社2015年版,第125页。

③ ［德］黑格尔:《精神现象学》,先刚译,人民出版社2015年版,第125页。

④ 《马克思恩格斯文集》第1卷,人民出版社2009年版,第205页。

“自由的有意识的”生产生活实践均显现着人的创造性天赋。马克思指出,人们可以创造性地“按照任何一个种的尺度来进行生产,并且懂得处处都把固有的尺度运用于对象;因此,人也按照美的规律来构造”①。具体来说,第一,劳动以现实的方式确证了作为主体的人的创造本能的存在。作为人类独有的实践活动和生命表现,劳动是人们摆脱“种的尺度”、依据自身目的进行自主生产的过程,在此过程中人的主体创造性得到充分施展。第二,劳动将人的自然存在属性与社会存在属性内在地统一了起来。劳动的过程也是个体不断社会化的过程。通过有意识、有目的地发挥创造本能,个体的生产活动不断融合成社会化的生产活动,作为主体的人不断呈现出人的类本质。第三,劳动走向联合的必然趋势,有利于人类的主体创造性的最大化发挥。作为人与人之间产生联结的实践纽带,劳动驱动着人由分散的状态转向联合的状态,能够促使作为主体的人在类存在的实践活动中形成更加显著的创造力量(类能力)。

然而,在资本主义社会中,本应是内在于人的类本质的劳动却与人自身发生了分离,变成了存在主体之外的异化劳动,“变成了维持他的个人生存的手段”②。也即劳动不再是体现人的生命活动的核心要义,而是直接地外化为一种工具式的谋生手段。随之产生的结果是,人的类本质逐渐被遮蔽,人的主体创造性被囚禁在资本主义私有制的囹圄中。在《穆勒评注》中,马克思批判道:“在私有制的前提下,它是生命的外化,因为我劳动是为了生存,为了得到生活资料。我的劳动不是我的生命。”③

之后,马克思对资产主义私有制下异化劳动消解主体创造性的这一问题进行了持续批判。在《巴黎手稿》中,马克思基本廓清了异化劳动胁迫人的主体创造性的客观事实。他说道:“异化劳动从人那里夺去了他

① 《马克思恩格斯文集》第1卷,人民出版社2009年版,第163页。

② 《马克思恩格斯文集》第1卷,人民出版社2009年版,第163页。

③ 《马克思恩格斯全集》第42卷,人民出版社1979年版,第38页。

的生产的对象，也就从人那里夺去了他的类生活，即他的现实的类对象性，把人对动物所具有的优点变成缺点，因为人的无机的身体即自然界被夺走了。”①劳动不再是人的自由自觉的行为，而是变成了被外在力量挟持的强制活动。由此，人的主体性被抑制。在之后的政治经济学研究中，马克思从资本生产的过程揭示了主体创造性被遮蔽的残酷现实。作为生产条件的资本，原本是工人劳动的创造物，在资本的生产与增殖过程中却站在了工人的对立面，驱赶着工人不断生产出与自身相独立的生产条件。所以，在资本的世界中，工人的生产性劳动外在于工人自身，工人的创造性也被异化的力量所吞噬。随着资本的不断积累，劳动与工人之间的分化、对立趋势并未消失，反而呈现不断激化的态势。

在《资本论》中，马克思从商品生产的环节入手，进一步阐明了人的主体创造性在物的依赖性关系中受到多重抑制。他指出，商品生产的表象背后实际反映的是人与人的现实关系。资本主义生产过程的起点便是异化劳动的事实，并呈现为“劳动产品和劳动本身的分离，客观劳动条件和主观劳动力的分离”②。劳动产品被资本家占有，而创造劳动产品的劳动者却变成了除劳动力之外一无所有的人。已经异化的劳动成为生产过程中的资本，并在此过程中对象化为被资本家占有的产品，这种产品又由于具有资本的属性，所以不断以资本的形式离开工人自身。最终，在资本主义生产的过程中，工人阶级也同劳动工具一样沦为资本的附属物。“罗马的奴隶是由锁链，雇佣工人则由看不见的线系在自己的所有者手里。”③马克思指出，这种资本主义的生产过程，并不关心工人阶级本身，它唯一在意的是“不让这些有自我意识的生产工具在它不断使他们的劳

① 《马克思恩格斯文集》第1卷，人民出版社2009年版，第163页。

② 《马克思恩格斯文集》第5卷，人民出版社2009年版，第658页。

③ 《马克思恩格斯文集》第5卷，人民出版社2009年版，第662页。

动产品从他们这一极移到资本那一极时跑掉”①。因此，本应是体现工人阶级主体创造性的劳动被资本的生产和再生产过程牢牢钳制。

如何扬弃异化劳动？马克思从资本的剥削秘密中看到了作为主体的人与自由自觉的劳动“和解”的可能。他发现，工人阶级通过生产劳动创造的价值要远远高于与其劳动力等价的价值，而超出等价部分的剩余价值被资本家无偿占有。马克思指出，资本主义生产表面上看是商品的生产，其实远不止此，商品生产的背后是剩余价值的生产。现实地从属于资本的劳动实践，并不为工人创造价值，而是为资本积累不断地创造价值。在资本主导一切的生产关系中，工人是资本家的雇佣劳动力，仅仅具有为资本家创造剩余价值或者说是为资本“自行增殖”服务的功能。在明确剩余价值生产的实质以及工人阶级剩余价值被剥削的现状之后，马克思从创造劳动价值的所有权事实出发，揭示了生产实践中劳动人民应然的创造主体地位。资本主义生产中的资本或现存社会的一切财富，都是依靠剥削、压榨、占有劳动人民的活劳动而累积的。这种活劳动的所有权本应属于全体劳动人民，相应地，社会财富的创造“在一切社会生产制度下都始终必须由劳动者本身来生产和再生产”②。马克思强调，当资本主义的私有制关系被联合起来的无产阶级劳动人民冲破时，当资产阶级必然走向灭亡时，社会所有制将会实现全民所有，劳动将会复归为现实的人的自由自觉的生命活动，并真正地展现出现实的人的类能力。

三、人的“类力量”与“历史的结果”

通过对劳动实践作政治经济学分析，马克思深刻地阐释了现实的人所具有的主体创造性。正如前文讲到，劳动实践首先是现实的人以自身

---

① 《马克思恩格斯文集》第5卷，人民出版社2009年版，第661—662页。

② 《马克思恩格斯文集》第5卷，人民出版社2009年版，第655页。

的活动为中介来进行人与自然之间的物质变换的过程。为了实现对自然物质有目的的占有，现实的人便会使用与生俱来的、运动式的自然力，即通过依靠身体各部分机能的协调运动，与和他相对立的自然发生相互作用。在此过程中，“他使自身的自然中蕴藏着的潜力发挥出来，并且使这种力的活动受他自己控制”①。马克思所言的这种“自然力”，在很大程度上指的便是作为主体的人的创造力量。在揭示了劳动实践内蕴的主体创造力量之后，马克思并没有停下理论探索的步伐。以“现实的人”的劳动实践为基础，马克思从人类社会发展的历史视域中进一步阐明了这种“现实的人”的“类力量”的巨大作用。

在资本主义社会之前的历史阶段，人类社会发展的历史本质被认为是“神定的一种秩序”，神学历史观长期占据统治地位。近代以来，随着资本主义生产关系逐渐取代封建生产关系，为了将人从上帝及其现实化身（封建君主专制政权和天主教会）中解放出来，充分宣扬人道主义的精神旗帜，资产阶级的历史学家们提出了以人的理性精神为核心的历史观。他们主张以理性反对神性，以人权反对神权，对人的理性力量给予充分肯定，将理性看作是人类历史发展的根本动力。在此基础上，黑格尔对理性历史观进行了体系化加工，形成了内在自洽的绝对精神的历史观。他认为，现实由意识所统治，历史由观念所支配，人类历史的动力不是来自于行动中的、现实的人，而是来自于凌驾在人类社会之上的绝对精神。黑格尔说道：“作为实体，作为一个普遍的、自身一致的、持久不变的本质，精神是全人类的行动的一个不可动摇和不可瓦解的根据和出发点，是全人类的目的和目标，是全部自我意识的处于思想中的自在体。”②他将人类历史的演进称作是绝对精神的自我实现，把这一演进过程描述为“命

① 《马克思恩格斯文集》第5卷，人民出版社2009年版，第208页。

② ［德］黑格尔：《精神现象学》，先刚译，人民出版社2015年版，第270页。

题—反命题—合成"的三段论,即以一个命题(主张)作为出发点,遇到它的反命题(对立),通过命题(主张)与反命题(对立)二者的合成最终实现新的超越。后来的青年黑格尔派在历史观的理解上也大都是围着黑格尔的历史观打转,对人类历史发展的认识仍然停留于绝对精神的"普遍的作品"的水平。他们认为,"历史的诞生地不是地上的粗糙的物质生产,而是天上的迷蒙的云兴雾聚之处"①。因此,在由宗教神学主导或启蒙理性主导的思想世界中,人类历史大多被视作是永恒的、绝对存在的神灵外化的历史,人类历史的书写过程不是来自于现实世界中活生生存在的人的劳动实践,而是来自于神灵式的自由意志的偶性,并通过少数象征神授意志的掌权者来推进。

对此,马克思批判了这些僵死的、空虚的历史观。不论是神学历史观还是理性历史观,这些认识范式都试图跳出历史本身,从历史之外的某种神秘力量来解读人类历史的发展历程。虽然黑格尔为超越神学历史观传统做出了积极探索,但其精神实体的先验预设使得对人类历史的探讨变成了对绝对精神的自我运动的考察。与对国家问题的认识基本一致,黑格尔的历史观也是建立在逻辑主义泛神论的基础之上。基于对"现实的人"的劳动实践的深刻洞见,马克思发现了以往的历史观存在本末倒置的问题,提出从现实的社会生活内部来认识人类历史的发展问题。他认为,人类历史的发展并不是由任何脱离于现实的人的、自为存在的神秘力量所创造。人类历史本身没有任何惊人之处,也不具有任何超越现实的神秘性,人类历史发展所呈现的一切表明,"其实,正是人,现实的、活生生的人在创造这一切,拥有这一切并且进行战斗"②。现实的人在进行劳动实践的过程中,通过将自身的本质力量对象化的方式,充分发挥自身的

① 《马克思恩格斯文集》第1卷,人民出版社2009年版,第350—351页。

② 《马克思恩格斯文集》第1卷,人民出版社2009年版,第295页。

主观能动性,在实现“环境改变”的同时也实现了人的“自我改变”。马克思指出:“整个所谓世界历史不外是人通过人的劳动而诞生的过程”①。

沿着唯物史观的基本理路,马克思逐步阐明了现实的人的主体创造力量在人类历史书写中的根本性作用。“在思辨终止的地方,在现实生活面前,正是描述人们实践活动和实际发展过程的真正的实证科学开始的地方。”②观察人类历史的逻辑起点不是抽象逻辑的思辨活动,而是“从事实际活动的人”,因此,探索人类历史发展规律的入口就在于系统考察现实的人的劳动实践。马克思认为,人类社会的整体结构和发展演进都是从现实的人的劳动实践中产生的。这些现实的人在一定的物质性的且不受人们任意支配的条件下进行着物质生产活动。同时,“为了进行生产,人们相互之间便发生一定的联系和关系”③。正是在劳动实践的基础上,生产力和生产关系不断地自我否定、自我更新,形成人类历史前进的直接动力。由此,马克思首创性地把“现实的人”的劳动实践嵌入历史哲学的范畴,明确将关于人类历史发展过程的规律性认识建立在劳动实践的基础之上。他用“剧作者”和“剧中人物”形象地说明了广大劳动人民在历史书写中的这种主体创造性。从总体上看,人类历史的发展演进过程,即是广大劳动人民在改造自然的物质性生产实践与形成社会的关系性交往实践中,不断施展主体创造本能、不断超越现实的实在性、不断提升主体地位的过程。因而,系统呈现“现实的人”对人类历史发展的主体动力作用,需要深入广大劳动人民的物质性生产实践和关系性交往实践进行考察。这也正是以往的历史观所欠缺的地方。正如后来恩格斯评论道:“旧的、还没有被排除掉的唯心主义历史观不知道任何基于物质利益的阶级斗争,而且根本不知道任何物质利益;生产和一切经济关系,在它

① 《马克思恩格斯文集》第1卷,人民出版社2009年版,第196页。
② 《马克思恩格斯文集》第1卷,人民出版社2009年版,第526页。
③ 《马克思恩格斯文集》第1卷,人民出版社2009年版,第724页。

那里只是被当做'文化史'的从属因素顺便提一下。"①

一方面,广大劳动人民是物质性生产实践的创造主体。马克思指出,物质性生产活动是人类历史活动的首要基础,通过物质性生产活动积蓄的社会生产力决定着一定阶段社会历史的状况。"第一个历史活动就是生产满足这些需要的资料,即生产物质生活本身,而且,这是人们从几千年前直到今天单是为了维持生活就必须每日每时从事的历史活动,是一切历史的基本条件。"②而不论是对自然物质的利用还是对物质资料的生产,直接地主宰这一切的核心要素即是作为"活的因素"的广大劳动人民。马克思反复强调,人类历史的发展不是诸如自我意识等形而上学的幽灵的纯粹抽象行动,而是完全物质的、能够在现实世界中得以证明的行动,"每一个过着实际生活的,需要吃、喝、穿的个人都可以证明这种行动"③。也就是说,从事物质性生产活动的广大劳动人民,直接地推动着社会生产力的发展进步,现实地创造着人类历史前进的根本动力。

另一方面,广大劳动人民是关系性交往实践的创造主体。虽然物质性生产活动是人类历史活动的首要基础,但这并不是说物质性生产活动只具有单向度的人与自然之间的相互关系。马克思明确指出,由于物质性生产活动的实践主体是现实的人,所以,这一活动从一开始便同时具有双重关系。第一重关系是自然关系,即人与自然之间的物质变换关系;第二重关系是社会关系,即人们在共同活动和互相交换其活动的过程中形成的普遍联系。正因为如此,广大劳动人民在进行物质性生产活动的同时,也在进行关系性的交往活动,生产着以生产关系为核心的丰富的社会关系,包括物质关系、政治关系和思想关系。这些基于关系性的交往活动形成的社会关系,为一定历史发展阶段上的社会建立奠定了坚实基础。

---

① 《马克思恩格斯文集》第3卷,人民出版社2009年版,第544页。
② 《马克思恩格斯文集》第1卷,人民出版社2009年版,第531页。
③ 《马克思恩格斯文集》第1卷,人民出版社2009年版,第541页。

马克思说道:"由于这些条件在历史发展的每一阶段都是与同一时期的生产力的发展相适应的,所以它们的历史同时也是发展着的、由每一个新的一代承受下来的生产力的历史,从而也是个人本身力量发展的历史。"①在这里,马克思强调了广大劳动人民在关系性交往活动中的主体地位,凸显了广大劳动人民为社会建设贡献的主体力量。他坚信,随着广大劳动人民的主体创造意识不断觉悟,彰显主体创造本能的"类力量"将在广大劳动人民的联合中不断强化,届时人类历史的前进号角将真正掌握在广大劳动人民手中,也即广大劳动人民的"全部活动"将真正"作为历史的结果",推动人类历史向更高的发展阶段跃迁。

第四节　"现实的人"的利益主体意涵

在关于"现实的人"的理论探讨中,马克思始终关心广大劳动人民的切身利益问题。面对世俗生活领域"一切人反对一切人"的私利争夺现象,马克思并非像古典经济学家们那般抓取唯心主义的"救命稻草"进行分析,而是立足广大劳动人民的物质生产实践,以广大劳动人民的价值创造为事实依据,对利益问题作出面向现实的矫正,不断确证利益范畴应然的人本指向。也正是以维护广大劳动人民的切身利益为重要价值追求,马克思坚持从"现实的人"的根本立场和实际需求出发,与戕害劳动人民利益的资本主义丑恶现实展开思想较量,形成了关于现实的人的利益主体意涵。

一、"利己心"批判与人的利益主体性

近代以来,随着资本主义不断发展,宗教神学领域对世俗生活领域的

① 《马克思恩格斯文集》第1卷,人民出版社2009年版,第576页。

统治与规约逐渐丧失了绝对的效力,"上帝已死"日益成为欧洲社会的基本共识。在现实的世俗社会中,到处可见宗教神学黯淡退场而新的世俗秩序主宰一切的景象。马克思在《资本论》中曾摘录过一段关于资本主义社会中商人与银行家关系的描述,用来反映这种新的世俗生活现象。马克思提到,青年商人为了维系自身的产业正常生产,总是"渴望博得银行家的好评,总是表现得规规矩矩!银行家皱皱眉头,也比朋友的忠告对他的作用更大","银行家的忠告比牧师的忠告更为重要"。① 也就是说,在世俗的商人眼中,银行家手中的金融权力成为规制他们行为的新权威。其实,在马克思思想发展的早期阶段,特别是在与鲍威尔关于犹太人问题的论争中,他便以哲学思辨的方式批判过资本主义社会这一奇特而又普遍的"风景线"。"宣讲福音本身,基督教的教职,都变成了商品,破产的商人讲起了福音,富起来的福音传教士做起了买卖。"②既然宗教神学的世界观在世俗社会领域已经趋于崩解,那么,是何种神秘力量又主宰了世俗生活并支配着人们的行为?

对于这一问题的理解和阐释,较早是来自于资产阶级古典政治经济学家那里。斯密指出,人类本性中的"利己心"是人们从事经济活动的原初动机。"尽管人类智慧预见到分工会产生普遍富裕并想利用它来实现普遍富裕,可是劳动分工产生的诸多便利,本不是人类智慧的结果。它是人类本性中的互通有无、物物交换、互相交易这一特别倾向缓慢而渐进的结果,这种广泛的用途是人类始料不及的。这种倾向为人类所独有。我们所需的一日三餐,不是来自屠夫、酿酒家或面包师的施舍,而是来自他们为了自己利益的打算。我们唤起的是他们的利己心,而不是他们的仁慈心,不是我们之所需,而是他们之所要。"③每个个体的经济活动都有其

---

① 《马克思恩格斯文集》第7卷,人民出版社2009年版,第618页。
② 《马克思恩格斯文集》第1卷,人民出版社2009年版,第51页。
③ [英]亚当·斯密:《国富论》,贺爱军等译,陕西人民出版社2005年版,第25页。

自利的动机，并且通过追求自己的利益，个人会无意中为社会的整体财富和繁荣作出贡献。穆勒在《政治经济学原理》中进一步发挥了“利己心”的作用。他认为，个人和政府机构都是在不断地追求利益的最大化。每个个体都是自己利益的最佳判断者，他们“很可能要比政府更清楚采用什么手段可以达到他们的目的”①。同时，“政府允许个人自由地以自己的方式去追求具有普遍利益的目标，不干预他们，但并不是把事情完全交给个人去做，而是也设立自己的机构来做同样的事情”②。因此，穆勒强调要对经济活动采取自由放任的一般政策、进行最小化干预。

可见，在古典政治经济学派看来，世俗生活领域应然是“自由”的，世俗生活领域的活动应当永恒地接受“自然规律”支配。在解释“自然规律”的时候，古典经济学家们诉诸“人的本性”，认为永恒的“自然规律”是“从人的本性中引申出来的”③。世俗生活领域的一切经济现象和经济行为，诸如商品生产、交换、分工、货币与财富，都是源自于个体的利己主义。不可否认，古典政治经济学派以经济学的形式对人类的劳动现象、劳动主体性进行了积极探讨。从配第、斯密到李嘉图都坚持劳动价值论原则，提出商品的价值是由其生产所需的劳动量决定的，并逐渐把价值创造、财富积累的源泉从主体的对象转移到主体的劳动本身。然而，他们对劳动行为产生动机的分析，却倒向了消极主义，认为劳动及其剩余价值的创造是为了满足主体无限的欲望。因此，“利己心”成为古典政治经济学家们认识世俗生活的“锁钥”。这种理解显然未能从物质性生产活动本身来说明经济运行规律，而是从主观的人的趋利本能来构筑学说基础，具有浓厚的历史唯心主义色彩。

---

① ［英］约翰·穆勒：《政治经济学原理》下卷，赵荣潜等译，商务印书馆 2009 年版，第 546 页。

② ［英］约翰·穆勒：《政治经济学原理》下卷，赵荣潜等译，商务印书馆 2009 年版，第 534 页。

③ 《马克思恩格斯文集》第 9 卷，人民出版社 2009 年版，第 158 页。

马克思在批判资本主义劳动剥削现象和系统论证劳动价值理论的过程中，指出了古典政治经济学派理论的先天不足，同时，也看到了古典政治经济学派理论分析的有益成分。虽然古典政治经济学派的认识主张是隶属于与广大劳动人民处于对立立场的资产阶级的意识形态，但其围绕资本主义生产关系把握资本主义经济运行规律的研究范式，以及对于世俗生活领域人们经济活动、经济行为进行理论探索的努力，为马克思开展政治经济学批判，特别是从物质生产关系来深刻认识资本主义社会秩序提供了重要理论依据。所以，辩证地看，古典政治经济学家关于“利己心”的解读，其实陈述了人作为经济活动主体所具有的价值受益属性。这些利益不是外在于价值创造的主体，而是内在于主体创造价值的过程，是主体对自身价值的一种需求化表达。这直接启发马克思要着眼于物质生产关系的世俗基础来思考广大劳动人民的受益性问题。而马克思做出这种思考的第一步，便是呈现在早年间对于物质利益问题的认识上。面向普鲁士的社会政治现实，马克思初次接触到与民众物质利益息息相关的一些议题。通过对这些物质利益问题发表评论，马克思初步得出了“现实的人”作为利益主体的价值判断和价值立场。

其一，马克思批判私人利益“空虚的灵魂”。1841 年 6 月，莱茵省议会讨论了林木盗窃法草案。在辩论过程中，各阶层代表倾向将物质利益的天平倒向林木所有者一边，而漠视违反林木管理条例者的利益。马克思揭露了莱茵省议会的辩论逻辑，即不遗余力地维护林木所有者利益，千方百计地压榨违反林木管理条例者利益。而主导这种辩论结果的关键要素便是可恶的私人利益。“私人利益把自己看作是世界的最终目的。”①马克思看到，私人利益总是用两种尺度衡量人。“它具有两种世界观和

① 《马克思恩格斯全集》第 1 卷，人民出版社 1995 年版，第 272—273 页。

两副眼镜，一副把一切都变成黑色，另一副把一切都变成彩色。”①当问题涉及护林官员评估林木损失的价值时，各等级代表充分信任他。而当问题涉及护林官员终身任命的事务时，各等级代表坚决反对，不信任他。等级代表们自私自利的本性，可以说是一览无余。私人利益将别人当作牺牲的工具和手段时，就戴上“彩色眼镜”。而当问题可能威胁自身利益时，就露出“渺小、卑鄙和肮脏”的真实面目。马克思指出，私人利益的最终图谋是“把自己最狭隘和最空虚的形态宣布为国家活动的范围和准则”②。林木所有者以“私人的奴仆代替国家职员行事”的做法，实则将国家变为维护私人利益的工具。马克思拆穿了私人利益绑架国家意志的卑劣行为，直指私人利益的罪恶本性。

其二，马克思剖析官本位逻辑对民众利益的戕害。1842 年 12 月，《莱茵报》驻摩泽尔记者匿名报道了摩泽尔河沿岸地区葡萄种植者的贫困状况。莱茵省总督指责该报道涉嫌歪曲事实、诬陷政府，马克思则认为记者是“在极其忠实地报道他所听到的人民呼声”③。马克思收集大量资料为记者的观点辩护，驳斥莱茵省总督的责难。在辩护中，马克思揭示了官僚主义漠视劳苦大众利益的现象。关于葡萄种植者陷入贫困的原因，官方认为，只能归因于摩泽尔河沿岸地区原先葡萄种植收入过高，农民在市场趋利性的作用下自食苦果。对于部分地区居民会因此而加剧贫困的问题，官方坦言其具有不可逆转性，因此，仅仅只能表示同情，并没有帮扶的必要和义务。官方的说辞令马克思感到失望，官本位的行政逻辑在这种说辞中体现得淋漓尽致。马克思认为，冗杂的官僚群体幻化为国家形象，支配着行政活动范围之外的世俗生活。这些官僚群体视自身所在阶层为利益的中心，将普通民众，尤其是穷苦大众置于利益的边缘。他们把

---

① 《马克思恩格斯全集》第 1 卷，人民出版社 1995 年版，第 262 页。

② 《马克思恩格斯全集》第 1 卷，人民出版社 1995 年版，第 261 页。

③ 《马克思恩格斯全集》第 1 卷，人民出版社 1995 年版，第 358 页。

自身利益伪装成国家利益,借国家的名义戕害民众利益,甚至变相地剥夺民众利益。

其三,马克思以财产权性质为民众利益辩护。在林木盗窃问题上,马克思运用他善于进行逻辑推理的天赋,从事理性上辨析"捡拾枯树"和"盗窃林木"的本质差别。"盗窃林木"具有暴力侵害、擅自占有林木所有者财产的特征,"捡拾枯树"并没有侵害或占有林木所有者财产,只是"执行财产本性本身所作出的判决"①。林木枯枝不具备预先设定的私有财产的性质,其归属应按照先占权来确定,所以,贫民捡拾枯树完全符合事物本身的法理依据。在摩泽尔河畔地区木材分配问题上,莱茵省的规定为地方政府行事留有较大的活动余地。由于木材分配牵涉利益划分问题,马克思担心地方政府未必能够如实遵照规定,以确保民众的燃料用材分配到位。科布伦茨和特里尔地区分配木材的问题,证实了马克思的担心。来自科布伦茨的报道中提到,当地一个乡镇的林区拥有丰富的木材资料,然而,这个乡镇的居民并没有在木材分配上获得任何利益。财产权是民众最直接的物质利益体现,但民众却无法真正享有。于是,马克思呼吁:"莱茵省人应该在省等级会议中战胜等级,人应该战胜林木所有者。"②

可以说,现实生活中充满罪恶的私人利益到处吞噬民众利益的事实,触发了马克思对人的利益主体性问题的思考。当然,在此阶段,马克思对物质利益的认识主要是通过对私人利益作批判性注脚而得出来的,其尚未形成比较定型的内在规定。尽管马克思对私人利益进行了强烈谴责,但私人利益在现实生活中还是到处都占上风;尽管马克思要求国家根据理性和伦理的原则来干预实际立法,但国家仍然变成了林木所有者的

① 《马克思恩格斯全集》第1卷,人民出版社1995年版,第244页。
② 《马克思恩格斯全集》第1卷,人民出版社1995年版,第289页。

‘私人财产’”。这种理性原则与物质利益的严重对立，促使马克思头脑中产生了“苦恼的疑问”。[①] 在此之后，随着对该疑问的不断开解，马克思逐渐坚定了维护广大劳动人民主体利益的决心。

二、物质利益的主体需求本原

将“现实的人”视为利益主体的价值导向，牵引马克思将理论批判的目光投向世俗生活的物质生产领域。与古典政治经济学家们关注的问题一致，马克思也在不停地思考资本主义社会中宰制人们经济生活乃至是存在方式的“新神”到底为何物？古典政治经济学家倾向从“利己心”问题中抽象出人本性的阐释框架以寻求理论支点，马克思则始终面向物质生产本身，从物质利益的纷繁关系中揭开了“新神”的面纱。

首先，马克思在批判犹太精神的过程中，认识到世俗生活中金钱主宰民众利益的真相。他指出，近代以来，民族国家从传统的封建政治关系中得以解放，意味着市民社会原有的利己精神摆脱了政治枷锁，个体自由获得了肆意生长的世俗化空间，因而，生活在市民社会中的个人是自私自利的。“在利己的需要的统治下，人只有使自己的产品和自己的活动处于异己本质的支配之下，使其具有异己本质——金钱——的作用，才能实际进行活动，才能实际生产出物品。”[②]当利己原则变成规制市民社会的普遍真理时，毫无限度的个体趋利行为将导致市民社会普遍异化，最终，金钱成为商品世界的“主人”，人们跪倒在金钱面前向它顶礼膜拜。马克思指出，这一现象在犹太人的日常活动中最为典型。现实的犹太人具有狭隘的、自私自利的世俗本质，他们以利己主义为生存基础，崇拜金钱、擅长做生意。犹太人高度发展的世俗化样貌，生动展现了金钱、资本等现代社

① 参见孙伯鍨：《探索者道路的探索：青年马克思恩格斯哲学思想研究》，北京师范大学出版社2017年版，第116页。

② 《马克思恩格斯文集》第1卷，人民出版社2009年版，第54页。

会的拜物要素对本属于人的物质利益造成的重度异化。马克思说道:“市民社会从自己的内部不断产生犹太人。”①也就是说,具有自私自利属性的金钱拜物教已经不仅仅是犹太人独特的文化标记,而是充斥在现代社会中、成为操控人们物质利益的普遍精神。“在资产阶级看来,世界上没有一样东西不是为了金钱而存在的,连他们本身也不例外,因为他们活着就是为了赚钱,除了快快发财,他们不知道还有别的幸福,除了金钱的损失,不知道有别的痛苦。在这种贪得无厌和利欲熏心的情况下,人的任何观点都不可能不受到污染。”②所以,马克思初步认为,金钱是现实世俗生活中的“新神”形象。金钱将本属于人的物质利益活生生从人的本质中剥离,并嫁接到自己的身上,使之成为驱使人进行经济活动的直接动力。

其次,马克思在揭示货币拜物教本质的过程中,认识到物质利益产生的现实源泉。由世俗生活领域金钱主宰一切的真相引入,马克思在《资本论》中深刻批判了资本主义社会的货币拜物教现象。从人类物质生产实践的发展历程看,起初在较为原始的以物易物的阶段,物质生产的现实关系主要表现为简单的人与人的互补或互利关系。但是,当物物直接交换转变为由充当一般等价物的货币作为中介进行交换时,现实关系在货币的异化作用下逐渐迷失了本真。也就是说,货币的异化力量替代了人与人之间的互利关系,并使现实的关系呈现出互竞、互斥的特征。原本只是作为物物交换中介的货币及其财富性的符号被主体化,而本应作为主体的劳动者以及凸显劳动者主体本质的物质生产实践变成了货币的派生之物。由此,仿佛货币在物质生产的过程中掌握着衡量一切价值的权力,且货币也化身为利益的物质形态,成为可以看得见、摸得着的物质利益实

① 《马克思恩格斯文集》第1卷,人民出版社2009年版,第52页。

② 《马克思恩格斯文集》第1卷,人民出版社2009年版,第476页。

体。在资本主义社会中也是如此,好像是货币的主体化力量在源源不断地创造着物质利益,驱使着人们在所谓自由竞争的市场中争夺利益。

马克思并未被这种货币主体化的假象所迷惑。他指出,货币形式只是“用物的形式掩盖了私人劳动的社会性质以及私人劳动者的社会关系”①。货币本身并没有任何主体化的功能或力量,其在本质上是一种商品——凝结着劳动者的劳动价值。并且,货币只能在与别的商品相对立的关系中以量化的形式呈现自身的存在价值。马克思认为,货币拜物教的谜面其实反映的是商品拜物教的谜面,这种拜物教的谜底应当在现实的劳动者的物质生产实践中寻找。由于劳动者的物质生产实践及其构筑起的社会关系的不断运动,商品、货币等经济范畴才得以产生并不断发展。马克思认为,正是由于物质生产实践的主体需要,劳动者才萌发对物质利益等现实利益的获取和占有动机。他说道:“事实上,如果抛掉狭隘的资产阶级形式,那么,财富不就是在普遍交换中产生的个人的需要、才能、享用、生产力等等的普遍性吗?”②从主体意义上来看,物质利益即是人的现实需要的反映,物质利益的实现程度取决于人的现实需要的满足程度。

再次,马克思在分析人的现实需要的过程中,认识到物质利益的不同类型。由于现实的人兼具自然与社会的双重属性,其在物质生产实践中的需要也分化为自然属性的需要与社会属性的需要。同时,人的现实需要也不是一成不变的。马克思指出,随着社会化生产的不断发展,劳动人民的物质生产实践在日益进步,劳动人民的主体需要也在不断地升级和转换。相应地,反映人们主体需要的物质利益也不断变化,并呈现为一个类型丰富的开放体系。根据人的现实需要的不同,物质利益可以划分为

① 《马克思恩格斯文集》第5卷,人民出版社2009年版,第93页。
② 《马克思恩格斯文集》第8卷,人民出版社2009年版,第137页。

生存型利益、享受型利益与发展型利益。

生存型利益主要是保障人的基本生存和基础生活的需要，是现实的人最基础的自然性需要。马克思指出，人们首先需要满足吃喝住穿以及其他一切维持生存与生活的刚性需要。生存型利益是现实的人得以发展其他利益的前提条件，而这种利益能否有效获得，取决于人们是否具备占有生产资料和保障基本生存条件的能力。在资本主义社会中，生产资料由资产阶级控制，无产阶级只能通过出卖劳动力的方式来不断换取生存所需。但是，资本主义生产方式最终服务的是资本的积累，而不是为了满足和保障无产阶级的生存需求。恩格斯在《英国工人阶级状况》中论述道："工人在这种状况下是不会感到幸福的；处于这种境况，无论是个人还是整个阶级都不可能像人一样地思想、感觉和生活。"①因此，无产阶级必须为了生存利益而不断斗争，"如果他们不去和资产阶级本身的利益（它的利益正是在于剥削工人）作斗争，他们就不可能做到这一点"②。

享受型利益是在基本生存所需得到满足的前提下，"现实的人"为了追求更好的生存与生活而形成的物质利益。马克思将人们对享受型利益的追求视为是人们开展劳动实践的一种主观动机，也将其看作是推动社会生产力发展进步的一种基础动因。但是，在资本主义私有制的作用下，享受型利益却被奴役人的异己存在物掌控着。"每个人都指望使别人产生某种新的需要，以便迫使他作出新的牺牲，以便使他处于一种新的依赖地位并且诱使他追求一种新的享受"，"每个人都力图创造出一种支配他人的、异己的本质力量，以便从这里面获得他自己的利己需要的满足"。③为了能够获得无节制的享受，满足"非人的、精致的、非自然的和幻想出来的欲望"，相互欺骗和相互掠夺成为人们获得这种已经异化了的享受

① 《马克思恩格斯文集》第1卷，人民出版社2009年版，第448页。
② 《马克思恩格斯文集》第1卷，人民出版社2009年版，第448页。
③ 《马克思恩格斯文集》第1卷，人民出版社2009年版，第223页。

型利益的常用手段。由此带来的后果是，表面上看形成更加精致化的需要和满足精致化需要的生产资料，但这种“精致化”实然是属于有产者阶级的。马克思认为，这种享受型利益的获取过程实际上不断地加剧“牲畜般的野蛮化和彻底的、粗陋的、抽象的简单化”，“对于工人来说，甚至对新鲜空气的需要也不再成其为需要了”。①

发展型利益是“现实的人”的利益追求的高阶层次，是人们对自由而全面的发展需求的向往。唯有在社会生产力水平普遍提高、社会物质条件绝对富足的人类文明形态中，“现实的人”的发展型利益才能得到充分满足。马克思认为，届时“现实的人”的主体力量将得到新的证明，“现实的人”的主体本质也将得到新的充实。也就是说，当人们的发展型利益得到充分保障时，意味着“现实的人”将实现对自然、社会以及自我的全面占有，并以自身的发展即主体本质力量的复归为根本动力进行劳动实践。正如马克思初步描绘的共产主义社会中人的活动性存在状态那样，“任何人都没有特殊的活动范围，而是都可以在任何部门内发展，社会调节着整个生产，因而使我有可能随自己的兴趣今天干这事，明天干那事，上午打猎，下午捕鱼，傍晚从事畜牧，晚饭后从事批判”②。所以，发展型利益更多与“现实的人”的自我发展、自我完善、自我超越等联系在一起，且人们不断获取发展型利益也是不断实现人类解放和社会变革的应有之义。

三、复归人的利益主体性的基本路向

既然作为主体的人的现实需要是物质利益形成的起点，也是物质利益发挥作用的归宿，那么，如何能够做到不断满足“现实的人”的主体需

① 《马克思恩格斯文集》第1卷，人民出版社2009年版，第225页。

② 《马克思恩格斯文集》第1卷，人民出版社2009年版，第537页。

要，以更好维护现实的人的主体利益、保障“现实的人”的利益主体地位？对此，马克思仍是面向广大劳动人民的物质生产实践进行求解。

首先，要通过大力发展生产力，奠定主体需求的物质基础。对于个体而言，物质利益的获取是通过自身有意识的生产实践活动不断实现的；对于人类整体而言，生存、享受、发展所需的物质利益也不是先天就存在的，必须以人类整体的生产实践活动作为坚实基础。在马克思看来，人类的生产实践活动承载着双重的关系，一重是自然关系，另一重是社会关系，而社会关系强调的是“许多个人的共同活动，不管这种共同活动是在什么条件下、用什么方式和为了什么目的而进行的”①。公共性的生产实践活动具有满足人类自然性需要与社会性需要的本质属性，也代表着一定社会阶段的生产力发展水平。在资本主义社会的发展阶段，以机器大工业与雇佣劳动形式展开的社会化生产实践，客观而言比以往任何时代都更为先进，不仅极大地促进了社会生产力的发展，更是为人类生存与发展构筑了深厚的物质基础与文明基础。但资本主义的生产实践，归根结底是生产着对富人所具有的象征意义，而工人无论在活动方面还是享受方面都是“没有感觉和没有需要的存在物”②。跳出资本主义生产实践的伪善陷阱，马克思科学地认识到，当人类文明进阶到社会生产力水平高度发达的共产主义社会时，作为主体的人的各方面利益将得到充分实现，尤其是现实的人的发展型利益将会释放无限的活力。正如恩格斯论述道：“通过社会化生产，不仅可能保证一切社会成员有富足的和一天比一天充裕的物质生活，而且还可能保证他们的体力和智力获得充分的自由的发展和运用”③。总之，社会生产力的发展状况与“现实的人”的物质利益获取情况是同行同向的，社会生产力的不断进步铺就了人的主体利益

① 《马克思恩格斯文集》第1卷，人民出版社2009年版，第532页。
② 《马克思恩格斯文集》第1卷，人民出版社2009年版，第226页。
③ 《马克思恩格斯文集》第9卷，人民出版社2009年版，第299页。

持续获得的物质基础，为人的主体本质在物质利益方面充分彰显提供了基本条件。

其次，要通过不断变革生产关系，形成合理的利益分配方式。在社会生产力水平不断提高、社会物质基础不断夯实的前提下，现实的人的主体利益能否得到有效满足，直接地取决于一定社会阶段建立在生产关系之上的利益分配机制。在资本主义社会中，为私有制的建立而服务的生产关系决定了，资产阶级对社会财富拥有绝对占有权，而广大劳动人民连最基本的生存利益都难以得到保障。马克思认为，这种不可调和的阶级矛盾及其背后尖锐的利益冲突，必须通过革命的手段加以解决。即以无产阶级为代表的广大劳动人民“只有在革命中才能抛掉自己身上的一切陈旧的肮脏东西”①，进而消灭资本主义私有制，变革像桎梏一样的旧的生产关系，建立以实现最广大劳动人民主体利益为内核的新型生产关系。在共产主义社会的第一阶段，广大劳动人民为社会发展进步创造的劳动价值，将以等价的物质利益得到回报。也就是说，在此阶段，广大劳动人民的主体利益获取遵循按劳分配的原则，其合理性在于形式的平等，“生产者的权利是同他们提供的劳动成比例的；平等就在于以同一尺度——劳动——来计量”②。步入共产主义社会的高级阶段时，劳动已不再是人们获取主体利益的手段或载体，而是成为主体利益的重要内容。届时按劳分配的原则已难以适用于现实的人获取主体利益的实际要求，“各尽其能，按需分配”将成为惠及全体人民的利益分配准则。此外，马克思也强调了集体（国家）对于利益再分配的重要作用。在《哥达纲领批判》中，马克思反对拉萨尔派绝对平均的利益分配原则。他认为，作为象征集体利益的社会总产品，固然是一定社会中全体成员的劳动所得，但是在对其

① 《马克思恩格斯文集》第1卷，人民出版社2009年版，第543页。

② 《马克思恩格斯文集》第3卷，人民出版社2009年版，第435页。

进行社会分配之前，应当根据社会发展的公共性需要，扣留总产品中的一部分，作为集体事业发展的资料。这种对社会公共产品进行集体再分配的形式，既有利于对“现实的人”的主体利益进行兜底，也有利于从整体上形成公平正义的利益分配秩序。

再次，要通过克服精神生产的异化问题，不断提升“现实的人”对主体利益追求的境界。精神生产是马克思人类生产实践理论中不可或缺的组成部分。马克思不仅强调精神生产在民族或国家意义上的意识形态作用，而且关注精神生产对现实的人的自我完善、自我提高的教化作用。在《德意志意识形态》中，马克思指出：“思想、观念、意识的生产最初是直接与人们的物质活动，与人们的物质交往，与现实生活的语言交织在一起的。人们的想象、思维、精神交往在这里还是人们物质行动的直接产物。表现在某一民族的政治、法律、道德、宗教、形而上学等的语言中的精神生产也是这样。”①然而，在资本主义社会中，精神生产的过程与结果却也面临严重的异化问题。由于资本在物质生产实践中无限扩张、无孔不入，人们在形成相应的思想、观念、意识等精神产物时，受到资本的无情奴役。例如，人们的精神世界与价值追求始终无法摆脱拜物教因素的消极影响，总是陷入痴醉于物质利益的精神困境中。同时，资本家为了充分榨取物质生产实践的价值，将原本属于“现实的人”本身的精神生产看作是精神产品的生产，用市场的自由竞争逻辑来组织精神生产活动，结果导致精神生产的人本性不断式微、趋利性不断增强。由此，产生了人文精神缺失、私人利益至上、社会价值观扭曲等精神生产的异化形式。马克思说道：“肮脏，人的这种堕落、腐化，文明的阴沟（就这个词的本义而言），成了工人的生活要素。”②所以，充分彰显“现实的人”的利益主体性，除了需要

---

① 《马克思恩格斯文集》第1卷，人民出版社2009年版，第524页。

② 《马克思恩格斯文集》第1卷，人民出版社2009年版，第225页。

实现社会生产力与生产关系的动态发展，还需要在人的精神生产上做文章。在马克思看来，真正克服精神生产的异化问题，教化人们从实现自身主体价值的崇高境界来思考主体利益、获取主体利益，需要摆脱资本宰制、破除拜物教迷信，让人们拥有更多非生产性的“自由时间”，用以不断丰富精神活动、提升精神层次。而要将这种追求主体利益的崇高境界转变为理想的现实，也只有在扬弃了精神生产异化的共产主义社会才能实现。

第三章　马克思“现实的人”理论的逻辑特征

“现实的人”作为马克思思想体系中的核心范畴之一，充分体现着马克思开展理论叙事的基本逻辑。在多维阐释“现实的人”理论意涵的过程中，马克思逐步走向唯物史观的理论园地，将辩证唯物主义与历史唯物主义的立场观点方法融入对“现实的人”的解构与建构之中。也正是通过合理运用唯物史观的基本范畴与基本原理，马克思在更为广阔的逻辑空间中勾勒“现实的人”的理论形象，铺展“现实的人”的理论叙事。因此，马克思关于“现实的人”的理论探索过程遵循着唯物史观逻辑理路，围绕“现实的人”形成的系统论述与独到见解蕴含丰富的唯物史观逻辑规定。

第一节　坚持个体与共同体相统一

在对“现实的人”的理论命题进行系统思考的过程中，马克思将人的自由个性与社会共性的内在统一作为逻辑基点。通过考察资本主义世界中的异化力量及其对人的存在与人的本质的消极影响，马克思意识到，本应作为主体的人在现实境遇中被迫呈现为个体命运与共同体命运相互分化、相互对立的存在样态。而要从根本上彻底改变“现实的人”的分立特征,克服异化力量对现实的人的消极影响,必须全面超越资本主义社会的异化逻辑,重新厘定个体与共同体的内在关系。

一、人民概念的个体性与群体性原则

对于人本身的思考和解密,是近代西方思想发展史中最为基本也是最为经典的议题。依据个体性原则,人被哲学家们解释为是一种异质的、独立的、特殊的个体存在,相应地,个体的绝对自由个性也上升为近代社会全新的伦理准则。也就是说,与传统封建时代一味地固守整体、统一的集体至上原则不同,个体至上、个性自由成为近代西方的进步号角,人们对于任何社会问题的争鸣与探索均或多或少地指向对个体性原则的推崇与赞美。然而,随着资本主义不断发展,在个体性原则支配下的人的本质并未真正得到体现,应然的自由个性沦为资产阶级维护自身阶级利益、欺骗广大劳动人民的价值手段,以原子式存在解释人的存在本质的思想学说遭遇理论困境与实践瓶颈。

19 世纪以来,虽然个体性原则仍是人们对主体本质理解的根本尺度,但在关于如何实现人的个性自由的问题上,部分哲学家已不再单一地寄望于绝对的、原子式的个体力量。一方面,有哲学家表露出对于社会群体力量的重视。当然,这里的“社会”实际上指的是资产阶级统治之下的社会秩序,“社会群体力量”也侧重于对资产阶级力量的强调。毋庸讳言,哲学家们对于群体性原则的重新关注,潜移默化地影响着人们对于人的主体本质的认识,让人们留意到个体与共同体之间的相互关系。黑格尔在其法哲学中,把对这种群体性原则的认识推向了一个新的高度。他将群体性作为理解理性主义的优先原则,把个体的原子式自由置于群体的公共性理念之下,认为法的旨趣与归宿应然是一种公共性的善,而非自私自利的善,所以,追求公共性的善、普遍的理性是人的存在的最高本质,也是个体在群体中应尽的法定义务。另一方面,也有哲学家关注到感性的个体力量。与其他青年黑格尔派成员所推崇的“自我意识”式的抽象个体不同，费尔巴哈转向了直观自然的感性个体，认为人是受自然条件制约的现实个体。对人的本质的认识，费尔巴哈虽然有超越前人的进步之处，但却未能汲取黑格尔社会性原则解释的合理之处，因而其观点也是一种片面的人本主义论调。“他在这里也仍然停留在理论领域，没有从人们现有的社会联系，从那些使人们成为现在这种样子的周围生活条件来观察人们”①。可以说，作为认识人的主体本质的两种基本原则，群体性原则和个体性原则在马克思之前的思想家那里已经有所发展，但由于其在根本上依附于抽象虚幻的理性概念，所以并不能真正切中现实的人的主体本质。

在对“现实的人”展开理论思辨的过程中，马克思更多是从“人民”这一主体概念切入的。在《莱茵报》时期之前，马克思对于人民概念的理解与前文提及的理性主义的人民概念基本一致。当离开象牙塔、迈出走向社会生活的第一步，即担任《莱茵报》编辑之后，马克思在真正意义上开启了与人民概念所指称的主体对象打交道的经历。通过不断地解蔽人民概念的理性幻象，马克思越发认识到，“现实的人”既具有个体性也具有群体性。

首先，马克思立足普鲁士政治与社会境况，明确了阐释人民概念的现实立场。在与普鲁士当局及其“官方哲学”进行思想交锋的过程中，马克思始终在思考：作为“现有之物”的人民与“应有之物”的人民是否在理性法则所谓自洽的运动中达到了统一？马克思意识到，启蒙运动以来的思想家将人民定命为主权意志的理性化身，并断言对人民概念的把握已接近客观的、真正的人民实在，仅仅是一种弥撒亚式的理想愿景。囿于理性主义所弥散的浓厚神学印迹，现代政治国家语境中的人民概念往往嵌合

① 《马克思恩格斯文集》第1卷，人民出版社2009年版，第530页。

在一个类似“神化—主体化”的关系性结构中,体现着神学意义上的存在价值。当这种人民概念与现实世界中的人民实体进行结合时,充分暴露了理性天国的虚幻与伪善本质。马克思深知,关于人民的本体论追问需要一个方向性的立场,但其未必是神秘莫测的,也绝非是理想主义的。他说道:“正确的理论必须结合具体情况并根据现存条件加以阐明和发挥。”①马克思反对脱离实际的空泛言论,强调关注现实社会中的具体问题,以更好地倾听到人民真正的呼声。因此,在波折的社会实践与多元的思想学说的共同作用下,马克思越来越关注此岸世界的人民实在,并试着重新厘定人民概念。

其次,马克思在不同的“关系”语境下,分析了人民概念的对象指称。在批判普鲁士僵化的等级关系时,马克思认为,人民是现实国家中普遍存在的有机整体。他强调,等级存在的意义并非是为了划分特殊的领域和特殊的个人,而应是成为代表人民的“真正普遍的等级”。否则,当“人民”一词出场时,其实然是象征着一种“特殊权力”而“同现实的人民相分离”,最终将导致人民“被弄得没有任何决定意义”。② 在批判空虚的利益关系时,马克思将人民视为被私人利益边缘化的、遭受无尽苦难的贫民群体。马克思站在贫民大众一边,公开地抨击私人利益绑架包括莱茵省议会在内的国家机构的卑劣逻辑。在他看来,即使贫民是处于社会最底层的、一无所有的“基本群众”,但“生命、自由、人性”等属于个体存在的基本属性仍是他们的利益所系,并且以一根根的“命脉”与国家“心血相通”,构成国家机体不可或缺的部分。在批判伪善的伦理关系时,马克思初步认识到,人民是表征人的存在本质的类主体。马克思认为,家庭、市民社会和国家各领域均是一切人共有的社会存在方式和活动方式,其以

---

① 《马克思恩格斯全集》第47卷,人民出版社2004年版,第35页。

② 参见《马克思恩格斯全集》第3卷,人民出版社2002年版,第88页。

实质性的联系指向了人民作为主体而存在的类本质。在揭开黑格尔法哲学体系的抽象面纱后,马克思发现,人们唯有在类存在中凭借类形式,才能编织起具有"自身客体化"属性的伦理关系网。

所以,通过批判与人民话语耦合交织的等级关系、利益关系及伦理关系,马克思尝试对人民概念作出复调化的"自我阐明"。在这种"自我阐明"中,马克思紧密结合表征人的主体本质的个体性原则与群体性原则,将关于人民的现实性规定嵌入人的存在形式中,丰富了"现实的人"的具体指称。随着唯物史观不断发展,马克思对人民概念的理解逐渐成熟,对于人民概念指代的主体对象也逐渐聚焦于无产阶级劳动人民。马克思认为,他们是从事社会生产实践的主体,对社会历史发展起决定性作用,但在现实中又遭受资产阶级的压迫和剥削。需要明确的是,此时马克思并不是只在意人的社会存在属性,单纯地从类主体的社会关系视角认识人民概念。即便是强调人的社会关系,这种"社会关系的含义在这里是指许多个人的共同活动,不管这种共同活动是在什么条件下、用什么方式和为了什么目的而进行的"①。所以,在这种崭新的人民叙事中,马克思坚持以个体性与群体性相统一的辩证逻辑分析"现实的人"。即马克思所关注的"现实的人",既是具有总体存在属性并分化为不同群体的劳动者,又是具有个体存在属性并作为劳动者群体一员的个人。

二、劳动实践的自然性与社会性价值

在进一步分析"现实的人"的本质规定的过程中,马克思关注到人的劳动实践问题。在资本主义社会中,劳动实践所展现的并非是其本质性的方面,而是"一种被迫的活动",对于劳动实践的主体而言,从事劳动

---

① 《马克思恩格斯文集》第1卷,人民出版社2009年版,第532页。

“仅仅是由于外在的、偶然的需要,而不是由于内在的必然的需要”①。面对资产阶级私有制下的异化劳动现象,马克思指出,劳动实践应当是人的“自由的生命表现”和人的“生活的乐趣”,它不断地确证人自为存在的自然性意义以及人与人之间互为存在的社会性意义。

首先,马克思分析了劳动实践中“现实的人”的主体构成要素。一是物质要素。人是一个由内在有机的物质器官和器官系统组成并维持运转的生命有机体。“第一个需要确认的事实就是这些个人的肉体组织以及由此产生的个人对其他自然的关系。”②由于不同个体在结构或功能上存在生理性的差异,个体之间对于客体的认知感受和行为选择存在差异性。二是精神要素。马克思强调,现实的、从事现实活动的人们是“自己的观念、思想等等的生产者”③。人具有复杂多变的心理因素和丰富多样的心理活动,这是人区别于其他动物的显著特征,包括认知、情感和意志,等等。认知是人作为主体对客体的属性、状态、关系、本质及规律的主观识别、译介和转化的过程,也是客体在人的认知系统中的内化过程。认知效果往往会体现在人的知识、观念、素质、能力和实践方面。情感是人在实践中对客体产生的心理反应,通过喜怒哀乐、爱好憎恶等情绪展示出来。这些情感表达反映着客体与人的实际需要的适配程度,也代表了人对客体的主观评价。意志则是支撑人们将内心的认知与情感付诸实践活动的主观动力和精神品格,具有调节或控制人的主体行为的重要作用。

其次,马克思分析了劳动实践中现实的人的主体创造作用。他认为,现实的人通过劳动实践的方式直观地呈现了自身生命的存在形式,并且在劳动过程中以生产劳动产品的结果将内蕴在自身生命中的自然性力量对象化为可感知、可使用的存在物。也就是说,当人通过劳动实践“作用

① 《马克思恩格斯全集》第42卷,人民出版社1979年版,第38页。

② 《马克思恩格斯文集》第1卷,人民出版社2009年版,第519页。

③ 《马克思恩格斯文集》第1卷,人民出版社2009年版,第524页。

于他身外的自然并改变自然时,也就同时改变他自身的自然”,“他不仅使自然物发生形式变化,同时他还在自然物中实现自己的目的”。[①] 这充分体现了个体存在的最初价值。但是,现实的人在劳动实践的过程中不仅影响着自然界,而且也存在着互相影响。例如,个体价值的升华需要通过与他人的交互得以实现。即个体生产出的劳动产品应符合他人本质实现的需要,并且在被他人享用之后助力他人实现其本质需要。同样,他人的劳动实践也以相同的方式帮助本我实现自身的本质需要。所以,在劳动实践的基础上,人与人之间又构成了一个相互依存、相互联系、不可分割的有机整体。作为具有类意识的类存在物,现实的人不断彰显自身的社会存在价值,不断确证自身的现实社会生活。

基于此,马克思阐述了现实的人的主体创造产物。一方面,“现实的人”创造着整体性的对象世界。人类尽管是现实世界的一部分,但却是具有主体能动性的部分。也就是说,人类能够主动地、现实地认识自然界和人类社会,同时,可以根据客观规律与主观愿望的有机结合对自然界和人类社会进行积极实践,创造出符合人类自身生存与发展需要的人化的世界,即“通过实践创造对象世界,改造无机界”[②]。另一方面,现实的人创造着具有个体性的人本身。马克思认为,人类在创造对象世界的同时,也在进行自主活动、自由活动,在自身所创造的对象世界中直观自身,不断确证着人是有意识的类存在物。可以说,人类劳动实践的过程也是展现个体创造性的过程。从个体维度来看劳动实践,个体不仅“自由地面对自己的产品”,而且在劳动实践中不断生产着新的需求、新的动机。这些需求和动机又驱使个体要充分发挥主观能动性,去采取新的实践行动,建立新的社会关系,不断实现个体的自我发展与自我完善。

---

① 《马克思恩格斯文集》第5卷,人民出版社2009年版,第208页。

② 《马克思恩格斯文集》第1卷,人民出版社2009年版,第162页。

此外，马克思揭示了劳动实践中“现实的人”的主体存在样态。一是个体式存在样态。马克思认同人作为自然性存在物的基础属性，明确人的自然性的属性是“人自己的合乎人性的存在的基础”①。但他深知，仅仅强调“人的自然的存在”，并不足以说明个体在现实世界中的真实存在形式。马克思认为，“自然界的人的本质只有对社会的人来说才是存在的”，“社会是人同自然界的完成了的本质的统一”。② 所以，“现实的人”的个体式存在样态，以人的自然性存在意义为基础，但其核心指向的是作为社会存在的、体现一切社会关系的个体。二是共同体式存在样态。马克思认为，由个体与个体之间联结而成的社会组织、社会团体是现实的人的重要存在形式。为此，马克思不仅从人类社会演进的历史中考察以往各种共同体式存在样态的发展过程，更是依据人类社会演进的规律展望了未来真正的共同体式存在样态出场的可能性和必然性。虽然与“真正的共同体”相比，历史上存在过的自然共同体和资本主义社会中的虚假共同体均被外在于人的“依赖关系”所掌控，对于人的主体性作用发挥而言具有历史局限性，但这些共同体都展现了一定社会的内部结构和社会成员之间的相互关系。马克思强调，个体力量要想驾驭物的力量，没有共同体的力量支撑是不可能实现的。“现实的人”应当依据自身发展需要和社会发展需要形成“必然的联合”，以共同体的形式突破个体力量的局限性，形成一种整体性的主体力量。

由此可知，在马克思看来，“现实的人”的主体本质规定，既包含以个体生命为尺度的自然性指向，也包含以关系交互为载体的社会性指向。并且，在劳动实践的范畴中，“现实的人”的这种自然性指向与社会性指向应然实现内在统一。马克思说道：“人在现实中既作为对社会存在的

① 《马克思恩格斯文集》第 1 卷，人民出版社 2009 年版，第 187 页。

② 《马克思恩格斯文集》第 1 卷，人民出版社 2009 年版，第 187 页。

直观和现实享受而存在，又作为人的生命表现的总体而存在”①。由于受到自然条件与社会历史条件的制约，“现实的人”既是存在于自然界并具有生命形式、活生生存在的自然人，更是生活在特定社会历史环境中受社会关系影响的社会人，因而，“现实的人”兼具自然属性和社会属性。其中，自然属性是人的存在本质的基础属性，社会属性则是人的存在本质的根本属性。

三、真正的共同体的辩证主体性

随着对“现实的人”的本质规定的认识不断深化，马克思合理地构设了现实的人的主体本质在真正的共同体中的复归逻辑。真正的共同体“是各个人的这样一种联合（自然是以当时发达的生产力为前提的），这种联合把个人的自由发展和运动的条件置于他们的控制之下”②。即这种联合完全没有与构成个体不同的利益，具备实现人的全面自由发展的一切可能性。马克思指出，人类社会发展的最高形态是“建立在个人全面发展和他们共同的、社会的生产能力成为从属于他们的社会财富这一基础上的自由个性”③。“现实的人”的主体本质的充分彰显，应是个人在真正的共同体中、在实现全面发展的基础之上，呈现为自由个性的类存在状态。所以，“现实的人”应以类本质即“自由的有意识的活动”的内在要求来认识、改造和利用对象性世界，摒弃原子式个人本位和机械式集体本位对主体本质的戕害，真正实现自由个性与社会规定性的内在统一，并作为类存在自觉地联合起来，为谋求全人类的利益而奋斗。可以说，当人类社会的生产力高度发达、物质财富充分涌流、关系交互普遍深入之时，以“自由人的联合体”为组织形态的真正的共同体，将全面地占有对象化

① 《马克思恩格斯文集》第1卷，人民出版社2009年版，第188页。
② 《马克思恩格斯文集》第1卷，人民出版社2009年版，第573页。
③ 《马克思恩格斯文集》第8卷，人民出版社2009年版，第52页。

的现实世界，广泛地超越现实世界中的异化逻辑，促使对象化的社会存在转化为联合起来的个体复归主体本质的充分条件，进而使现实世界真正成为人的世界，使现实的各种关系真正回归人本身。届时各种虚假的共同体的谎言将不攻自破，广大劳动人民将在真正的共同体中展现丰富多样的社会关系，逐步地实现人之为人的主体本质。具体来看，马克思辩证地论述了这种复归逻辑。

一方面，个体的自由发展是真正的共同体建立的前提条件。在资本主义社会中，人的主体本质之所以无法实现、人的主体地位之所以被侵占，关键原因是劳动人民所在的社会共同体是外在于劳动人民而存在，即劳动人民是非自愿、非自主地被裹挟到这种共同体之中，并且这种共同体的各种关系是独立于劳动人民的实践活动而存在的。可以说，这是一种虚假的共同体形式，其关涉的一切实存的事物及其构筑的条件都是外部性的、偶然的，是与劳动人民的现实需求、实践过程以及主体本质相分离的，每个个体置身其中无法呈现自由自觉的状态，而是完全外化为一种偶然性状态。所以，在此情形下绝大多数人的主体本质实现是小概率事件。而主体本质实现的大概率则属于虚假共同体的实际操控者——与劳动人民相对立的资产阶级。作为占社会人口少数的群体，资产阶级掌握着社会共同体的支配权和主导权，不断地以伪善的私人利益逻辑侵蚀着劳动人民的主体利益。自然而然，劳动人民对于主体利益的诉求也并非这种共同体的价值追求。马克思批判了虚假共同体对个体自由的侵犯行径，认为“从前各个人联合而成的虚假的共同体，总是相对于各个人而独立的”，“它不仅是完全虚幻的共同体，而且是新的桎梏”。①

因此，个体只有打破虚假共同体的桎梏，才能为建立真正的共同体创造可能的条件。一方面，要通过无产阶级革命来打破这种桎梏，使劳动人

① 《马克思恩格斯文集》第1卷，人民出版社2009年版，第571页。

民中的每个个体都彻底脱离资本异化的社会场域和虚假的社会关系，从而为现实的个体“成为自己的社会结合的主人，从而也就成为自然界的主人，成为自身的主人”即“自由的人”的理想状态奠定政治基础。[①] 另一方面，个体劳动的自由自主要掌握在劳动者自己手中。马克思认为，个体只有充分占有现实的生产关系，才能实现自由自主的劳动，真正享受属于自身的劳动成果、劳动所得，进而使得应然属于人的主体本质的自由个性具备返回人本身的物质基础。由此，拥有复归主体本质可能条件的个体才能真正从自由个性的发展目标出发，能动地从事劳动实践活动，并在与他人的实践互动中形成真正的共同体。

另一方面，真正的共同体是个体主体本质全面复归的组织形式。在关于个体如何实现自由全面发展的思考中，马克思始终朝向现实的社会视角，关注个体的社会辐射力，深入人与人之间在劳动实践的过程中交互而成的社会关系中。马克思认为，在应然的社会关系中，人与人之间虽然可能呈现为不同的实践样态，但在实质上是共同地从事着劳动实践活动，互为地体现着人之为人的主体价值。尽管在资本主义社会中社会关系被扭曲为异化的形式，人与人之间多是以偶然的方式发生联系，本应体现人的主体价值的关系交互缺乏实践空间，但马克思通过批判现实世界中虚幻抽象的社会共同体所呈现的伪善性社会关系，科学地擘画了未来社会中实现人的自由全面发展以及人与人之间互为主体的真正的共同体。“只有在共同体中，个人才能获得全面发展其才能的手段，也就是说，只有在共同体中才可能有个人自由。”[②]在这里马克思明确指出，个体唯有作为真正的共同体中的一员，才能在与他人的关系交互中不断增强自身的主体力量，持续提升自身的实践水平，向着全面自由的主体本质逐渐挺进。

---

① 参见《马克思恩格斯文集》第1卷，人民出版社2009年版，第566页。

② 《马克思恩格斯文集》第1卷，人民出版社2009年版，第571页。

那么,何以建立真正的共同体?马克思认为,要实现人的自由全面发展,必须以自由自觉联合的形式组建"联合体"。"在真正的共同体的条件下,各个人在自己的联合中并通过这种联合获得自己的自由。"①也就是说,"自由人的联合体"即是个体主体本质全面复归的组织逻辑,是真正的共同体的表现形态。"现实的人"的主体地位的彰显与主体力量的强化,只有以每个个体联合起来的整体行动才能得以实现。如果脱离"联合体"的组织逻辑,任何单独的个体是无法真正实现自身的自由个性。所以,以"联合体"为组织逻辑的真正共同体是"现实的人"的主体本质实现的母体。同时,马克思强调,在真正的共同体中,"每个人的自由发展是一切人的自由发展的条件"②。这意味着,个体的发展之需直接地内在于真正的共同体的发展目标中,规约着真正的共同体的运作机理。所以,真正的共同体以"现实的人"的联合形式发挥主体力量,以保障个体的主体地位、复归个体的主体本质。即在这种联合体中,个体具有独立自主的个性,自觉自愿地联合而成个体可以自由发展的共同体形式。而该联合体正是以自由个性为本位,以每个个体全面性的自由发展为原则,以期达到社会共同体发展与个体发展的和谐一致。③

总之,对于个体与共同体内在关系的辩证思考,为马克思揭示"现实的人"的主体本质、描绘人类社会未来蓝图提供了科学依据。马克思坚信,随着人类历史发展的深入,作为"行动者的群众"必将跃出各种虚假的共同体的囹圄,在更加深入、更加普遍的世界性交往中构建命运共同体,在推动人类历史发展的同时全面地实现作为主体的丰富本质。

---

① 《马克思恩格斯文集》第1卷,人民出版社2009年版,第571页。

② 《马克思恩格斯文集》第2卷,人民出版社2009年版,第53页。

③ 参见韩庆祥:《现实逻辑中的人:马克思的人学理论研究》,北京师范大学出版社2017年版,第256页。

第二节　坚持历史感与现实性相统一

从前文可知，与以往的哲学家们不同，马克思对“现实的人”的认识始终立足于处在水深火热之中的广大劳动人民。通过动态地把握劳动人民的实践活动，马克思不仅批判了围绕在“现实的人”周围的异化迷雾，更深入发掘了“现实的人”所蕴含的主体力量以及其主体本质复归的现实可能。而在对劳动人民的实践逻辑进行动态把握的过程中，马克思一面从历史中寻求依据，一面从现实中总结经验。所以，“历史”与“现实”是马克思观察“现实的人”的重要视域，也是马克思分析现实的人的重要向度。

一、此岸世界的真理性起点

在关于人类社会历史性发展的认识问题上，马克思指出：“全部人类历史的第一个前提无疑是有生命的个人的存在。因此，第一个需要确认的事实就是这些个人的肉体组织以及由此产生的个人对其他自然的关系。”①有血有肉的生命个体以及由其主导的劳动实践活动，是人类社会形成的现实基础，也是人类社会不断发展的现实动力。在此过程中，栖息于现实世界中的人以实践交互的方式形成普遍的社会关系，创造着、丰富着现实世界并以不同的社会形态呈现着人类社会的发展演进。也就是说，“现实的人”是以实践性的主体化面貌徜徉在人类历史的发展长河中，并充分发挥主体力量以不断书写新的人类历史。所以，马克思指出，对于人类社会发展的历史叙事应当从构成人类社会赖以存在的现实世界发端，即“任何历史记载都应当从这些自然基础以及它们在历史进程中

---

① 《马克思恩格斯文集》第1卷，人民出版社2009年版，第519页。

由于人们的活动而发生的变更出发”①。按照这种唯物史观的基本解释逻辑，如果想要正确揭示“现实的人”的主体本质，首要的便是关注特定历史条件下作为主体的人的实存样态及其劳动实践活动。

与马克思注重从兼容历史与现实的实践性指向来认识现实的人的理路不同，以往的哲学家们普遍远离现实世界，选择性地漠视实践性指向，并将“历史”与“现实”幻化为抽象的存在或精神的产物。“关于思维——离开实践的思维——的现实性或非现实性的争论，是一个纯粹经院哲学的问题。”②在以往的哲学家的理论叙事中，人的存在仅仅是用以进行逻辑加工、思维抽象的一种工具性范畴，即将人作为认识世界、解释世界的一种手段。人的存在在哲学层面的这种表象化或外在化的情形，在一定程度上反映了现实世界中的广大劳动人民难于以真实的主体身份进入哲学家们的理论视野之内。因为以往的哲学家们普遍关注的焦点是探究事物的本原，其穷尽毕生精力企图揭开人类世界的文明意识起源。先验的存在或超验的存在是他们对于人类世界认识的基本体相，而生活在现实世界中的广大劳动人民或是转化为一种纯粹抽象的对象进入哲人们的思想世界，或是沦为群族性的“乌合之众”而变成了部分哲人戏谑讥讽或斥责攻击的对象。③ 由于“现实的人”在哲学思辨的浩瀚汪洋中被迫缺席，以往的哲学家们掌舵的“思想方舟”便失去了可以扬帆远航的根本动力，只能在思想意识的洪流中漫无目的地游弋。即便是在这种情况下，以往的哲学家们也并未重新重视“现实的人”的巨大作用，而是始终只顾掌握在自己手中的“思想之舵”。

其结果是，以往的哲学家们专注于纯粹的思想领域，而对现实世界漠不关心，将“现实的人”生活的一切秩序和形态抛之脑后，在遨游于精神

① 《马克思恩格斯文集》第1卷，人民出版社2009年版，第519页。
② 《马克思恩格斯文集》第1卷，人民出版社2009年版，第500页。
③ 参见牟成文：《马克思的群众观及其哲学变革》，《中国社会科学》2012年第2期。

世界之时忘记了他们的现实生活。正如费希特在批判德国哲学的研究倾向时指出的，哲学家们给自己描绘了属于自己的思想世界，他们“往往太无忧无虑地驰骋于纯粹的思维领域，毫不关心现实世界，不查看思维如何能与现实结合起来”，“以过分鄙视和轻蔑的态度，将现实世界置于一旁”。[①] 随着这些哲学家们在“掌舵”的快感中逐渐迷失方向，他们的思想世界也越发地疏远了现实世界，因此，关于普遍存在的真理性问题的认识和探讨也变成了彼岸世界的任务，而不是此岸世界的任务。“现实”范畴在哲学家们的抽象思辨中越发显现出唯一的、纯粹的、神圣的彼岸世界特征，服务于更高的规范性概念。马克思批判地指出，这些哲学家们总是“从人们所说的、所设想的、所想象的东西出发”，“从口头说的、思考出来的、设想出来的、想象出来的人出发”，到处论述着“意识的空话”。[②] “历史”范畴也以机械的形态或想象的面貌展现在人们面前，或是经验主义者以僵化的逻辑堆砌而成的“僵死的事实”，抑或是唯心主义者以丰富的想象力演绎出的“想象的活动”。显然，以往的哲学家们远离现实世界与“现实的人”，进而远离“此岸世界的真理”、远离“人们生活的历史过程”的思想路向，是不能被马克思所认同和接受的。

作为以改变世界为己任的思想者，马克思并未选择承袭以往哲学家们的思想“衣钵”，继续在“真理的彼岸世界”中体验离群索居的精神生活，而是始终面向现实世界，站在“现实的人”的立场上，坚持不懈地探索“现实的人”的主体本质，充分高扬“现实的人”的历史价值与现实光辉。生活在现实世界中的人始终在马克思的理论视野之内，或者说，马克思的思想世界始终以现实的人为中心。他坚持从作为主体的人与“历史”“现实”等范畴的密切关系中，建构真正属于此岸世界的真理，从而正确地揭

① [德]费希特：《费希特著作选集》第五卷，梁志学等译，商务印书馆 2006 年版，第 481 页。

② 《马克思恩格斯文集》第 1 卷，人民出版社 2009 年版，第 525—526 页。

示了“现实的人”的主体本质。马克思说道:“它从现实的前提出发,它一刻也不离开这种前提。它的前提是人,但不是处在某种虚幻的离群索居和固定不变状态中的人,而是处在现实的、可以通过经验观察到的、在一定条件下进行的发展过程中的人。”①在马克思看来,哲学思辨的真正前提是鲜活的、有血有肉的人,即栖居于现实世界与历史发展之中、从事着劳动实践活动的人。

以“现实的人”的历史意蕴与现实意蕴作为认识世界与改造世界的逻辑起点,马克思扬弃了以往的哲学家们把作为主体的人抽象化的做法,将哲学思辨的重心转向了此岸世界。着眼于对每个时代的个人的现实生活过程和活动的研究,马克思逐步消解了以往的哲学思辨笼罩在现实世界之上的抽象迷雾,明确了现实世界的真理性起点。虽然人类社会的存在与人类历史的发展并不是直接地由任何一个现实的人所决定,但是“现实的人”却具体地、实际地通过劳动实践演绎着人类社会存在与人类历史发展的生动画面。由“现实的人”联合而成的人类整体构成了人类社会存在与人类历史发展的主体力量,其劳动实践的能动过程蕴蓄着人类社会进步与人类历史发展的不竭动力。

整体来看,一方面,马克思面向过往的人类发展历史,在不断反思传统历史观编造的虚幻“现实”的过程中,逐渐觉悟到劳动人民创造历史、书写历史的真正现实。另一方面,随着唯物史观形成并趋于体系化、科学化,马克思深刻认识到,“现实的人”即活生生的从事劳动实践活动的人所蕴含的个体现实性、社会现实性及历史现实性,具有重要的主体价值,也转化为强大的主体力量,现实地作用于人类社会存在的各个方面与人类历史发展的全过程,充分彰显着“现实的人”的历史主体作用。所以,历史范畴与现实范畴构成了马克思辩证思考“现实的人”的“一体

① 《马克思恩格斯文集》第1卷,人民出版社2009年版,第525页。

两翼”。二者之间相互联系、内在统一，促使马克思对现实的人的思考不断成熟。

二、传统历史观的非现实性

当然，马克思之所以愈加坚定以现实的人为中心考察现实世界，并不断揭开人类社会存在与人类历史发展的奥秘，与他对传统历史观的批判过程密切相关。或者说，通过诘问传统历史观，马克思越发坚定了从现实的人的主体性出发，生动描绘人类社会存在与人类历史发展“这个能动的生活过程”①。

在历史观的问题上，传统的唯心史观遮蔽了物质性的历史性前提，将精神性作为人类历史活动的起点与归宿，并擅长在特定的发展阶段即特定的时代塑造特定的观念产物，以此来解释人类社会存在与人类历史发展的基本规律。马克思批判道：“历史总是遵照在它之外的某种尺度来编写的”，“历史的东西则被看成是某种脱离日常生活的东西，某种处于世界之外和超乎世界之上的东西”。② 这类传统历史观“源于精神的精神”的逻辑在黑格尔的历史哲学中达到了近乎完美的呈现方式。正如前文讲到的，黑格尔认为，“建筑在‘自然的各种法则’和正与善的内容之上”的理性原则，依据着“矛盾和统一”律，推动着人类历史的发展进步，并将人类带到了“历史的最后阶段”即“我们的世界、我们的时代”。③ 毋庸讳言，包括黑格尔历史哲学在内的传统历史观潜移默化地影响着马克思早期对于社会历史问题的认知方式。或者说，在历史观的萌发阶段，马克思的思想观点很大程度上受到黑格尔“最纯粹的表现”的历史哲学以

① 《马克思恩格斯文集》第1卷，人民出版社2009年版，第525页。

② 《马克思恩格斯文集》第1卷，人民出版社2009年版，第545页。

③ 参见[德]黑格尔：《历史哲学》，王造时译，上海书店出版社2006年版，第412—413页。

及在“纯粹精神”的领域里兜圈子的传统历史观的影响。但是,与此同时,在面对棘手的社会现实问题时,马克思也在不断地试图使自己头脑中的历史观具有现实主义的、在原则上排斥宗教观念的形式。也是在不断地犹疑、反思与批判传统历史观的过程中,马克思逐渐清算了自身历史观中的唯心主义成分。对于人类社会各个时代的演替问题,马克思也逐渐抛弃了“源于精神的精神”的逻辑,推翻了唯心主义的谬论,聚焦于从事劳动实践活动的人,站在“现实的人”的立场上来不断加深认识。

一方面,马克思批判了神学历史观的非现实性。在中世纪的欧洲大陆,神学统治着现实世界的方方面面,宗教的触角延伸至人们生活的各个领域。即便历史发展到近代,欧洲社会仍旧是由宗教势力占据主导地位。“上帝是无限的存在者,而人是有限的存在者;上帝是完善的,而人是非完善的;上帝是永恒的,而人是暂时的;上帝是全能的,而人是无能的;上帝是神圣的,而人是罪恶的。”①在神学历史观中,上帝掌握着“创世”的秘密,不断地创造着现实世界和人本身。在上帝“无中创有”的最高原则统摄之下,现实世界和人本身的存在,“乃是一种暂时的、任意的、不可靠的,也即正就是虚无的实存”②。因此,生活在尘世的臣民作为上帝的子民遭受着原罪的苦难,也等待着上帝的救赎。在一定意义上,宗教神学叙事中的人类历史即是上帝子民的受难史。虽然宗教神学内部的改革促使天国与尘世之间的距离不再遥远,但是改革形成的信仰普遍化结果,实际上打造了一副全新的、更为坚固的精神枷锁,牢牢套在广大劳动人民头上,“上帝创世”越发成为普遍的“真理”。

马克思从“现实的人”的立场出发,借鉴费尔巴哈“宗教之真正的、即

① [德]路德维希·费尔巴哈:《费尔巴哈哲学著作选集》下卷,荣震华等译,商务印书馆1984年版,第60页。

② [德]路德维希·费尔巴哈:《费尔巴哈哲学著作选集》下卷,荣震华等译,商务印书馆1984年版,第132页。

人本学的本质"的观点的合理之处，揭示了神学历史观"神圣光环"的虚幻性。马克思认为，以上帝为中心的天国生活并非真实存在，而只是对人的现实生活的一种虚幻反映。"人创造了宗教，而不是宗教创造人。"①相应地，作为主体的人所栖居的现实世界是由人自身所创造的，而非宗教神学的产物。就宗教的存废问题，也不是由所谓上帝作决断，而是由现实世界中的人作决断。其实，宗教和其他意识形态一样，并没有任何的神秘性和神圣性可言，其在本质上作为主体的人在现实世界中未竟的"自我意识"或"自我感觉"的虚幻反映。所以，天国生活所呈现的是人的现实世界的颠倒状态，是人类社会存在与人类历史发展的一种幻境。马克思指出，现实世界以及"现实的人"并没有任何脱离于现实性之外的假象，国家、社会以及人的存在状态即是实存的国家、实存的社会和实存的人，均表征着真正的现实性。

当然，需要注意的是，马克思在批判神学历史观时所强调的现实性，并非如费尔巴哈所主张的那样，从感性直观的现实性出发，引导人们投入"爱"的虚幻怀抱。马克思所希望的是，让那些被宗教神学所奴役的广大劳动人民真正觉悟到，宗教神学用上帝"专擅之威力"所叙述的人类受难史，只是统治阶级用来麻痹被统治者的"精神鸦片"。作为现实世界的真正主宰，广大劳动人民应该对宗教神学及其历史观进行彻底批判，不断挣脱精神的锁链，"撕碎锁链上那些虚幻的花朵"，"采摘新鲜的花朵"。②也就是说，马克思所关注的现实性，是对广大劳动人民"建立自己的现实"的积极期待，是希望广大劳动人民能够脱离水深火热的苦难，并通过自身的劳动实践获得"现实幸福"。

另一方面，马克思批判了英雄历史观的非现实性。在近代民族国家

① 《马克思恩格斯文集》第1卷，人民出版社2009年版，第3页。
② 《马克思恩格斯文集》第1卷，人民出版社2009年版，第4页。

中，统治阶级为了维护自身统治的合法性和权威性，总是刻意夸大本阶级在人类历史发展中的作用。在这些民族国家的历史叙事中，作为统治阶级权威象征的君王往往化身为创世的英雄并遵照神明的旨意来统御现实世界，而生活在现实世界中的广大劳动人民仅仅是听命于君王的普通臣民。因而，在英雄历史观的理解中，人类社会存在与人类历史发展的根本动力来自于少数的绝对力量，即少数的英雄人物作为强大的主体力量创造着现实世界。显然，英雄历史观的叙事逻辑原发性地存在“少数”与“多数”的对立问题。鲍威尔及其门徒在阐释其历史观时，更是直接将这种对立看作是动力，认为以往的人类历史发展即是具有精神象征的英雄与粗糙的、物质的群众之间的对立性斗争。他们进一步将具有全面的自我意识和批判思维的哲学家视作“精神、批判”的积极动因，认为这些哲学家在统治者书写历史、创造历史的过程中发挥了关键性作用。一切历史行动都是由“精神、批判”的积极因素产生的，“改造社会的事业被归结为批判的批判的大脑活动”①。而广大劳动人民则被看作是历史行动的消极因素，只是“精神、批判”支配下的“空虚”“懒惰”“肤浅”“自满”的虚拟化人格。

马克思对鲍威尔及其门徒所宣扬的英雄历史观持强烈的反对态度，并拆穿了“精神、批判”的积极动因创造人类历史的谎言。马克思指出，鲍威尔及其门徒的论调并没有跳出黑格尔“历史的绝对精神”的范围，他们“对群众的征讨”的英雄历史观不过是黑格尔历史哲学的“漫画式的完成”。如前所述，在黑格尔的历史哲学中，绝对精神是人类社会存在与人类历史发展的根本动力，而由广大劳动人民构成的现实的人及其实践活动，却是人类社会存在与人类历史发展的填充材料。同时，在黑格尔的历史哲学中，为了凸显绝对精神至高无上的地位，现实范畴也经常被提及、

① 《马克思恩格斯文集》第1卷，人民出版社2009年版，第293页。

被运用。这使黑格尔在描绘"抽象精神的历史"的过程中,一定程度地观照了人类历史的本真向度。在鲍威尔及其门徒那里,除了将现实范畴彻底地弃置一边,其他基本因循黑格尔历史哲学的叙事逻辑。换言之,鲍威尔及其门徒只不过是沿着黑格尔的老路走向了唯心主义历史观的深渊,并以新范畴和新形式"制造一大堆陈腐的废物"①。

马克思指出,人类社会存在与人类历史发展的真正源泉,是由广大劳动人民构成的"现实的人"及其实践活动。广大劳动人民并非像鲍威尔及其门徒所描述的那样,仅仅是为了彰显绝对精神而被动地存在着,即作为"精神的空虚"或一种无机的人格化存在,他们才是人类社会存在与人类历史发展真正的积极动因。广大劳动人民以鲜活的劳动实践描绘着社会生活的真实画卷,并通过主体的实践力量推动着人类社会进步、创造着新的人类历史。

三、"现实的规定"的历史性

通过不断批判传统历史观所具有的非现实性弊端,马克思逐步"站在现实历史的基础上",对以"现实的人"为中心的现实世界进行深入考察。在此过程中,马克思渐渐明确了"现实的规定"的内在意蕴,并从"现实的规定"的历史性底色中厘清了"现实的人"的主体作用机理。

早在《莱茵报》时期,马克思在对普鲁士社会政治问题发表评论时,便初步意识到具有客观实在性的现实范畴。面对缺乏言论自由的普通民众、捡拾枯枝且"政治上和社会上一无所有的贫苦群众"以及深陷"骇人听闻的贫困"处境中的摩泽尔地区葡萄种植者,马克思均是具体地、联系地看待这些民众的遭遇,并以客观事实为依据,为这些民众伸张正义、争取利益。也就是说,这一时期马克思实际上都是直面社会政治领域现实

---

① 《马克思恩格斯文集》第1卷,人民出版社2009年版,第295页。

的世俗问题，并且，他已经开始关注到现实的世俗问题背后更为复杂的关系问题。马克思说道：“人们在研究国家状况时很容易走入歧途，即忽视各种关系的客观本性，而用当事人的意志来解释一切。”①诚然，此时关于“各种关系的客观本性”的表述仅是意向性地存在于马克思评论话语的边缘地带，但这种对于社会政治问题评论的客观性萌芽，无疑为马克思更好地理解普鲁士国家与社会提供了一种可行的方向，也引导马克思逐渐觉悟到黑格尔理性国家观的伪善立场并不断尝试跃出黑格尔理性国家观的图圄。

在《黑格尔法哲学批判》中，马克思开启了对“现实的规定”内在意蕴的批判性思考。在黑格尔的理性国家观中，现实范畴具有哲学意义上的筑基作用。但是，现实如何才能发挥作用，在黑格尔看来，并不是由实在性的此岸世界所决定，而是由精神性的彼岸世界所决定。在《法哲学原理》导论部分，黑格尔强调了理念、意识等抽象精神的概念指称对现实范畴的设定。他认为，一切不是被概念本身所设定的现实性，均是暂时的定在，是“外在的偶然性”，而“唯有概念（不是平常听到的那种称作概念的东西、但只是一种抽象的理智规定）才是具有现实性的东西”②。可以说，《法哲学原理》充分体现了黑格尔哲学叙事的抽象色彩。特别是在被马克思所批判的“国内法”部分，黑格尔关注的是事物本身所固有的内在规定性，而不是事物本身。他认为，“现实的观念”是第一性的，而“现实的关系”则是派生的，是属于反映观念内在活动的一种表征。家庭、市民社会和国家都是呈现“现实的观念”的有限领域。“精神具有现实性，现实性的偶性是众个体。”③国家机体作为一种偶性的实体，也是取决于“现实的观念”。黑格尔指出，虽然国家机体内部存在差异性结构，但这些差异

① 《马克思恩格斯全集》第1卷，人民出版社1995年版，第363页。

② ［德］黑格尔：《法哲学原理》，邓安庆译，人民出版社2016年版，第18页。

③ ［德］黑格尔：《法哲学原理》，邓安庆译，人民出版社2016年版，第296页。

也仅仅是偶然的,“无精神的”,并不能影响“现实的观念”对国家机体的预设。或者说,无论国家机体内部如何变化,其仍是按照“现实的观念”来设定自身行动。所以,在关于国家机体的哲学解释方面,黑格尔高频使用“现实”字眼,但他所要表达的仍然是“立于世上的精神”,即脱离于客观实体本身的外在普遍性。

马克思认为,黑格尔运用“现实”范畴的目的是为了更好地进行逻辑思辨,并且,黑格尔笔下神秘化的现实情境其实已经脱离了客观实际,致使“具体的内容即现实的规定成了形式的东西,而完全抽象的形式规定则成了具体的内容”①。对于彼时马克思的批判倾向而言,“现实的规定”发挥着重要的指引作用。马克思这里所强调的“现实的规定”,并非面向“虚无之物”的幻象性现实,而是从社会政治领域发轫、以人的存在为基础的实体性现实。在他看来,黑格尔把逻辑主义强加在现实范畴之上的做法,并不能为国家机体的哲学解释带来规范化意义,反而凸显了实在的国家机体与“逻辑圣宫”中的国家机体的巨大落差。从“现实的规定”出发,马克思提出,国家机体应当是具有本真意义的现实的主体,而非抽象观念的发展,其实应该正好相反,即抽象观念应当是从“现实的规定”中产生。所以,国家机体不应该理想化地存在于“逻辑圣宫”中,而应该从真正活动着的、体现为差别化的“现实的规定”中产生,应该体现为作为主体人的最高社会现实。

之后,马克思在进一步认识“此岸世界的真理”的过程中,仍然是沿着“现实的规定”的逻辑指向,将人在其现实的、人的存在中的活动看作“观念的现实真理性”的真正尺度。同时,马克思也不断认识到,现实世界发展的普遍规律不是对“独立的哲学”的抽象概括,应当是“从对人类历史发展的考察中抽象出来的最一般的结果的概括”,“这些抽象本身离

---

① 《马克思恩格斯全集》第3卷,人民出版社2002年版,第22页。

开了现实的历史就没有任何价值"。[①] 由此,"现实的规定"的逻辑指向在基于"每个个人和每一代所遇到的现成的东西"的历史观中越来越具有重要地位,也即马克思对"现实的规定"的理解逐渐接近了唯物史观的理论水平。

在《巴黎手稿》中,马克思关注到现实的人的劳动实践活动,以及其中蕴含的自觉性、自主性、能动性等表征主体创造本质的属性。马克思认为,就像一切自然物有自己的形成过程一样,现实的人也有自己的形成过程即人类历史。人类历史发展是由作为主体的人的劳动实践活动所推动,人类历史记忆也是由作为主体的人的意识活动所反映。关于人类历史的认识论探讨,并不是像黑格尔那样"为历史的运动找到抽象的、逻辑的、思辨的表达",而是要不断回到"作为既定的主体的人的现实历史"之中。[②] 虽然彼时马克思没有以"历史主体"等字眼突出现实的人在人类历史叙事中的主体角色,但马克思在剖析劳动实践活动的本质属性时,已然将"现实的人"当作主体来看待。在《神圣家族》中,马克思从劳动实践活动中梳理出丰富的"现实的人"的交互关系,并以这种"人的全部活动和全部状况"为基础考察了人类历史发展的基本逻辑。马克思论述道:"并不是'历史'把人当做手段来达到自己——仿佛历史是一个独具魅力的人——的目的。历史不过是追求着自己目的的人的活动而已。"[③]也就是说,人类历史发展归根结底是现实的人的历史性发展,是现实的人的主体创造使然。到写作《德意志意识形态》时,马克思明确指出,从事物质性生产实践的人也即广大劳动人民是推动人类历史发展的主体力量。他强调,人类历史发展进程不是冰冷的、僵死的历史材料的堆积,更不是虚幻的、想象的自我意识活动,而是广大劳动人民能动的、现实的生活过程的

---

① 《马克思恩格斯文集》第1卷,人民出版社2009年版,第526页。

② 参见《马克思恩格斯文集》第1卷,人民出版社2009年版,第201页。

③ 《马克思恩格斯文集》第1卷,人民出版社2009年版,第295页。

演进。任何关于人类历史的认识论探讨，必须以“现实基础”即由现实的人的劳动实践活动形成的基本历史事实为支撑，从“现实基础”的形成逻辑中确证现实的人的主体作用。所以，从“现实的规定”出发，马克思一步步地阐明了“现实的人”在人类历史发展中的主体作用。

在后来丰富和发展唯物史观的过程中，马克思还是从“现实的规定”出发，在深刻批判资本主义社会资本异化现实的同时，巩固了现实的人创造人类历史的科学观点。人类历史指的是现实的人的历史，“历史的每一阶段都遇到一定的物质结果，一定的生产力总和，人对自然以及个人之间历史地形成的关系”①。在《资本论》中，马克思深入到由经济范畴构成的、对“现实的描述”的理论体系内部，厘清了“物与物”的关系迷雾之下“人与人的关系”，从而在资本运动的现实逻辑中揭开了“现实的历史”的存在根基。② 马克思指出，资本在生产过程中体现着生产工具的作用，是“现实的人”的劳动的一种对象化或客体化表现。从唯物史观视域看，资本主义社会的形成与发展也是如此，其应当全面体现广大劳动人民在社会化生产过程中的主体作用。马克思说道：“直接的生产过程本身在这里只是作为要素出现。生产过程的条件和对象化本身也同样是它的要素，而作为它的主体出现的只是个人，不过是处于相互关系中的个人，他们既再生产这种相互关系，又新生产这种相互关系。这是他们本身不停顿的运动过程，他们在这个过程中更新他们所创造的财富世界，同样地也更新他们自身。”③所以，作为人类历史发展缩影的社会化生产到处体现着，广大劳动人民是实然的主体，其他要素均是实然的客体。广大劳动人民创造着社会物质财富与精神财富，不断地书写着崭新的人类历史。

---

① 《马克思恩格斯文集》第 1 卷，人民出版社 2009 年版，第 544—545 页。

② 参见孙正聿：《“现实的历史”：〈资本论〉的存在论》，《中国社会科学》2010 年第 2 期。

③ 《马克思恩格斯文集》第 8 卷，人民出版社 2009 年版，第 204 页。

在进一步升华了“现实的规定”的唯物史观意蕴之后，马克思并没有停止理论探索的脚步，而是将“现实的规定”的逻辑指向融入复归人的主体本质的价值追求中，继续展望由“现实的人”创造的未来社会。在自然力处于支配地位的人类社会中，劳动工具、所有制关系和劳动分工都普遍落后，人们受自然界的支配，人的主体性十分有限，“各个人通过某种联系——家庭、部落或者甚至是土地本身，等等——结合在一起”①。当自然力逐渐被人类所掌控且在人类的劳动创造下形成更加强大的物化力量时，劳动工具、所有制关系和劳动分工虽然具有一定的先进性，但实质上是巩固资本统治的关键手段。在此情形下，人们“受劳动产品的支配”，各个人“仅仅通过交换集合在一起”，人的主体性被“物的形式”所遮蔽。② 马克思深知，不论是过去的还是当下，人的主体性，特别是占社会绝大多数的劳动人民的主体性始终处于被抑制、被消解的状态。马克思指出，当社会生产力水平高度发达、社会物质财富与精神财富充分涌流、共产主义制度得以确立时，劳动将不再是强加于人的行动枷锁，不再是“资本的统治”的象征，而是真正成为彰显人的主体本质的需要，“积累起来的劳动”也将真正体现人的主体力量，形成人的自由全面发展的坚实基础和条件保障。唯有在这种社会状态中，人们才能获得全面自由的发展，成为真正实现“自由个性”的人，同时，在互为主体的社会交往中以“联合起来”的共同体不断开创“自由个性”的新境界。

第三节　坚持过程论与目的论相统一

马克思对“现实的人”加强理论观照的过程，其实也是围绕现实的人

① 《马克思恩格斯文集》第1卷，人民出版社2009年版，第555页。

② 参见《马克思恩格斯文集》第1卷，人民出版社2009年版，第555—556页。

进行理论建构的过程。在此过程中,马克思对于“现实的人”生存与发展状况的关注与关心是一以贯之的,对于保障“现实的人”的主体地位、复归“现实的人”的主体本质的理论追求也是持之以恒的,但是,对于“现实的人”的叙事图谱的系统擘画并非一蹴而就的,而是循序渐进、不断进阶的。这表明马克思关于“现实的人”的理论叙事,既因循认识的过程逻辑,又指向认识的最高旨趣,在理论与实践的双向互动中坚持过程论与目的论的辩证统一。

一、“人的实践力量”的认识论规范

如前所述,马克思在唯物史观的基本原理中明确指出,特定的时代条件下从事劳动实践活动的现实的人是认识世界、改造世界的真正主体。又由于“现实的人”具有主观能动性,所以,“现实的人”认识世界、改造世界的实践过程是能动的、积极的过程。如果脱离“现实的人”这一主体而谈论任何与认识世界、改造世界有关的行动,那仅仅是在为不断建造虚幻的空中楼阁而努力。同样,对于“现实的人”进行理论思考与理论建构,也必须紧紧贴合“现实的人”的“实践活动和实际发展过程”①。即正确认识现实的人的理论意蕴,需要以经验观察的方式来切近现实状态的人,而不能在精神国度里想象、捏造抽象状态的人。马克思强调:“理论的对立本身的解决,只有通过实践方式,只有借助于人的实践力量,才是可能的”②。也正是着眼于“人的实践力量”,从对“人的实践力量”的经验观察切入,马克思在铺展“现实的人”的理论叙事时,充分发挥了自身的“实践力量”,对“现实的人”进行了合规律与合目的的理论探索,并将这一理论探索呈现为自身的一种主观能动性认识。具体来看,马克思从“现实

---

① 《马克思恩格斯文集》第1卷,人民出版社2009年版,第526页。

② 《马克思恩格斯文集》第1卷,人民出版社2009年版,第192页。

的人”的主体性缺位问题以及围绕这一问题产生的外围联系开始发问，在反复厘定与逐步深入的问题探究过程中，不断地思考造成“现实的人”的主体性缺位现象的复杂动因和恢复现实的人的主体地位的基本路向，并尝试在批判既有的关于人的认识论误区的同时，准确把握现实的人的存在规律，全面揭示“现实的人”的主体本质。

然而，在马克思之前的哲学家那里，关于认识论的规范问题基本脱离于实践范畴。古希腊时期，哲学先贤们对认识论问题的思考较为表象，尚未对“思维和存在之间何以统一”给予特别关注。从巴门尼德、苏格拉底、柏拉图到亚里士多德，多是将思想之物直接等同于感性直观之物，朴素地认为思维和存在是天然统一的。黑格尔指出：“沉没于自然之中的精神，与自然共处在实质的合一里面，当它是意识的时候，则它主要是直观——是一般的没有尺度的东西”①。中世纪时期，哲学家波埃修在《波菲利〈引论〉注释》中介绍了“共相”与“个别”的关系问题，由此引起哲学界关于认识论问题的唯名论和唯实论之争。唯名论强调客观世界不存在普遍性概念，只有一个个可感知的个别事物；唯实论则强调共相概念独立存在于一切事物之前，个别事物不真实，越是一般越真实，上帝是最高的一般，所以上帝最真实。持续近千年的争论在近代西方演化为经验论和唯理论的争鸣。经验论者提出，人的真理性认识是从感性的对象出发，通过无间断的归纳上升为普遍原理，所以，经验是人的一切认识的来源，是检验真理性认识的尺度；唯理论者认为，真理性认识是从先验的“自明之理”出发，通过严密的演绎推理得出的，所以，理性逻辑或理性演绎是人的一切认识的来源，是检验真理性认识的尺度。德国古典哲学吸取了近代哲学关于认识论问题探讨的独断式教训，力图弥合思维

① [德]黑格尔：《哲学史讲演录》第一卷，贺麟等译，上海人民出版社2013年版，第160页。

和存在之间的认知界限。但不论是康德提出的“先验统觉”还是黑格尔引入的“概念辩证法”，本质上仍是以抽象的思维活动作为认识论的基本规范。

相应的，在马克思之前的哲学家那里，从认识论视域下对人的问题作合规律与合目的的探索，也基本疏离了“人的实践力量”，变成了“想象的主体的想象活动”①。在黑暗的中世纪，宗教神学具有绝对的权威性。虽然在灵魂的控制下人可以以“主动的理智”认识各种对象、获得各种感觉，但在神灵面前人的认识存在天然缺陷。阿奎那指出，“除非得到较高神灵的帮助和启发，人就永远不能全面了解有关人类的一切事情”②。在宗教神学的认识论体系中，人的智慧和感觉是“天意”的安排，是“天意”给予人的禀赋，所以，人的认识从属于神的秩序。到近代民族国家兴起的阶段，血缘、宗族、等级等政治要素不断挑战神学至高无上的地位，且这些政治要素开始作为法定的阶层划分依据。由此，处于现实世界中的绝大多数劳动人民，被迫依附于领主、贵族、国王等少数权贵而存在。在这些少数掌权者看来，从事劳动实践的人“是忘恩负义、容易变心的，是伪装者、冒牌货，是逃避危难，追逐利益的”③。他们应当在有才智、有能力的统治者的统治下开展劳动实践、过好现实生活。在关于人的认识论问题上，少数掌权者的声音也始终处于上风，而广大劳动人民的声音总是处于下风。

随着资本主义在私有化的世俗生活中开始不断萌发，从现实世界的自然性起源来认识人的问题，进而观察人与人、人与社会、人与国家的关系问题逐渐成为认识论发展的一种新趋势。霍布斯认为，人的本性是人的各种自然能力的总和。为了摆脱自然状态下的危险处境，从而“保全

① 《马克思恩格斯文集》第1卷，人民出版社2009年版，第526页。

② ［意］阿奎那：《阿奎那政治著作选》，马清槐译，商务印书馆2009年版，第99页。

③ ［意］尼科洛·马基雅维利：《君主论》，潘汉典译，商务印书馆1985年版，第80页。

自己并由此得到比在自然状态下更为满意的生活”①，人类需要从自身区别于动物的自然本性中寻找出路。然而，这种看似从自然规律中认识人的逻辑，却始终没有挣脱“自然律”“理性”“共同人格”等唯心主义的知识领地。因而，处在世俗生活中的广大劳动人民总是以所谓集体意志或公共人格的抽象形象出现在这种认识论的知识体系中，成为哲学家们论证资产阶级民主、自由、平等、正义等理性观念合法性的对象化工具。换言之，在资本主义上升发展的时期，关于人的认识论探讨并非真正以人为主体，而是以资产阶级为主体，迎合着资产阶级发展的规律与资产阶级谋求统治地位的目的。所以，启蒙运动所彰显的人的价值，实然是被美化为“理性人”“道德人”的资产阶级的专属；政治解放所追求的人的自由，实然是掌握社会绝大多数财富的有产者的诉求；社会化生产所创造的物质财富与精神财富，实然是体现资本增殖与资本异化的结果。

马克思对既有的关于人的认识论见解，难以准确把握合规律与合目的的逻辑主体的问题，发表了批判性的看法。在《〈黑格尔法哲学批判〉导言》中，马克思批判了宗教神学的认识论体系为天国的神祇辩护的荒谬性。正如前文讲到的，马克思认为，在构建宗教神学的认识论体系时，人始终是主体，是宗教神学的创造者。“一个人，如果曾在天国的幻想现实性中寻找超人，而找到的只是他自身的反映，他就再也不想在他正在寻找和应当寻找自己的真正现实性的地方，只去寻找他自身的假象，只去寻找非人了。”②也就是说，宗教神学的认识论体系实际上来源于人的现实世界，体现的是关于人的认识论问题，只不过是幻象地反映着人的现实存在与发展规律，间接地表征着人追求现实幸福的目的。所以，撕下宗教神学的神秘面纱后，现实的人的“苦难尘世”显露无遗。马克思指出，宗教

① 参见［英］托马斯·霍布斯：《利维坦》，吴克峰译，北京出版社 2008 年版，第 81—82 页。

② 《马克思恩格斯文集》第 1 卷，人民出版社 2009 年版，第 3 页。

神学到处呈现着劳动人民对“现实的苦难的抗议”，充斥着“被压迫生灵的叹息”，表达着“无情世界的情感”。① 即便是在“时代错乱”的德国社会，关于人的认识论问题仍然具有浓厚的宗教神学色彩，没有围绕“真正的现实性”展开。不论是在德国社会阶层划分的问题上，还是德国制度维护的问题上，广大劳动人民始终处于被支配、被统治、被占有的状态，并且这些状态被视为是上天的恩准。

为了激发广大劳动人民敢于斗争的勇气，同时，也是为了唤醒广大劳动人民“人的根本就是人本身”的觉悟，马克思尝试从“批判的武器”的过程逻辑与“武器的批判”的目的逻辑相统一的认识理路出发，重新审视关于人的认识论问题。他强调，当人们对天国的神祇不再抱有任何不切实际的幻想时，也意味着人们要抛弃那些令人痴醉的神秘幻境，要以理论的“实践能力”提高关于人的认识论水平，从而“达到人的高度的革命”，彻底推翻使人成为被侮辱、被奴役、被遗弃和被蔑视的东西的一切关系。“于是，对天国的批判变成对尘世的批判，对宗教的批判变成对法的批判，对神学的批判变成对政治的批判。”②据此，马克思开启了从宗教神学、政治国家到市民社会的批判之路。这一批判进路也成为体现马克思坚持以过程论与目的论相统一的逻辑，思考关于人的认识论问题的重要例证。

二、“抓住事物的根本”的批判演进

马克思说道：“批判的武器当然不能代替武器的批判，物质力量只能用物质力量来摧毁；但是理论一经掌握群众，也会变成物质力量。理论只要说服人[ad hominem]，就能掌握群众；而理论只要彻底，就能说服人

① 参见《马克思恩格斯文集》第1卷，人民出版社2009年版，第4页。

② 《马克思恩格斯文集》第1卷，人民出版社2009年版，第4页。

[ad hominem]。所谓彻底,就是抓住事物的根本。”①为了把握好理论批判的彻底性要求,马克思紧紧抓住“人是人的最高本质”这一根本性原则,层层递进地展开“有原则高度”的理论批判。

首先,宗教神学批判是切近“现实的人”的理论前奏。对于宗教神学存在的真实作用,马克思指出:“宗教是人民的鸦片。”在现实世界中,宗教神学总是以各种虚幻的神圣形象令人心驰神往,也总是以各种伪善的天国谎言麻痹人的精神世界。其实际上充当着统治阶级压榨广大劳动人民的“帮凶”角色,是统治阶级用以禁锢广大劳动人民精神世界的枷锁。为了达到保障现实的人的主体地位、复归现实的人的主体本质的批判旨趣,必须先对已经广泛渗入广大劳动人民生活日常与精神世界的宗教神学进行批判。何以驱散宗教神学的精神迷雾,让遭受“现实的苦难”的广大劳动人民从彼岸世界“幻觉的处境”中挣脱出来?马克思尝试将批判的视线转移到宗教神学得以产生的尘世生活中。他认为,批判宗教神学要从此岸世界即宗教神学产生的现实基础来切入,而不能局限在宗教神学领域而谈宗教神学问题,否则,这种批判仍旧难以摆脱宗教神学的知识体系,难以体现理论批判的彻底性。

在《论犹太人问题》中,马克思进一步指出,彻底地与宗教神学进行斗争,实质上是与将宗教神学作为“精神抚慰”工具的资产阶级统治作斗争。“一旦国家不再从神学的角度对待宗教,一旦国家是作为国家即从政治的角度来对待宗教,对这种关系的批判就不再是对神学的批判了。”②所以,从“世俗问题”的角度来看,上帝并非彼岸世界永恒不变的自在之物,天国的生活也并非远离尘世的理想之境。这些象征宗教精神与信仰关系的“掩盖物”,无非是“人的精神某一发展阶段的非世俗形

① 《马克思恩格斯文集》第1卷,人民出版社2009年版,第11页。

② 《马克思恩格斯文集》第1卷,人民出版社2009年版,第26页。

式”,反映着“人的发展阶段的理想形式”。① 马克思强调,只有当人的精神发展到具备了世俗形式的阶段,宗教神学出场的应然意义才能真正实现。届时广大劳动人民将得以从“任意和幻想”的精神禁锢中挣脱出来,“人的世界”“人的本质”回归“现实的人”的主体范畴也将具备必要的理论前提。

其次,政治国家批判是认识“现实的人”的重要线索。供职《莱茵报》期间,马克思在对普鲁士社会政治问题发表评论时,便开始对政治国家议题表现出极大的兴趣,也尝试从理论批判的视角反思普鲁士国家制度及其运行状况的合理性。在此过程中,马克思逐渐把“批判的武器”从彼岸世界拽回到此岸世界。由此,对政治国家的批判以及对法哲学关系的批判,成为当时马克思理论批判的重点任务。在他看来,进行批判时需要把握好政治国家在场的应然状态与实然状态之间的差别,但这种差别并非逻辑形式的差别,而是“现实的差别”,指向形成于此岸世界、发展于此岸世界的实体性现实。从这种“现实的差别”出发,马克思尝试从整体上认识国家机体的形成基础与内在构成,反对像黑格尔那样将国家机体刻画为一种带着哲学光环的逻辑体系。也是借助“现实的差别”所反映的现实性指向,马克思从政治国家的伪善立场中看到了“现实的人”主体性缺位的事实。

然而,以鲍威尔为首的部分青年黑格尔派成员却为政治国家主导的政治变革谱写“赞歌”。鲍威尔认为,政治解放即是人的解放,政治国家推进政治革命的过程便是在践行复归人的主体性的政治使命。对此,马克思表达了不同的看法。政治解放确实展现了政治国家从宗教神学的束缚中不断挣脱的过程,也确实在近代历史的发展变革中发挥过积极作用,为国家机体的制度变革奠定了政治基础。然而,政治解放与人的解放是

① 参见《马克思恩格斯文集》第1卷,人民出版社2009年版,第36页。

不同的概念，二者之间的内涵与意义不可直接划等号，“因为政治解放不是彻头彻尾、没有矛盾的人的解放方式”①。马克思认为，如果人们将主体解放的全部希望悬系在脱胎于政治革命的政治国家身上，那么，这种希望将会落空。政治解放实际上对现实的人的存在与发展产生了二元化的影响，即人们过着政治共同体的生活与市民社会的生活。在政治共同体中，人将自身视作“社会存在物”，在市民社会中，“人作为私人进行活动，把他人看做工具，把自己也降为工具，并成为异己力量的玩物”②。所以，在完成了政治解放或正在经历政治解放的国家，政治权力的专擅逻辑与“一切人反对一切人”的利己逻辑堂而皇之地遮蔽着广大劳动人民的主体性，人的解放的愿景实则是一种不切实际的幻想。

再次，市民社会批判是分析“现实的人”的关键步骤。在进一步认识政治国家与市民社会之间的关系问题时，与黑格尔“自上而下”的方式不同，马克思采取了“自下而上”的方式，认为未竟的政治批判应该从政治国家产生的世俗基础去追问。也就是说，克服政治解放的限度，需要重新承认市民社会，回到市民社会中去理解。马克思指出：“人在其最直接的现实中，在市民社会中，是尘世存在物。”③面向资本主义上升发展的社会现实，广大劳动人民主体地位无法得到保障的问题牵动着马克思的神经。从根本上看，解开这一问题必须深入市民社会领域中去。接着，马克思从现实的人的劳动实践活动出发，考察了人类社会现实的物质生产过程以及同这种物质生产方式相伴生的交往形式，分析了“生产力与生产关系”“经济基础与上层建筑”两对基本矛盾的运动关系，阐明了现实的人的主体本质与主体地位的应然状态。

同时，马克思逐渐认识到，在资本主义社会中，现实的人的主体性缺

---

① 《马克思恩格斯文集》第1卷，人民出版社2009年版，第28页。

② 《马克思恩格斯文集》第1卷，人民出版社2009年版，第30页。

③ 《马克思恩格斯文集》第1卷，人民出版社2009年版，第31页。

位问题已经不单反映在政治制度方面，而且显现在形形色色的异化形式中。其中，异化的资本对于广大劳动人民的剥削与压迫是最直接、最核心的形式。在《资本论》中，马克思披露了曾任曼彻斯特商会会长的埃德蒙·波特尔发表在《泰晤士报》上的、被誉为“工厂主宣言”的一封信。波特尔在这封信中多次提到，在资本家和工厂主看来，工厂里的机器与提供劳动力的工人都是“机器”，二者的区别仅在于“一类是死机器，另一类是活机器”，“工厂工人是工厂的活动的附属物”。[①] 马克思明白，资本主义社会化大生产的表象之下掩藏着的是资本非正义的真实面目。当异化关系展现出强大的威力时，资本作为主体而不是现实的人作为主体的逻辑将主宰人类社会的发展趋势，社会化生产所需的一切要素，包括人在内，都将成为资本主体化的条件，充当资本生产与增殖的工具。

也就是说，在资本主导一切的资本主义社会化生产过程中，“现实的人”的主体地位与主体价值将被异化的力量所遮蔽，现实的人本身也将沦为强化资本主体逻辑的一种手段。“它不断迫使工人为了生活而出卖自己的劳动力，同时不断使资本家能够为了发财致富而购买劳动力。”[②] 广大劳动人民将与依赖资本而存在的生产资料、劳动对象一道，共同推动资本主义社会生产力的发展，不断创造物化的世界。马克思认为，唯有深刻批判并全面超越资本主体的异化逻辑，与资本主义的私有化关系及其意识形态决裂，才能为保障现实的人的主体地位、复归现实的人的主体本质，提供坚实的物质基础与社会文化基础。而这一光荣且艰巨的历史重任，将托付于代表广大劳动人民根本利益的无产阶级来完成。随着资本主义社会化生产的不断发展，“资产阶级无意中造成而又无力抵抗的工业进步，使工人通过结社而达到的革命联合代替了他们由于竞争而造成

① 《马克思恩格斯文集》第5卷，人民出版社2009年版，第664—665页。

② 《马克思恩格斯文集》第5卷，人民出版社2009年版，第666页。

的分散状态”,“资产阶级赖以生产和占有产品的基础本身也就从它的脚下被挖掉了”。① 无产阶级虽然遭受普遍苦难,却是具有彻底革命性的阶级,将运用自身这一资产阶级锻造的武器摧毁保护私有财产的一切社会关系。

三、“证明自己思维的真理性”的视野拓展与范式优化

马克思关于“现实的人”的动态认识过程,反映出其思想体系呈现不断发展完善的趋势。他说道:“人应该在实践中证明自己思维的真理性,即自己思维的现实性和力量,自己思维的此岸性。”②如前所述,正是基于对“人的实践力量”的深刻理解与身体力行,马克思的理论批判从彼岸世界走向此岸世界、从国家生活领域走向市民社会领域、从物化的世界走向人的世界。而这种发展趋势的形成也离不开马克思理论视野以及思维方法的变化。可以说,马克思坚持过程论与目的论相统一的认知逻辑,也体现在理论视野和思维方法方面。

马克思早年主要生活在德国和法国,其眼界也基本聚焦于欧洲社会,更确切地说是西欧社会。因此,他关于现实的人的理论认识也主要是通过探究周围发生的历史与现实来获得。在《黑格尔法哲学批判》中,马克思参考了近代欧洲思想家,包括马基雅维利、孟德斯鸠、卢梭等人的政治思想,对英国、法国、瑞典等欧洲国家的近代历史摘录大量笔记,并制作了历史年表。在创作《巴黎手稿》时,马克思亦是如此。他不仅批判性地阅读了布阿吉尔贝尔、魁奈、穆勒等近代欧洲经济学家的重要作品,而且强调理论批判的现实视角,反对“置身于虚构的原始状态”,而要立足于“具有历史形式的事实”,“从当前的国民经济的事实出发”③。在《德意志意

① 《马克思恩格斯文集》第2卷,人民出版社2009年版,第43页。
② 《马克思恩格斯文集》第1卷,人民出版社2009年版,第500页。
③ 《马克思恩格斯文集》第1卷,人民出版社2009年版,第156页。

识形态》中，马克思也基本是根据自己手中掌握的欧洲历史资料来揭示人类社会存在与人类历史发展的奥秘。此外，马克思在为德国工人协会所作的演讲中以及为共产主义者同盟起草的革命纲领中，都鲜明地体现了思考现实的人的欧洲视野。

在逐步深入地分析“现实的人”的过程中，马克思开始关注印度、中国等欧洲以外的亚洲国家和地区。在马克思主义诞生之后，马克思对“现实的人”的理论认识不断加深。与此同时，在欧洲以外的亚洲地区，包括中国在内的多个国家相继爆发了一系列反侵略、反封建的革命运动，如中国的太平天国运动、印度的民族大起义等，引发欧洲媒体的关注与报道。在此背景下，马克思也开始关注“东方社会”的历史与现实，自觉将理论视野由欧洲拓展到亚洲，通过关联亚欧来进一步思考“现实的人”的相关问题。具体来看，在将目光投向亚洲地区之初，马克思通过官方的一些文件和世面上出版的游记重点研究了“亚细亚公社所有制”最具典型性的印度地区。马克思说道：“仔细研究一下亚细亚的、尤其是印度的公有制形式，就会证明，从原始的公有制的不同形式中，怎样产生出它的解体的各种形式。”①随后，马克思将这种理论探索的亚洲视野与欧洲视野进行融合，分析了亚细亚生产方式的世界意义以及人的劳动的社会意义。

在此过程中，马克思对人类社会存在与人类历史发展的演进形态进行了较为完整的概括。以“现实的人”的生存与发展为线索，马克思认为，人类社会存在与人类历史发展包括，以“人的依赖关系”为特征的最初阶段，以“物的依赖性为基础的人的独立性”为特征的第二阶段，以“个人全面发展和他们共同的、社会的生产能力成为从属于他们的社会财富这一基础上的自由个性”②为特征的第三阶段。以生产资料所有制的变

① 《马克思恩格斯文集》第5卷，人民出版社2009年版，第95页。

② 参见《马克思恩格斯文集》第8卷，人民出版社2009年版，第52页。

化为线索，马克思指出：“亚细亚的、古希腊罗马的、封建的和现代资产阶级的生产方式可以看做是经济的社会形态演进的几个时代。”①在这种视野的交融与拓展中，马克思察觉到，大体上看，欧洲社会的历史演进遵循着这种“社会形态”的发展规律，但欧洲以外的人类文明发展之路在遵循“社会形态”规律的同时，也展现出与欧洲社会不同的差异性与独特性。这无疑指引马克思更加接近人类社会存在与人类历史发展的真相，也启发马克思要深化对“现实的人”的认识，还需置身于更广阔的视野中。

到晚年时期，马克思更多从人类文明发展的高度对现实的人的认识进行完善。这一时期，俄国社会革命的呼声高涨，俄国革命派和知识界就俄国要走欧洲式的资本主义道路还是从实际出发探索社会主义道路，争论不休。为了澄明对“社会形态”理解的错误观点，也是为了更加深刻地认识人类社会存在与人类历史发展的客观趋势，马克思放眼全球，将理论视野拓展向更广泛的国家和地区。一方面，马克思阅读了大量史前人类社会的史料。例如，在阅读了摩尔根《古代社会》之后，马克思关注到全球范围内史前人类活动的光辉成就。“在东半球，这个时代是从驯养动物开始的，在西半球，则开始于村居印第安人的出现，他们居住在巨大的共同住宅中，用土坯筑成，而在某些地区则用石块筑成。”②此外，马克思在相关笔记中还提及南美洲、北美洲、非洲、大洋洲、远离亚洲的太平洋诸岛和极地地区的人类早期文明。另一方面，马克思还阅读了关于俄国、印度、锡兰等国家农村公社历史的新著作。在此过程中，马克思明确了理解“社会形态”规律的辩证立场。他认为，从整个人类文明发展的过程来看，资本主义发展的“历史必然性”指的是欧洲社会的发展趋势，而非所有国家和地区的发展趋势，不能成为简单套用的标准。在回复查苏

① 《马克思恩格斯文集》第2卷，人民出版社2009年版，第592页。

② 《马克思恩格斯全集》第45卷，人民出版社1985年版，第385页。

利奇的信件及草稿中，马克思也指出，像俄国之类的“东方社会”国家，可以跨越资本主义制度的卡夫丁峡谷，利用资本主义制度所创造的一切积极成果，将农村公社“变为优于其他还处在资本主义制度奴役下的国家的因素”①。

伴随理论视野的不断拓展，马克思分析现实的人的思维方法也逐渐优化。在对“现实的人”进行理论思考的初期阶段，哲学思辨是马克思较为常用的叙事方式。从一般意义上理解，哲学思辨侧重从哲学的概念、观点和知识体系切入问题，以富有哲理的思辨逻辑和较为抽象的话语体系为介质，以期达到阐明问题的内在实质和产生以理服人的效果。与一般意义上的哲学思辨不同，马克思强化了哲学思辨的批判色彩，倾向于通过批判地分析他人的思想主张来表明自己的观点。其进步性在于，能够帮助马克思在学习和反思他人思想的前提下，发现既有认识的不足之处，明确理论发展的生长点。例如，在克罗伊茨纳赫时期，马克思便是直接通过批判黑格尔理性国家观，萌发面向“现实的人”的理论基调，将“观念的主体”与“现实的主体”主宾颠倒，重新审视了家庭、市民社会与政治国家的内在关系。在后来的《德意志意识形态》等著作中对现实的人的认识发展，马克思也主要是针对在“纯粹的思想领域”发生的空前变革，运用哲学思辨的思维方法与阐释表达，对费尔巴哈的人本主义、黑格尔的理性主义和其他青年黑格尔派激进的民主主义，做出基于历史唯物主义的批判与匡正。然而，这种哲学思辨式的批判首先需要将他人的思想主张表述出来再进行考察和分析，因此，这一阶段马克思的论著中摘录或转述了大量黑格尔、费尔巴哈或其他青年黑格尔派成员论著中的观点。这也导致该阶段马克思关于现实的人的理论叙事，不可避免地存在借用他人观点或论断进行批判性表达的痕迹。

---

① 《马克思恩格斯文集》第3卷，人民出版社2009年版，第582页。

之后，在不断深化、不断完善对“现实的人”的理论思考的过程中，马克思越发注重历史考证的思维方法。所谓历史考证，即是强调以历史事实为基础，以较为客观的尺度来观察、记录、归纳和分析有关问题，力求准确揭示问题的成因、经过与结果。随着唯物史观的发展成熟，加之，研究视野的不断拓展，马克思运用历史考证的方式参阅大量文献资料，形成一系列研究笔记，丰富了研究叙事的史料基础。在《〈政治经济学批判〉导言》的开篇，马克思直截了当地揭示了“现实的人”在物质生产中的主体作用。他说道：“在社会中进行生产的个人，——因而，这些个人的一定社会性质的生产，当然是出发点。”①然而，对于这些个人的理解和阐释，马克思指出，在斯密、李嘉图等古典政治经济学家那里被当作出发点的是“单个的孤立的猎人和渔夫”，同样，在卢梭等启蒙思想家那里被当做出发点的也并非是指真正以社会现实为基础的独立的个人，而“只是大大小小的鲁滨逊一类故事所造成的美学上的假象”②。显然，彼时马克思反对在深入认识“现实的人”的过程中使用这种“缺乏想象力的虚构”的思维方法，反对将“现实的人”的理论叙事变成一种抽象的艺术性表达。那么，如何佐证“现实的人”是物质生产的真正主体？马克思提及文化史学家“回到被误解了的自然生活中去”的研究范式，也强调“往前追溯历史”的重要性。

同时，从马克思恩格斯关于历史主题的往来书信中，也可以直观地看到马克思对这种历史考证的思维方法的高度重视。1857 年 9 月，马克思在写给恩格斯的信中称赞了恩格斯创作的关于军队历史的文章，同时，从历史考证方面为该文章的进一步完善提出了几点建议。马克思说道：“为了我们个人的需要，我将查考一本最近才知道的、一个柏林人写的关

---

① 《马克思恩格斯文集》第 8 卷，人民出版社 2009 年版，第 5 页。

② 《马克思恩格斯文集》第 8 卷，人民出版社 2009 年版，第 5 页。

于迦太基军队的著作。”①1868 年 3 月，马克思在写给恩格斯的信中表达了自己对毛勒和弗腊斯的历史文献的阅读兴趣，并在信的最后提到，“必须认真研究全部近代和现代农业文献”②。

在马克思的晚年岁月里，历史考证的思维方法在其关于“现实的人”的理论完善中得到充分运用。正如前文提到的，马克思拥有更广阔的全球视野，广泛涉猎关于人类文明发展的历史文献资料。在阅读了柯瓦列夫斯基的《公社土地占有制，及其解体的原因、过程和结果》、摩尔根的《古代社会》、梅恩的《古代法制史讲演录》和拉伯克的《文明的起源和人的原始状态》等文化人类学著作之后，马克思对这些著作中的相关内容做了重点摘录和理解，形成《人类学笔记》③。此外，马克思依据施洛塞尔的《世界史》、博塔的《意大利人民史》、科贝特的《英国和爱尔兰的新教改革史》、休谟的《英国史》、马基雅弗利的《佛罗伦萨史》、卡拉姆津的《俄罗斯国家史》、赛居尔的《俄国和彼得大帝》以及格林的《英国人民史》等历史学著作，对众多国家和地区的历史发展做了详细摘录，写下生前最后一部史学手稿，即《历史学笔记》④。在这两部关于世界历史的笔记中，马克思不是简单地进行文献摘抄或内容复述，而是一边研读摘记，一边对上述著作中提及的历史现象、历史过程进行批判性的理解和评价。马克思反对从概念出发去主观地随意地剪裁历史，强调从具体的历史境况出发，

① 《马克思恩格斯文集》第 10 卷，人民出版社 2009 年版，第 136 页。

② 《马克思恩格斯文集》第 10 卷，人民出版社 2009 年版，第 286 页。

③ 马克思的《人类学笔记》由美国人类学家劳伦斯·克拉德编纂、整理、注释，于 1972 年在荷兰出版，书名为《卡尔·马克思的社会文化人类学笔记》。该书出版后引起广泛关注，很快有多种版本问世。目前，中文本可参见《马克思恩格斯全集》第 45 卷，人民出版社 1985 年版。

④ 马克思逝世以后，恩格斯在整理这部手稿时，为它加上了《编年摘录》的标题。后来也有人将这部史学手稿称为《编年摘录》或《编年大事记》。中文本《历史学笔记》系根据苏联《马克思恩格斯文库》第 V、VI、VII、VIII 卷翻译，可参见红旗出版社 1992 年版、中国人民大学出版社 2005 年版。

以大量的历史文献为佐证来认识历史、分析历史、总结历史。这两部笔记具体地呈现了马克思从世界历史中阐释“现实的人”的理论倾向，也直观地反映了马克思对实证性的历史研究方法的科学使用。

需要强调的是，马克思对思维方法的优化，不是将哲学思辨范式与历史考证范式对立起来看待，也不是非此即彼地选择与运用，而是坚持矛盾地把握二者的主次地位。在对“现实的人”进行理论思考的初期阶段，哲学思辨范式在马克思的思维方法中居于主导地位，历史考证范式居于从属地位；在不断深化、不断完善对现实的人的理论思考的过程中，历史考证范式在马克思的思维方法中逐渐上升到主要地位，而哲学思辨范式退居到从属地位。所以，通过不断优化思维方法，马克思关于“现实的人”的理论探索逐步进阶，围绕“现实的人”展开的理论叙事也越发地系统、深刻。

第四章　马克思“现实的人”理论在中国的发展叙事

从马克思对“现实的人”的探索过程可以看出，“现实的人”的理论叙事在马克思的思想世界中并不是一成不变的，而是不断根据时代、实践、认识的发展而发展的。马克思反复告诫人们，正确的理论绝不能被教条化地理解和运用，“必须结合具体情况并根据现存条件加以阐明和发挥”①。恩格斯也深刻指出，以马克思名字命名的理论“是发展着的理论，而不是必须背得烂熟并机械地加以重复的教条”②。中国共产党诞生以后，中国共产党人在系统掌握马克思“现实的人”理论的基础上，将马克思“现实的人”理论的基本原理同中国具体实际、优秀传统文化和时代发展要求紧密结合起来，在实践中不断丰富和发展“现实的人”的中国化时代化意涵，实现了对马克思“现实的人”理论的守正创新，使中国共产党拥有了认识世界、改造世界的强大思想武器。

① 《马克思恩格斯全集》第47卷，人民出版社2004年版，第35页。
② 《马克思恩格斯文集》第10卷，人民出版社2009年版，第562页。

第一节　马克思“现实的人”理论在中国发展的文化底蕴

马克思“现实的人”理论在中国牢牢扎根、枝繁叶茂，离不开中华民族深厚的历史文化沃土，更确切地说，离不开象征中华文明智慧结晶的中华优秀传统文化的滋养。“马克思主义和中华优秀传统文化来源不同，但彼此存在高度的契合性。”①具体来看，中华优秀传统文化中的民本观同马克思“现实的人”理论精髓具有高度的契合性。二者之间的这种相融相通关系，奠定了马克思“现实的人”理论在中国发展的文化底蕴。

一、传统民本观的历史演变

民本观是中国古代政治思想的重要组成部分。自古代先民从氏族社会过渡到阶级社会，民本观念便开始在政治权力的统治话语中萌芽。大致自周王朝以降，与民本相关的统治话语逐渐成为一种显性的政治表达。面对政权更迭、王朝兴衰的历史现象，统治者、政治家和思想家均在不停地追问，何以实现长治久安的政治愿景？他们对此命题思考的积极后果，即是充分认识到民本问题的重要性。“民可近，不可下，民为邦本，本固邦宁。”②民本是政治统治的坚实基础，更是政治兴衰的关键所在。虽然在个别历史阶段，囿于统治者的专擅与荒淫，民本思想主张也曾出现短暂的停滞或倒退，但从中国古代历史演进的整体趋势来看，民本叙事处在一个不断发展的过程之中，并始终保持着自身的政治生命力，维系着君民之间的秩序关系。依据历史的时间线索与对象的性质转变，中国古代民本

① 习近平：《在文化传承发展座谈会上的讲话》，人民出版社 2023 年版，第 5 页。

② 《四书五经·尚书(全注全译珍藏卷)》第四卷，沈阳出版社 2013 年版，第 65 页。

叙事大致可划分为三个阶段。

首先,中华文明早期起源时期至商周时期是民本观的出场阶段。该阶段记叙了属天道的民本向属君权的民本蜕变的过程。在中华文明尚处蒙昧的时代,以天命为核心的权力神秘主义,主导着人们对政治活动的认识和解释方式。“天命靡常”即在传递天启对政治权力的主宰作用。在此秩序之下,统治者与民关联的政治行为必然喻示天道的意志。然而,随着社会文明的发展进步,天道主宰万物的说法越发疏离人们的生产生活实践以及政治实践。无论是主权者还是普通民众,都希求加强天命与人间的感应关系。为此,周王朝的统治者对天道至上的原则进行了现实化加工,将原本从属于天道的民的形象视为天道的化身。如此一来,统治者对天道的感应便过渡到对万民的敬畏。“天视自我民视,天听自我民听。”①天启的政治权力在其现实性上来源于民情民意。为了巩固政治权力,必须顺应民意、纾解民怨。这一转变看似抬升了民的地位、规定了天道的民意指称,实际上是统治者借助民的形象挣脱了神秘主义束缚,将政治权力名正言顺地揽于一身。由是,天道至上的政治运作开始向君权至上的政治统治过渡,而“惟天惠民,惟辟奉天”的天启秩序也愈益演变为“以予乂民”的王道现实。

其次,春秋战国时期至唐宋时期是民本观的主要发展阶段。在此较长的时间跨度中,具有专制色彩的民本思想不断成熟。在群雄割据、诸侯争霸的春秋战国时代,统治者以及服务于统治需要的思想家,须着重思考政治权力占有的正当性问题。彼时天道指向民意的政治逻辑已广泛流行。在先秦诸子相对朴素的阐释与构建下,民本观念日渐深入人心。尤其以儒学为代表的思想家,较为充分地阐述了民众在政治治理当中的定盘星作用。唯有施行民本、重视民心、让利于民,才能实现善治。正如孟

① 《四书五经·尚书(全注全译珍藏卷)》第四卷,沈阳出版社 2013 年版,第 136 页。

子所言:"得其民有道:得其心,斯得民矣;得其心有道:所欲与之聚之,所恶勿施尔也。"[①]到秦汉时期,随着封建专制制度的建立,原本丰富多样的民本学说逐步以合流的方式融入官学正统,正式成为君王维护大一统格局的思想武器。围绕"家天下"与"治万民"的关系,贾谊认为,君王应遵循"以民为命""以民为功""以民为力"的治理之道。[②] 对此,韩婴也强调"御民有道"的重要性。他在《韩诗外传》中讲道:"御马有法矣,御民有道矣。法得则马和而欢,道得则民安而集。"[③]董仲舒虽然力主再造"天人相副"的政治神学图景,但也重视民的地位和作用,并提出君民"心体合一"的观点。"君者,民之心也;民者,君之体也。"[④]及至唐宋时期,中国古代社会进入相对繁荣的阶段,民本思想也获得较大的发展空间。在思想文化领域,形成于宋朝的理学架构,将儒学民本传统纳入其中,并在注解六经的过程中阐发民本义理;在政治实践领域,涌现了柳宗元、王安石、范仲淹等一批实干家,他们力排万难、破除积弊,大力推进安民保民的改革举措;在文学艺术领域,白居易、孟郊等巨擘以多元的体裁和视角表达了对底层劳苦大众的同情和怜悯。

最后,明清时期是民本观的反思发展阶段。该阶段见证了极端专制之下人们对民本意蕴的批判性思考。此时,皇权的伸张与三省的破坏、相权的分削、宰相的废除以及特务、密折等监视制度的发展互为表里。皇权独大的政治体系完全打破了君本与民本之间相对平衡的状态。明显膨胀的皇权专制引发有识之士的高度关注。以黄宗羲为代表的思想家们尝试跃出"家天下"的思想桎梏,以民本话语批判畸形的政治权力。他们结合明清之际的社会积弊,进一步延展了爱民之理、重民之说、养民之术、惠民

① 《四书五经·孟子》,岳麓书社 2002 年版,第 97 页。

② 参见《贾谊集校注(增订版)》,天津古籍出版社 2010 年版,第 268 页。

③ 《韩诗外传》,中华书局 2024 年版,第 64 页。

④ 《春秋繁露新注》,商务印书馆 2010 年版,第 225 页。

之道、利民之策以及安民之治。在《明夷待访录》中，黄宗羲提出，应钳制“君主民客”的天下观，复归“民主君客”的天下观。① 天下并非君王产业，而是万民基业。天下治乱并非为帝王承袭统业，而是为天下人之苦乐。与越发趋紧的专制思想相比，该时期的民本批判话语虽然较为薄弱，但其意图将万民从专制囹圄中解救的反思倾向，赋予了传统民本思想阐发新意义的可能，也为之后思想文化领域孕育具有早期启蒙意义的观点学说奠定了基础。

毋庸讳言，从整体上看，传统民本观是一个融合了精华与糟粕的“矛盾体”。其思想本意中蕴藏的人本价值具有突破时代阈限的光芒，但其寄生于封建性政治实践的运行机理又充分暴露了自身的先天不足。其一，在传统民本观的出场语境中，广大劳动人民是被统治的对象，而非政治权力运作的决定性力量。民本观实际上是按照父母与子女的关系模式来理解君、官与民的关系。诚然，“以民为本”的政治期待中包含了肯定暴力推翻昏庸统治的合理性，但这种武力斗争的结果却是“家天下”的不断再造与强化。其二，传统民本观旨在摹画一个以道德价值、伦理关系为架构的“理想国”，而不是致力于建立一种以实在的制度体系、治理方略和具体措施为基础的政治秩序。这也决定了在民本叙事之下的古代政治实践，始终未能有效地钳制专制主义的权力膨胀，也无法跃出治乱兴衰的历史周期律。其三，传统民本观能否发挥作用，主要取决于当权者的意志。由于民本观的效力只表现为道义上的“应当”，统治阶级在是否实行民本治理之策的问题上拥有自由的选择空间。民众能否在封建政治权力的运作中获益，只能取决于统治的偶然性。但是，作为同样印记人类文明发展的思想产物，传统民本观与马克思“现实的人”理论均属于“被意识

① 参见《黄宗羲全集》第1册，浙江古籍出版社2005年版，第5页。

到了的存在”①。它们虽然在叙事的内容与本质上存在一定的差别，但在叙事意蕴层面都注重观照人的主体命运、复归人的主体本质、重视人的主体力量。这种人文关怀气韵表明二者存在相融相通的关联可能。

二、传统民本观与马克思“现实的人”理论的特征契合

传统民本观与马克思“现实的人”理论之所以能够在各自的叙事过程中持续发展、葆有活力，与二者内在规定中都具有的开放包容性密不可分。

传统民本观的开放包容性主要体现在：其一，“和而不同”的气度。传统民本观的叙事史即是一部君王家天下的统治史。服务于这种政治目的的思想家们便在实际上承担起一种论证义务，尝试构设以民为本的言说之理，以求索实现政顺人和、长治久安的治理之道。在绝大多数时期，这种理论构设的基本定向是多元多样的，即思想家们从不同侧面探讨如何重视民本的总问题。例如，在百家争鸣的过程中，儒家“仁者爱人”“民贵君轻”“君舟民水”等提法，要求统治者“善政”“善教”；道家“我无为，而民自化”“以百姓心为心”等主张，希望统治者与百姓达成和谐一致的关系；法家“政之所兴，在顺民心”“政之所废，在逆民心”等见地，警示统治者民心向背关系治乱兴衰；墨家“兼相爱交相利”“视人若己”等观点，重视让利于民、受惠于民对“天下治”的关键作用。即便汉代以后儒学愈益成为民本学说最主要的表达途径，但思想家们的理解和阐释维度仍是较为丰富的。这些民本学说在重民、亲民、爱民、惠民等方面相映成辉，呈现出“分化——同一”的总体性面相。其二，“一体两面”的尺度。一方面，由于民本思想积极在场，中国古代的统治模式嵌合着民本与君本相互调和、相互制衡的逻辑关系。与西方中世纪“上帝创世”的宗教神权统治

① 《马克思恩格斯文集》第1卷，人民出版社2009年版，第525页。

以及近代“君权神授”的利维坦式统治不同，民本思想观照着君王权力的职能、限度以及规范，集中体现了中国古代专制主义政治体系自我设定式的指导性政治理念。① 另一方面，囿于民本思想须依附于政治权力、帝王意志而现实地发挥作用，原本脱胎于天道、神本的民本理念和民本话语，实际上演替为统治者御民、牧民的文化工具，为统治者“天下利害之权皆出于我”的合法性作辩护。这种正反两方面兼具的叙事逻辑，在凸显思想的价值合理性的同时，又隐射着思想的局限性和落后性，使得传统民本观在后世进一步扬长避短、实现创造性转化成为可能。

马克思“现实的人”理论的开放包容性主要表现为：其一，问题视域广阔。马克思在认识现实的人的过程中，尽管在初始阶段仅聚焦于普鲁士的社会政治现实，但随着思想不断发展成熟，他的视野并没有仅仅局限在德国这艘“满载愚人的船只”上，而是进一步从欧美国家延伸到“东方社会”，关注到亚细亚地区的民族主义现象与公社所有制的生产方式，并将这种东方视域与西方视域有机融合。从马克思晚年摘录的关于欧洲国家和欧洲以外其他国家及地区的“两大笔记群”、写给《祖国纪事》编辑部的信件以及回复查苏利奇的信件的内容来看，他的理论视野已拓展到全世界。即马克思晚年从更为广阔、更为深刻的全人类高度，揭示人的主体本质复归的奥秘。其二，思想资源丰富。当马克思试图阐明现实的人的核心要义与基本逻辑时，他并不是处在一个“文化真空”的状态下泛泛而论，而是立足自身所在时代的意识形态环境，努力将共同属于意识形态环境的各种思想典范与理论认识，融入其对人的活动性存在的本质、结构及价值的批判性探讨中。除了作用于马克思思想萌发的思想文化传统，引导马克思后来对“现实的人”的问题探索向历史唯物主义领地迈进的国

① 参见张分田：《民本思想与中国古代统治思想》下册，南开大学出版社 2009 年版，第 743—744 页。

民经济学理论、历史学著作、各类官方文件及报刊文摘，都是赋予马克思思想发展以合理意义的潜在精神。正是在充分吸收和整合各类思想资源的基础上，马克思才得以从现实的人的向度“对当代的斗争和愿望作出当代的自我阐明”①。

所以，对于“现实的人”的理论问题的解答，马克思视野开阔、博采众长。他开辟了一条可行的批判进路，并在指导实践的过程中形成了一种开放式的理论空间。这一理论品格也是作为原理性存在的马克思“现实的人”理论，得以在后来的时代化发展与民族化发展中绽放新的理论光芒的关键所在。同理，传统民本观的发展演变也并未耦成一种闭合式的理论形态，而是遵循多元一体、动态调和的基本规律。这种相似的叙事特征内蕴兼容并包、革故鼎新、创新演替的理论发展逻辑，形成了二者内在属性产生联系的可能性。

三、传统民本观与马克思“现实的人”理论的实践契合

从思想的出发点与落脚点来看，传统民本观与马克思“现实的人”理论的叙事都不约而同地指向了政治实践领域。二者基本意涵的形成源自对政治实践的理论凝练，二者基本意涵的发展也与政治实践的变化密切相关。

传统民本观的历史性叙事过程显现着其基于政治实践的价值判断与价值选择。“国以民为存亡，君以民为盲明，吏以民为贤不肖。”②在古代中国，统治者及士大夫阶层对“治天下”与“安民心”关系的考量，虽然经历过从神秘主义天道观立场向集权主义权力观立场的过渡，但不论何种立场之上的认识，其均是直接地源自于“固国安邦”的政治权术运用过

① 《马克思恩格斯文集》第10卷，人民出版社2009年版，第10页。
② 《贾谊集校注（增订版）》，天津古籍出版社2010年版，第268页。

程。事实上,也唯有将政治权力的不可撼动转化为民本性的政治实践,民众作为“固国安邦”的稳定器的重要观念才能不断被强化。先秦时期,周王朝秉持“敬天保民”的施政主张,其实并非授意于所谓天命,而是为了稳固自身统治根基,不得不将天道与“民视”“民听”耦合起来。即“敬天保民”所蕴含的,一方面是殷商覆灭时期商纣王征伐无度、尽失民心的政治教训,另一方面是周王朝确立统治合法性的政治需要。在周王朝后期,诸子百家围绕君民关系所展开的思想争鸣,也并非乌托邦式的群体空想,而是现实地面向周王室礼崩乐坏的颓败局面,从天下纷乱与群雄逐鹿的政治格局中思考而来。秦汉以后,民本叙事绵延不断,与政治版图上封建帝制的确立及走向息息相关。帝王上升为封建政治秩序的核心,承担“国之元”或“万物之枢机”的责任。① 但统治者们从政权更迭、灾患祸乱的历史演绎中认识到,巩固统治成效、稳定统治秩序、延续统治基业,奏效的治理之道仍是“爱民如子”。司马迁在《史记》的“本纪”篇章记载了汉武帝“唯德菲薄”“巡祭厚土,祈为百姓育谷”的重民情节。② 所以,古代的统治阶级在爱民养民的政治实践中,在“得民者”与“失民者”的治理效果比较中,不断发展着“圣王养民”的治理理念。

马克思对“现实的人”的理论问题的持续思考也遵循着真理性认识的基本原则。与以往的哲学家们从超验或先验的本原来分析问题的认识理路不同,马克思始终面向广大劳动人民在场的现实场域,结合社会运动、政治革命、政权建设等政治实践的发展形势,不断阐发“现实的人”的理论意涵。在青年时代,与普鲁士当局开打“笔墨官司”的工作实践,是马克思关注“现实的人”、初步认识“现实的人”的直接来源。正如马克思在论述《莱茵报》办刊初衷时说到的,他“总是出于善良的意愿,试图对政

① 参见邢义田:《天下一家:皇帝、官僚与社会》,中华书局 2011 年版,第 36 页。
② 参见司马迁:《史记》,线装书局 2006 年版,第 73—75 页。

府本身的那些违反人民精神的措施提出怀疑”①。面对莱茵地区民众争取言论自由的请愿运动以及反对区乡制度变更的局部斗争，马克思意识到，普鲁士人民不能甘愿做服从国王和专制的奴隶，而应当参与到争取自由权利的斗争中。马克思的这种认识倾向虽然还具有激进主义色彩，但也强烈地驱使着他去思考、去摸索、去行动，以更好地为遭受压迫和剥削的广大劳动人民伸张正义。在《共产党宣言》发表之际，马克思明确指出无产阶级的历史地位与历史使命，充分阐明无产阶级运动的政治革命意义，仍然是以当时的政治实践作为有力支撑。一方面，他积极关注席卷整个欧洲大地、声势日渐高涨的工人运动，尤其是德国工业地区“革命的直接序幕”；另一方面，他与恩格斯加入了正义者同盟（后更名为共产主义者同盟），亲自指导并参与团体性的革命活动。到后来马克思对“现实的人”的认识进行深化与完善，也是以理性地分析无产阶级政党政治的发展态势和巴黎公社“壮丽日出”般的政权建设试验为基础。这一点在《共产党宣言》1872 年德文版的序言中有较为明显的体现。该序言指出：“由于最近 25 年来大工业有了巨大发展而工人阶级的政党组织也跟着发展起来，由于首先有了二月革命的实际经验而后来尤其是有了无产阶级第一次掌握政权达两月之久的巴黎公社的实际经验”，所以，《共产党宣言》中所阐释的一般原理的实际应用，“随时随地都要以当时的历史条件为转移”。② 关于现实的人的理论建构也必须根据政治实践的变化而不断发展。

所以，随着政治实践不断出现新情况、新变化，二者的基本意涵也呈现出政治实践发展基本同频的变化趋势。只是，在马克思那里，政治实践强调的是生活在现实世界中的广大劳动人民的公共性政治行动，其形象

① 《马克思恩格斯全集》第 1 卷，人民出版社 1995 年版，第 427 页。

② 参见《马克思恩格斯文集》第 2 卷，人民出版社 2009 年版，第 5—6 页。

地诠释了“联合的行动”的话语真谛。而在传统民本观中,政治实践主要是指封建统治阶级谋划江山社稷、维护“定于一”“王天下”秩序的治理举措。虽然二者的政治实践指称存在时代性或文化性差异,但从认识论层面而言,这两种政治实践都发挥了认识的来源与目的的作用,在无形中构筑了二者生成机理产生联系的可能性。

四、传统民本观与马克思“现实的人”理论的旨趣契合

传统民本观所蕴含的人文关怀价值,尤其是对人的主体性进行“内圣外王”式的价值阐释,与马克思高扬“现实的人”的主体作用的理论意图,具有异曲同工之妙。

传统民本观主要通过对人之本性的内在省察、对黎民百姓的外在观察以及对政治权力、政治秩序的相对调节,昭示出古代政治文明所具有的人文关怀底蕴。在古代中国,“大一统”格局是国家形态发展的基本特征。而“大一统”国家的崛起或形成,自诞生伊始就形成了统治者与被统治者的巨大隔阂。① 即在其内部,一面是从权力争夺中脱颖而出的少数当权集团,另一面是被当权集团征服的属地居民。为了缓和两大阶级的对立关系,当权集团不得不将目光投向民众。他们常以“民为万世之本”的策略抚恤黎民百姓,用关乎人的本质、地位和作用的话语进行宣示,传递出对人的内在修养以及社会价值的高度重视。先秦时期,诸子百家的民本学说虽然观点各有侧重,但均表达了对人的生命的敬畏和对人的主体价值的肯定。例如,儒家在论述“仁政爱民”的君民关系时,总会诉诸“性与天道”的伦理范畴,也总是以“内足以资修养而外足以经世”作为个体价值实现的标准。在之后逐渐儒学化的民本叙事中,“民心”“民意”

---

① 参见[英]阿诺德·汤因比:《历史研究》下册,郭小凌等译,上海人民出版社 2010 年版,第 654 页。

“民命”的论述频频出现。汉代何休在《春秋公羊解诂》中对统治者“得民众之心”的强调，对“重爱民命”的阐释，以及对“太平歌颂之声”的描述，表征着这种人本性的伦理价值。宋代以后，理学先贤们对民本问题的关切与思考，也没有脱离对作为道德主体的人的关注，而是更加凸显了“求理于吾心”的人文关怀色彩。其义理之道讲究“非求知识之方法，乃修养之方法，非所以求真，乃所以求善之方法”①。所以，从思想的价值精髓来看，意蕴丰富的传统民本观叙述着中国古代先哲对于人的道德世界和伦理生活的深刻洞察与体悟。

在马克思关于“现实的人”的理论建构中，人文关怀的价值韵律主要体现为他对广大劳动人民生存与发展境遇的密切关注、对实现人的解放的不懈追问。如前所述，在马克思生活的时代，欧洲资本主义迎来上升发展的重要机遇。各个主要的资本主义国家基本形成了统一的国内市场和一些大型的工商业中心，整体的社会结构也随之产生变化，大量的产业工人聚集在大城市中谋生。在机器大工业生产浪潮的裹挟之下，人的普遍异化成为社会发展的常态。换言之，资本主义工商业发展带来的后果，不仅是表面上所呈现的物质资料的极大丰富和科学技术的跨越式进步，更为深刻的是，形成了一种人对物的完全依赖关系，造成物对人的绝对统御。在“现代的灾难”蔓延开来的欧洲社会，到处上演着人的异化的“人间悲剧”。马克思描述到，“人和人之间除了赤裸裸的利害关系，除了冷酷无情的‘现金交易’，就再也没有任何别的联系了”，人的情感“淹没在利己主义打算的冰水之中”，“人的尊严变成了交换价值”。② 那么，如何拯救广大劳动人民于水火之中？马克思从“现实的人”的立足点出发，论证了人的存在的“过去”（前资本主义社会）、“现在”（马克思当时所处的

① 冯友兰：《中国哲学史》上册，华东师范大学出版社 2015 年版，第 5 页。

② 《马克思恩格斯文集》第 2 卷，人民出版社 2009 年版，第 34 页。

资本主义社会）和“未来”（共产主义社会）的状态，人的发展目标、方向和前景，人的共生之道及其意义。① 在终极目标方面，马克思所追求的是将人从异化的状态下解救出来，使人的主体本质复归人本身，并促使人的主体本质得到充分发展。在现实进路方面，马克思所聚焦的是能够驱散异化迷雾、彰显广大劳动人民主体价值的劳动实践，以及这种劳动实践的能动过程对人类社会存在的生动演绎以及对人类历史发展的持续推动。

所以，二者均关注思想理念的作用主体，即“有生命的个人”，关注人的自然属性与社会属性，重视对人的主体潜能的发掘。在此基础上，二者都包含着实现人的主体地位的价值追求，并现实地转化为尊重人的主体价值、满足人的主体需求、发挥人的主体力量、复归人的主体本质的不懈探索。这也使得二者在价值旨趣上具备了产生联系的可能性。

第二节　马克思“现实的人”理论在中国发展的实践基础

“时代是思想之母，实践是理论之源。一切划时代的理论，都是满足时代需要的产物。”②马克思“现实的人”理论在中国发展，本质上是推进该理论在中国实践基础上的理论创新，因而，其必然反映着中国大地上的时代声音，以不同历史时期的具体实际作为实践基础。百余年来，在实现中华民族伟大复兴的进程中，中国共产党团结带领中国人民创造了新民主主义革命的伟大成就、社会主义革命和建设的伟大成就、改革开放和社会主义现代化建设的伟大成就，尤其是新时代中国特色社会主义的伟大成就。这些伟大成就生动展现了该理论在中国发展的实践基础。

① 参见韩庆祥：《现实逻辑中的人：马克思的人学理论研究》，北京师范大学出版社2017年版，第121页。

② 习近平：《开辟马克思主义中国化时代化新境界》，《求是》2023年第20期。

一、马克思主义启蒙与“庶民的胜利”

马克思“现实的人”理论在真正意义上首次实现本土化发展，是发生在经济文化条件较为落后的俄国。列宁领导代表广大无产阶级与农奴利益的布尔什维克，取得了俄国十月革命的胜利，推翻了剥削人、压迫人的旧制度，建立了世界上第一个人民当家作主的新制度，使人类对建设美好新社会的愿景开始变为现实。并且，从实现广大劳动人民主体地位的价值追求出发，列宁领导俄国共产党（布）对俄国建设社会主义进行了初步探索。他说道：“在一个经济遭到破坏的国家里，第一个任务就是拯救劳动者。全人类的首要的生产力就是工人，劳动者。如果他们能活下去，我们就能拯救一切，恢复一切。”①在领导俄国革命运动和社会主义探索的实践中，列宁始终把人民群众放在心上，把社会主义看成是“由人民群众自己创造的”伟大事业，尊重人民，依靠人民，服务人民，将马克思“现实的人”理论引向深入。特别是十月革命的胜利，极大提升了马克思列宁主义在国际上的影响力，有力推动了马克思列宁主义的国际传播。“十月革命一声炮响，给中国送来了马克思列宁主义。中国先进分子从马克思列宁主义的科学真理中看到了解决中国问题的出路。”②这其中便包括“发展着的”马克思“现实的人”理论带给中国先进分子的革命启示。也就是说，在十月革命发生之后的五四运动时期，中国先进分子主要从列宁领导的布尔什维克式的革命运动中感知到，马克思为实现无产阶级与劳苦大众的解放而创立的革命性理论具有强大的真理力量与实践伟力。

然而，五四运动时期的中国社会却到处呈现着“碎化社会”的特征。在经济之维，不彻底的资本主义现代性造成传统小农经济与现代都市经

① 《列宁选集》第 3 卷，人民出版社 2012 年版，第 821 页。

② 《习近平著作选读》第二卷，人民出版社 2023 年版，第 11 页。

济共时态并存的二元格局。尤其在都市区域内，职业分异、阶级分化、贫富悬殊等现象成为市井常态。在体制之维，舶来的共和制度在封建制度根深蒂固的近代中国难以有效运行，反而逐渐演化为一种碎片化的共和建制，“人自为政，地自为域”的军阀割据随之加剧。在社会文化之维，越来越多新式知识分子尝试挣脱“社会本位”的传统礼教束缚，推崇“个体本位”的西方价值观，激化了社会的离心力。特别是伴随五四运动的发展，西方各种“主义”如洪水般地被介绍进中国。其中，既有资产阶级性质的“改良主义”，如杜威“实用主义”、罗素“新实在主义”；更有五花八门的“社会主义”，即除了“科学社会主义”外，还有“无政府主义”（又细分为施蒂纳“无政府个人主义”学说、蒲鲁东“社会无政府主义”学说、巴枯宁“团体无政府主义”学说和克鲁泡特金“无政府共产主义”学说）“工团主义”“新村主义”“合作主义”“泛劳动主义”“基尔特社会主义”“议会社会主义”“社会民主主义”等。这些“主义”几乎无所不包、应有尽有，对急切求索社会改造方案的有识之士极具吸引力，但这些“主义”唤起人们政治觉悟的效果参差不齐。同时，“主义”之间的排他倾向也不断分化着人们的思想与行动阵营。一部分先进分子向左转变，选择以马克思主义指导革命行动；一部分人士则向右走去，投入其他温和或保守的“主义”的怀抱；也有部分人士在左与右的“主义”之间徘徊。

随着“工读互助”“新村”等集体化试验相继“破产”，越来越多的先进分子从试验失败的教训中受到教育，开始摒弃难以连通现实的各色“主义”，尤其是虚幻的无政府主义和空想社会主义，转而接受科学社会主义的洗礼，选择以马克思主义关于无产阶级革命的理论来应对“碎化社会”的深层危机，擘画社会改造的新方案。此时，俄国革命模式为无产阶级性质的组织创建与革命行动提供了借鉴。“新型政党”被视作实施社会改造的驱动者和新秩序的创造者。“小团体的和平实验失败了，大社会的革命改造却可以成功，这似乎证明着马克思列宁胜过其他一切社会主义，更不用说胜过西方资本主义的自由平等博爱的陈旧理想了。”①于是，以“南陈北李”为代表的早期共产主义者开始传播马克思主义并着手创建早期共产主义组织。

李大钊是这一时期最早的马克思主义传播者。从1918年7月起，他先后发表《法俄革命之比较观》《庶民的胜利》《Bolshevism的胜利》等文章，对俄国十月革命进行热情颂扬。五四运动爆发之后，他更加致力于宣传马克思主义并发表《我的马克思主义观》，对马克思主义理论进行系统介绍。随着马克思主义与工人运动的不断结合，一批共产主义组织如雨后春笋般在全国建立起来。它们坚持将马克思主义作为指导革命实践的思想武器，引导早期共产主义者积极投身工人运动和群众斗争。例如，上海共产党早期组织鼓励早期共产主义者加入工人阶级队伍、唤醒工人阶级劳动联合的觉悟。李中奔赴机器工厂，做纱厂工人，并与工友陈文焕共同发起“上海机器工会”。俞秀松深入工人队伍，先后参与印刷工会、纺织工会、五金工会，并负责组建职工运动委员会，支持、声援上海工人运动。此外，上海共产党早期组织通过举办《劳动界》周刊、组织宣传小组、开办工人学校等形式，向工人们宣传无产阶级革命理论、介绍世界范围内的工人运动、揭露劳动者受剥削的残酷事实，启发劳苦大众树立“团结互助”“联合抗争”的意识。

在早期共产主义者和早期共产主义组织的行动之下，工人阶级的觉悟不断提高，知识分子和社会各阶层群众也逐渐觉醒，科学社会主义在中国从思想传播迈向社会实践的新阶段。李大钊说道：“我们要晓得一切过去的历史，都是靠我们本身具有的人力创造出来的，不是哪个伟人、圣人给我们造的，亦不是上帝赐予我们，将来的历史，亦还是如此。现在已

① 李泽厚：《中国现代思想史论》，生活·读书·新知三联书店2008年版，第22—23页。

是我们世界的平民的时代了，我们应该自觉我们的势力，快赶[赶快]联合起来，应我们生活上的需要，创造一种世界的平民的新历史。”①1921年，中国共产党应运而生。从此，中国人民拥有了坚强的领导核心，中国革命不仅找到了正确的前进方向而且面貌焕然一新，中华民族迎来伟大觉醒的历史转折。

二、浴血奋战、百折不挠的革命性主体实践

建党之初和大革命时期，深入工人阶级队伍中去，发动工农劳动者参与革命、团结其他革命团体，是中国共产党主要的革命实践策略。从党的一大的《中国共产党第一个纲领》到党的四大的宣言及各项决议，组织动员受压迫劳动者与反动势力进行斗争，是基本贯通的一条纲领。特别是党的二大通过的宣言、章程决议以及《关于“民主的联合战线”的决议案》，超越了“工人运动革命中心论”的片面认识，从中国革命的实际出发，明确了参与革命运动的主体力量。“中国三万万的农民，乃是革命运动中的最大要素”，“如果贫苦农民要除去穷困和痛苦的环境，那就非起来革命不可。而且那大量的贫苦农民能和工人握手革命，那时可以保证中国革命的成功”。② 在共产党的组织动员下，各地工人运动、农民运动呈现出快速发展态势。五卅运动掀起的反帝爱国浪潮，再次促进了工农革命力量的联合。随后，五卅运动树起的革命“标杆”，在北伐战场一路北进的胜利形势下产生更加广泛的影响，工农群众运动空前高涨。然而，由于国民党“汪蒋集团”先后背叛革命，以及共产党党内以陈独秀为代表的右倾分子对革命趋势错误估计、错误指导，导致大革命最终失败。工农群众运动也在疾风暴雨式的革命行动中饱受非议，右倾主义者和社会人

① 《李大钊全集》第三卷，人民出版社 2013 年版，第 280 页。

② 中共中央文献研究室、中央档案馆编：《建党以来重要文献选编（1921—1949）》第 1 册，中央文献出版社 2011 年版，第 131 页。

士常常以“痞子运动”“过火”“幼稚”等言论对其进行评价。

土地革命战争时期，年轻的共产党从残酷的现实中认识到，没有革命的武装就无法战胜武装的反革命，就无法夺取中国革命胜利，就无法改变中国人民和中华民族的命运。在共产党的独立领导下，工农群众也从关乎切身利益的武装起义和土地革命中看到了建立属于自己的革命政权的可能性。八七会议召开后，各地工农群众的武装起义风起云涌，影响较大的有湘赣边秋收起义、广州起义、黄麻起义、海陆丰起义等。虽然这些起义都是在敌强我弱的危机情境下爆发，革命力量也大小不一，但都表现出建立新式苏维埃政权的政治共识与政治尝试。随着井冈山革命根据地的建立，该地区工人、农民、士兵以及其他贫民都现实地参与到红色政权的建设中，并享受到红色政权赋予自身的主体权利。在此之后，以赣南、闽西、湘赣、鄂豫皖等边区工农群众积极参与、支持与协助为动力，红军战争已成为中国革命斗争的主要形式，农村根据地已成为积蓄和壮大革命力量的主要战略基地。工农群众建立的红色政权，遍布湘、鄂、赣、闽、粤、桂、豫、皖等10余省份的边区或偏僻农村地区。1931年11月，全国性的中华苏维埃共和国在江西瑞金建立，工农群众“站起来”的政治愿景首次以国家政权形式出场，也激发了苏区人民参与政权管理、参与经济与社会建设的积极性和主动性。所以，这一时期工农群众在充分认识革命斗争的存在本质和运作规律的基础上，将土地革命的迫切形势内化为自身革命斗争的现实需求，并以自我意识的内在作用机制对革命斗争理念进行逻辑加工，能动地参与革命斗争实践。然而，由于王明“左”倾教条主义在党内的错误领导，中央革命根据地第五次反“围剿”失败，红军不得不进行战略转移，经过艰苦卓绝的长征转战到陕北。在长征途中举行的遵义会议，事实上确立了毛泽东同志在党中央和红军的领导地位，开始确立以毛泽东同志为主要代表的马克思主义正确路线在党中央的领导地位，开始形成以毛泽东同志为核心的党的第一代中央领导集体，开启了党独立自主解决中国革命实际问题新阶段。①

抗日战争时期,七七事变后,局部的抗日行动上升为全面的抗日战争。全面抗战的前途和希望究竟何在?与国民党依赖政局和军队组织抗战的机械思路截然不同,共产党实行正确的抗日民族统一战线政策,坚持全面抗战路线,提出和实施持久战的战略总方针和一整套人民战争的战略战术,开辟广大敌后战场和抗日根据地,领导八路军、新四军、东北抗日联军和其他人民抗日武装英勇作战,成为全民族抗战的中流砥柱。这种中流砥柱作用激发了广大人民支援抗战的磅礴力量。这一时期共产党领导的军队武装力量壮大到120余万人,民兵力量发展至260余万人,革命根据地面积拓展到100余万平方公里。② 同时,在率先获得解放的革命根据地,人民群众积极参与民主革命与社会解放运动,以丰富多样的实践形式展现着主体活力。在民主政治方面,人民通过投票选举产生敌后抗日根据地各级政府,还自创"豆选法""画圈法""画杠法""画点法""红绿票法""香烧洞法"等投票方式,将民主的智慧与民主的权利巧妙结合。在经济生产方面,在"修养民力,医治创伤"等减负政策的作用下,人民从事劳动生产的自主性、积极性得到较大提升。特别是在根据地遭遇日寇经济封锁和自然灾荒的双重考验下,当地人民响应共产党"自己动手""自力更生"的号召,热火朝天地开展大生产运动,不仅农业喜获丰收,军用、民用工商业也从无到有,不断发展。毛泽东评价道:"凡此,都是实行把群众力量组织起来的结果。"③在文化创造方面,人民积极参与识字班、冬学运动、夜校和读报小组,接受共产党组织的扫盲教育和知识启蒙,不断提升自身的文化道德素质。同时,不论工人、农民、士兵还是学生、店

① 参见《中共中央关于党的百年奋斗重大成就和历史经验的决议》,人民出版社2021年版,第6页。

② 参见沙健孙主编:《中国共产党史稿(1921—1949)》第四卷,中央文献出版社2006年版,第755—756页。

③ 《毛泽东选集》第三卷,人民出版社1991年版,第930页。

员，均热情参与到人民文艺的创作与表演当中，将新思想、新文化融入属于人民自己的娱乐形式中，不断革新文化生活与社会风气。

解放战争时期，无产阶级劳动大众与大资本家、大地主财阀集团之间的阶级对立、阶级斗争，成为阻挡新民主主义革命取得最后胜利的主要矛盾。为了保卫抗战胜利果实、维护人民群众根本利益，共产党坚决主张反对内战，做着争取和平与民主的努力。然而，国民党反动派却站在人民群众和历史发展的对立面，背弃重庆谈判协议，悍然发动全面内战。对于广大群众而言，经过之前抗日战争的洗礼，阶级觉悟和革命斗争观念进一步深化，能够充分认识到投身革命武装斗争、参与社会解放运动对实现自身主体地位的重要性。在共产党尊重人民、团结人民、依靠人民、服务人民的现实感召下，广大人民选择站在历史发展的正确一边，团结在共产党的旗帜下，广泛参与人民解放战争。在分析内战形势时，毛泽东将国民党“人心不顺，士气不高，经济困难”的萎靡局面，与共产党“人心归向，士气高涨，经济亦有办法”的大好形势进行对比分析，凸显了人民群众对于解放战争胜利天平的价值判断和行动选择。在战略防御阶段，解放区人民群众将支援解放军视为头等大事。在整个苏中战役中，参与战役的民工 14 万人，参与支前服务的群众近 50 万人。① 在战略反攻阶段，人民群众支前的热情高涨，这很大程度上决定了解放战争走向胜利的趋势。到战略决战阶段，人民群众展现了强大的革命主体力量。各地民众将战斗补给的粮食、被服等物资，以肩扛、车推、畜驮、船运等方式源源不断地送往前线，同时，自发组建运输队、担架队等随军组织，以分担战地勤务。战火所至，到处上演着军民协作、团结制胜的战斗活力。共产党领导的人民军队在人民群众的广泛支持下，最终赢得解放战争的胜利。

① 参见沈秉钧主编：《江苏省志 · 民政志》，方志出版社 2002 年版，第 272 页。

三、自力更生、发愤图强的建设性主体实践

新中国成立后，百废待兴、百业待举。中国共产党根据所处环境和肩负任务的变化，不断地思考如何在千疮百孔的“旧世界”上建设焕然一新的“新世界”。在新中国成立前夕召开的中国人民政治协商会议第一届全体会议上，《中国人民政治协商会议共同纲领》（以下简称《共同纲领》）正式通过。这份围绕“新民主主义”展开的建立新中国纲领，从政体、政治、经济、文化、民族、外交等方面，为“新世界”的建设指明了基本方向。依据《共同纲领》的指导方针，作为执政党的共产党领导人民开启了“恢复与发展”之路，肃清国民党反动派残余武装力量和土匪，和平解放西藏，实现祖国大陆完全统一；稳定物价，统一财经工作，完成土地改革，进行社会各方面民主改革，实行男女权利平等，镇压反革命，开展“三反”、“五反”运动，荡涤旧社会留下的污泥浊水，社会面貌焕然一新。① 到1952年底，在人民群众劳动实践的作用下，全国工农业生产总值达810亿元，与1949年相比增长77%之多；人民收入水平也极大提高，同1949年比较，工人平均工资提高70%，农民收入增加超过30%。② 此外，人民志愿军赢得抗美援朝战争的伟大胜利，发出了中国人民站起来后屹立于世界东方的“宣言书”，捍卫了新中国的安全，使得新中国真正站稳了脚跟。在这场波澜壮阔的战争中，英雄的中国人民志愿军充分发扬了祖国和人民利益高于一切、为了祖国和民族的尊严而奋不顾身的爱国主义精神，英勇顽强、舍生忘死的革命英雄主义精神，不畏艰难困苦、始终保持高昂士气的革命乐观主义精神，为了完成祖国和人民赋予的使命、慷慨

---

① 参见《中共中央关于党的百年奋斗重大成就和历史经验的决议》，人民出版社2021年版，第9页。

② 《中国共产党简史》编写组：《中国共产党简史》，人民出版社、中共党史出版社2021年版，第164页。

奉献自己一切的革命忠诚精神，为了人类和平与正义事业而奋斗的国际主义精神，锻造了伟大抗美援朝精神。

经过3年的有效治理，新中国具备了向社会主义过渡的驱动力。党中央根据历史发展规律与我国社会建设的实际，认识到“从中华人民共和国成立，到社会主义改造基本完成，这是一个过渡时期”①，并制定了过渡时期的总路线。即国家在逐步实现社会主义工业化的同时，逐步对与人民利益休戚相关的农业、手工业以及资本主义工商业实行社会主义改造。这一总路线坚持“人民创造历史”的唯物史观基本原理，遵循生产力与生产关系辩证统一的社会基本矛盾运动规律，具有科学的指导意义。

过渡时期总路线提出后，全党和全国人民把注意力转移到社会主义工业化的任务上来。为完成过渡时期总路线提出的工业化主体任务，党中央制定了新中国发展国民经济的第一个五年计划。从1953年开始，大规模的、有计划的经济建设工作在全国铺展开来。对于国家工业化建设的美好期待，激发了工人、农民、知识分子等全体劳动者的劳动热情，全国城乡迅速形成参加和支援国家工业化建设的热烈氛围。“一五”计划期间取得的工业化成就，使得新中国迅速从废墟上站了起来，奠定了我国建设独立完整的工业体系的基础，也形成了社会主义建设的有益探索。同时，社会主义改造也稳步推进。在农业的改造逻辑上，按照自愿互利、集体协作、帮扶引导的改造思路，以互助组、初级社、高级社的演进形态，稳步推进农业合作化。在手工业的改造逻辑上，以积极领导、稳步前进的改造思路，从小到大、从低到高，有步骤、有目的地实行合作化的供销形式。在工商业的改造逻辑上，从最初的“统购包销”方式发展为以“公私合营”为主要方式，走出一条灵活、有序、合理地改造新路。在此过程中，人民群众的创造主体性也得以充分发挥。1956年，我国基本上完成对生产资料

① 参见《毛泽东文集》第六卷，人民出版社1999年版，第316页。

私有制的社会主义改造，基本上实现生产资料公有制和按劳分配，建立起社会主义经济制度。与之相适应，国家政治、法律上层建筑领域的建设也不断完善，以更好地为建立社会主义经济基础服务。这一时期人民代表大会制度、中国共产党领导的多党合作和政治协商制度、民族区域自治制度的确立，为人民当家作主提供了政治制度保证。此外，各民族平等互助的社会主义民族关系、广泛的统一战线的形成和发展，巩固和壮大了人民主体力量。

总之，社会主义革命和建设时期，中国共产党领导人民完成社会主义革命，消灭一切剥削制度，实现了中华民族有史以来最为广泛而深刻的社会变革，实现了一穷二白、人口众多的东方大国大步迈进社会主义社会的伟大壮举。在社会主义建设的实践探索中，虽然经历了艰辛和曲折，但共产党领导人民在工业领域、科学领域、国防安全领域等取得的巨大成就也是毋庸置疑的。这些成就不仅展现了广大人民艰苦奋斗、意气风发、无私奉献的精神面貌，而且为之后新的历史时期开创中国特色社会主义奠定了重要基础。

四、解放思想、锐意进取的改革性主体实践

改革开放和社会主义现代化建设新时期，继续探索中国建设社会主义的正确道路，解放和发展社会生产力，使人民群众摆脱贫困、尽快富裕起来，是时代发展的呼唤，也是中国共产党面临的主要任务。党的十一届三中全会以后，以邓小平同志为主要代表的中国共产党人，团结带领全党全国各族人民，解放思想，实事求是，把党和国家工作中心转移到经济建设上来，作出改革开放的历史性决策，制定基本实现社会主义现代化的发展战略，成功开创了中国特色社会主义。党的十三届四中全会以后，以江泽民同志为主要代表的中国共产党人，团结带领全党全国各族人民，开创全面改革开放新局面，推进党的建设新的伟大工程，成功把中国特色社会

主义推向21世纪。党的十六大以后,以胡锦涛同志为主要代表的中国共产党人,团结带领全党全国各族人民,在全面建设小康社会进程中推进实践创新、理论创新、制度创新,成功在新形势下坚持和发展了中国特色社会主义。这一时期蕴藏在人民群众中的创造伟力得以充分激发,不可能在人民群众手中成为了可能。掌握着自身命运的人民群众在中国特色社会主义的实践探索中焕发出前所未有的积极性、主动性、创造性,在改革开放和社会主义现代化建设中展现出气吞山河的强大力量。①

在改革开放起步之时,以邓小平同志为主要代表的中国共产党人始终坚持人民立场,鼓励人们敢想、敢闯、敢试,让人民群众在改革实践中探索出了一条新路。在农村地区,家庭联产承包责任制与乡镇企业被视为农村改革的“两大创造”。以家庭联产承包责任制的形成为例,其最初的灵感源自地方包产到户、包干到户的做法。1978年,安徽省省委为解决因干旱造成的农业生产困难问题,采取了“借地度荒”的临时措施。这一措施起到了调动农民生产积极性的作用,也使得全省超额完成秋种计划。随后,安徽省一些地方的基层干部和农民从“借地”措施中获得启发,开始尝试冲破旧体制的限制,探索包干到组、包产到户的做法。凤阳县梨园公社小岗村的18户农民率先开始探索大包干,“直来直去不拐弯,交足国家的,留够集体的,剩下就是自己的”②。这种做法契合农业生产实际,兼顾国家、集体、农民利益,受到广大农民欢迎。四川、甘肃、云南、广东等省份也探索了类似做法。后来党中央对包产到户、包干到户等农业生产责任制形式的基本改革实践及时进行总结,形成了指导全局的方针政策,对广大农民的实践创造给予了充分肯定。随着新的经营体制在广大农村的推行,农民有了更大的生产和经营自主权,可以利用剩余劳力和资金发

① 参见中共中央党史和文献研究院编:《十九大以来重要文献选编》上,中央文献出版社2019年版,第725页。

② 习近平:《论“三农”工作》,中央文献出版社2022年版,第197页。

展多种经营。各地农村很快涌现出一大批乡镇企业，拓宽了广大农民增收致富的渠道，增强了农村地区经济社会发展的动力。此外，在城市地区，逐步推进的经济体制改革，促使国有企业的“松绑”转化为更大的经济效益，个体、私营、外企等多种经济形式如雨后春笋般涌现，人民群众的劳动生产能力与财富创造能力得到极大提高。

世纪之交，面对来自国内国际的各种严峻挑战，以江泽民同志为主要代表的中国共产党人从最广大人民的根本利益出发，以力排万难、迎难而上的治理决心和治理能力，团结带领全党全国各族人民攻克了中国特色社会主义在跨世纪发展道路上的各种难题，使人民群众的集体意志得以充分彰显、集体力量得以充分发挥。一方面，人民群众的集体意志和集体力量体现在防范化解重大风险的问题上，尤其在1998年全国抗洪抢险的胜利中得到高度诠释。从我国跨世纪的发展形势整体观瞻，这一难关是关系人民力量与自然灾害的斗争，更关系新形势下改革开放和社会主义现代化建设成果保卫的斗争。① 在党的坚定领导与科学指挥下，全国人民与党员干部、人民子弟兵联合行动、力挽狂澜，与洪涝灾害顽强斗争，最终以联合起来的集体力量战胜了这场天灾，将可能的损失减少到最小程度。“这次抗洪抢险的胜利，归根到底是人民力量的胜利。中国人民再一次显示出同甘共苦、同舟共济的宝贵精神，再一次展现出自力更生、自强不息的豪迈气概。”②另一方面，人民群众的集体意志和集体力量体现在实现总体小康的问题上。在《国家八七扶贫攻坚计划》的指导下，贫困地区人民群众运用“扶贫开发”的思路与模式，趟出了一条自力更生、摆脱贫困、奔向富裕的发展道路，不仅现实地解决了物质资料的占有问题，

---

① 1998年9月28日，江泽民在全国抗洪抢险总结表彰大会上论述了抗洪抢险与世纪之交中国发展的重大关联。他讲道：“坚决战胜这场洪水，是保护人民生命财产安全、保卫改革开放与现代化建设成果的一场重大斗争，也是对中国人民与天奋斗的勇气、信心、力量的一场严峻考验。”参见《江泽民文选》第二卷，人民出版社2006年版，第223页。

② 《江泽民文选》第二卷，人民出版社2006年版，第229页。

特别是温饱问题，而且充分地彰显了“自强不息、艰苦创业”的主体创造精神。到“九五”计划收官之际，人民生活总体达到小康水平。

进入新世纪，我国的综合实力得到显著增强，人民“富起来”的美好愿景不断转变为新的现实。然而，我国经济社会发展也逐渐暴露出一些新矛盾新问题，例如，长期追求财富的量的积累，轻视了质的方面；长期围绕物质资料的生产做文章，轻视了精神文化的大文章；长期信奉“人定胜天”“征服自然”等发展理念，付出了沉痛的生态环境代价，损害了发展的可持续性；等等，加之“非典”疫情带来的警示，引发党和人民对新形势下中国发展问题的深入思考。“实现什么样的发展、怎样发展”这一重大问题，历史性地摆到了中国共产党人面前。以胡锦涛同志为主要代表的中国共产党人坚持科学发展观，抓住重要战略机遇期，聚精会神搞建设，一心一意谋发展，开启了全面建设小康社会的新征程。新形势下，胡锦涛指出：“人民群众是推动科学发展的主体。科学发展取得了多大成效、是否真正实现了，人民群众感受最真切、判断最准确”①。在农村地区，广大农民的主体活力随着农业税的全面取消得到充分释放。从 2004 年至 2011 年，全国粮食生产实现八连增。农民人均收入接连迈过 3000 元、4000 元、5000 元关卡，尤其“十一五”期间年均增长 8%以上。② 物质财富的持续增长，直接地转化为广大农民的生产动力，也间接地作用于广大农民对美好家园的建设热情。“生产发展、生活宽裕、乡风文明、村容整洁、管理民主”的社会主义新农村建设火如荼地展开。在城镇地区，随着新型城镇化建设的有序推进，原有的城市居民与由农业人口转移而来的新市民一道，为城镇地区的改革发展贡献主体力量。值得一提的是，这一时期农民工群体融入城镇地区发展成为一道“风景线”。农民工主要是指户籍

① 《胡锦涛文选》第三卷，人民出版社 2016 年版，第 99 页。

② 参见曹普：《当代中国改革开放史》下卷，人民出版社 2016 年版，第 629 页。

属于农村地区但物质生活来源主要通过在城镇地区从事非农类别产业、以劳动力换取工资收入的劳动者群体，他们为新型城镇化建设注入了重要动力。此外，这一时期人民群众的主体作用也体现在成功应对国际金融危机冲击和重大自然灾害的考验上。在化解这些危机时刻的过程中，人民群众众志成城、迎难而上、共克时艰，生动演绎了“人民是历史创造者，是振兴中华最深厚的力量”①。

五、自信自强、守正创新的新时代实践

党的十八大以来，中国特色社会主义进入新时代。中国特色社会主义新时代是我国发展新的历史方位。在新的历史条件下，中国发展目标不再是一味地延续过去的步调，而是要在接近全面小康、实现全面小康以及全面小康建成之后的发展跨越上做好文章，即在决胜全面建成小康社会的基础上，迈上全面建设社会主义现代化国家新征程、向第二个百年奋斗目标进军。从发展特征看，相较于改革开放和社会主义现代化建设新时期注重以工具理性的量化指标衡量和评价经济社会发展，中国特色社会主义新时代融合价值理性的质性分析，以兼顾“质”与“量”的辩证统一原则指导经济社会发展，追求高质量的全方位发展。从发展动力看，中国特色社会主义进入新时代，意味着要不断扬弃“以经济建设为中心”的物质动力观，要站在人类文明发展进步的历史高度，从更宏阔、更深刻的唯物史观整体意蕴出发，坚持“以人民为中心”的历史动力观。

在新的历史方位下，以习近平同志为核心的党中央，以伟大的历史主动精神、巨大的政治勇气、强烈的责任担当，统筹国内国际两个大局，贯彻党的基本理论、基本路线、基本方略，统揽伟大斗争、伟大工程、伟大事业、伟大梦想，坚持稳中求进工作总基调，出台一系列重大方针政策，推出一

① 《胡锦涛文选》第三卷，人民出版社2016年版，第128页。

系列重大举措，推进一系列重大工作，战胜一系列重大风险挑战，解决了许多长期想解决而没有解决的难题，办成了许多过去想办而没有办成的大事，推动党和国家事业取得历史性成就、发生历史性变革。[①] 特别是党中央根据人民对美好生活向往的新需求和我国经济社会发展的新变化，及时对社会主要矛盾作出科学判断，即我国社会主要矛盾已经转化为人民日益增长的美好生活需要和不平衡不充分的发展之间的矛盾，并在此基础上合理地制定治国理政的“路线图”和“施工图”，团结带领全国各族人民不断为新时代的美好生活而奋斗。

从物质文明看，我国经济实力、科技实力、综合国力实现历史性跃升。在政策指导方面，坚持贯彻新发展理念，着力推进高质量发展，推动构建新发展格局，实施供给侧结构性改革，制定一系列具有全局性意义的区域重大战略。在基础建设方面，建成世界最大的高速铁路网、高速公路网，机场港口、水利、能源、信息等基础设施建设取得重大成就。在创新驱动方面，加快推进科技自立自强，迈入创新型国家行列。一些关键核心技术实现突破，战略性新兴产业发展壮大，载人航天、探月探火、新能源技术、大飞机制造等取得重大成果。在对外开放方面，实行更加积极主动的开放战略，形成更大范围、更宽领域、更深层次对外开放格局。共建“一带一路”成为深受欢迎的国际公共产品和国际合作平台。值得一提的是，与世界其他经济体发展疲软、复苏乏力形成鲜明对比，我国经济发展保持强劲势头，成为世界经济增长的动力之源、稳定之锚。

从政治文明看，国家治理体系与治理能力现代化水平显著提高，“中国之治”展现出具有中国特色的政治活力。在政治改革方面，从中央支持全面深化改革的持续发力，到地方基层破除体制机制壁垒的自主探索，

① 参见《中共中央关于党的百年奋斗重大成就和历史经验的决议》，人民出版社2021年版，第27页。

许多领域实现历史性变革、系统性重塑、整体性重构。如浙江省"最多跑一次",作为"放管服"改革的浙江"金招牌",典型地代表了新时代地方行政求新求变的"先行棋"。在政治优化方面,坚定不移走中国特色社会主义政治发展道路,发展全过程人民民主,社会主义民主政治制度化、规范化、程序化全面推进,中国特色社会主义政治制度优越性得到更好发挥。特别是人民群众在基层民主实践中探索出民主恳谈会、听证会、网络议政、远程协商、"立法直通车"、"小院议事厅"、"板凳民主"等别具特色又充满智慧的基层民主形式,生动诠释着人民当家作主的真谛。在政治保障方面,以人民代表大会制度这一根本政治制度,中国共产党领导的多党合作和政治协商制度、民族区域自治制度、基层群众自治制度等基本政治制度为主要内容的人民当家作主制度体系,为维护人民利益奠定了坚实制度基础。以宪法为核心的中国特色社会主义法律体系不断完善,为人民当家作主提供了坚实的法律制度保障。法治建设的体制机制不断健全,依法治国的基本方略全面落实,依法治国、依法执政、依法行政共同推进,法治国家、法治政府、法治社会一体建设,公平正义的阳光照进了人民心田。

从精神文明看,社会主义文化欣欣向荣,人民群众精神文化生活愈发丰富,全社会凝聚力和向心力极大提升。在思想武装方面,党的创新理论深入人心。习近平新时代中国特色社会主义思想是新时代全党全国各族人民创造新的历史伟业的精神旗帜和行动指南。人民群众坚持用习近平新时代中国特色社会主义思想武装头脑,坚持真学真懂真信真用。从中央到地方,理论学习氛围愈发浓厚,理论普及范围不断延伸。党的好声音逐渐化作社会最强音,成为指导人民群众认识世界、改造世界的强大理论武器。在精神状态方面,人民群众文化自信明显增强、精神面貌更加奋发昂扬。人民群众不仅对源远流长、博大精深的中华文化充满自信,而且对在百余年的伟大斗争中孕育的革命文化和社会主义先进文化充满自信。

这种文化自信有力地增强了人民群众的民族自信心和自豪感,促使人们越发理性地看待中国与世界的关系,也越发展现出自强自立、奋勇争先、开拓进取的精神气质。在文化生活方面,人民群众的精神文化需求日益多样化、个体化,人民群众的精神文化享受也更加充实、更为丰富、更高质量。文艺精品频频涌现,文化产业繁荣发展,文化旅游深度融合,文化惠民不断普及,人民群众的文化权益得到有效保障。在社会风尚方面,全社会大力弘扬和践行社会主义核心价值观,使之像空气一样无处不在、无时不有,并深刻作用于人们日用而不觉的行为准则中。随着公民道德建设工程的深入实施以及精神文明创建活动的深入开展,全社会向上向善的文明新风日益形成。

从社会文明看,人民生活全方位改善,社会治理不断创新,人民群众获得感、幸福感、安全感显著增强。一是底线性的贫困治理工程全面完成。我国打赢脱贫攻坚战,消除绝对贫困问题,如期全面建成小康社会,创造了人类脱贫史的奇迹。在这场史无前例的脱贫攻坚战中,党政军民学全面参与,大家合力拔穷根、携手奔小康,充分彰显了举国同心、同甘共苦的团结伟力。二是基础性的民生工程持续推进。与老百姓日常生活最密切的收入分配、教育、就业、医疗卫生、社会保障、住房等民生重点领域建设取得巨大成就,幼有所育、学有所教、劳有所得、病有所医、老有所养、住有所居、弱有所扶的美好生活需要不断转变为新的现实。三是系统性的社会治理工程初见成效。社会治理体系不断完善,社会治理制度不断健全,社会治理社会化、法治化、智能化、专业化水平大幅度提升,“城市大脑”“智慧社区”“数字治理”等新形式新方法逐步被推广应用,人人有责、人人尽责、人人享有的社会治理共同体建设步伐加快。

从生态文明看,人与自然和谐共生的美丽中国画卷徐徐展开,人民群众享有更广泛、更普惠的绿色福祉。在战略定位上,面对改革开放以来我国经济发展所积累的大量生态环境问题,面对人民群众从“求生存”到

“求生态”的美好生活需要的转变，党中央把生态文明建设摆在全局工作的突出位置，将生态文明建设纳入中国特色社会主义事业“五位一体”总体布局，将“中国共产党领导人民建设社会主义生态文明”写入党章，作出“推动绿色发展，促进人与自然和谐共生”的重大部署，科学地擘画绿色发展的“千年大计”。在实践举措上，党中央以前所未有的力度推进“天更蓝、山更绿、水更清、环境更优美”的绿色行动，全方位、全地域、全过程加强生态环境保护，开展一系列根本性、开创性、长远性工作，开创生产发展、生活富裕、生态良好的文明发展道路，让绿色成为新时代中国的鲜明底色。在主体参与上，人民群众不仅在绿水青山中共享自然之美、生命之美、生活之美，也踊跃参与到社会主义生态文明建设的具体行动中。从植绿护绿到垃圾分类，从“光盘”行动到节约资源，人民群众积极响应，功不可没。绿色低碳环保理念逐渐深入人心，绿色生活方式日益成为社会新风尚。

“新时代属于每一个人，每一个人都是新时代的见证者、开创者、建设者。”①在中国特色社会主义新时代，人民群众更加自信、自立、自强，不断增强志气、骨气、底气，将在过往历史进程中积累的强大能量充分释放，焕发出前所未有的历史主动精神、历史创造精神，信心百倍地书写着中国发展的崭新篇章。

第三节 马克思“现实的人”理论在中国发展的智慧结晶

“理论的生命力在于不断创新，推动马克思主义不断发展是中国共

① 中共中央党史和文献研究院编：《十九大以来重要文献选编》上，中央文献出版社2019年版，第393页。

产党人的神圣职责。”①百余年来，一代代中国共产党人始终坚持以马克思“现实的人”理论的立场观点方法为指导，从不同历史时期的不同实践基础出发，及时回答时代提出的重大课题，不断赋予“现实的人”以新的时代内涵，形成了马克思主义中国化时代化视域下“现实的人”的理论表达，展现了中国共产党人不断推进理论创新的集体智慧。

一、新民主主义革命时期中国共产党人对“现实的人”的理论探索

在新民主主义革命时期，以毛泽东同志为主要代表的中国共产党人，将马克思“现实的人”理论的基本原理同中国革命的具体实际相结合，对革命斗争情境下人民群众主体性实践所积累的一系列经验进行总结提炼，形成了新民主主义革命语境下“现实的人”的理论面相。

一是同人民群众在一起的革命立场。革命之初，由于近代“碎化社会”的离心力作用，社会各阶层之间或隐或显地存在着关系隔膜。特别是对于穷苦的工农群众，社会上广泛存在嫌隙心态。而共产党人始终坚持工农群众的革命主体地位，与工农群众之间的感情不断升温。毛泽东说道：“革命了，同工人农民和革命军的战士在一起了，我逐渐熟悉他们，他们也逐渐熟悉了我”，“尽管他们手是黑的，脚上有牛屎，还是比资产阶级和小资产阶级知识分子都干净。这就叫做感情起了变化，由一个阶级变到了另一个阶级”。② 随着革命进程不断发展，党与人民群众形成了鱼水情深的关系，同人民群众在一起的革命立场越发坚定。毛泽东就红色政权如何保持这一革命立场的问题，经常劝诫工农兵代表：“一切群众的实际生活问题，都是我们应当注意的问题。假如我们对这些问题注意了，

① 《习近平谈治国理政》第三卷，外文出版社 2020 年版，第 76 页。

② 《毛泽东选集》第三卷，人民出版社 1991 年版，第 851 页。

解决了,满足了群众的需要,我们就真正成了群众生活的组织者,群众就会真正围绕在我们的周围,热烈地拥护我们。”①无论处在革命的顺境还是逆境中,共产党人始终站在工人、农民、红军以及一切劳苦大众的一边,与人民群众风雨同舟、血脉相通、命运与共。

二是依靠人民群众的革命主体力量。在走上革命道路之后,毛泽东在分析红色政权的存在原因时,初步认识到人民群众蕴藏的巨大革命力量。他指出,红色政权存在的地方,不是没有经过革命影响的地方,而是“工农兵士群众曾经大大地起来过的地方”,“有过很广大的工会和农民协会的组织,有过工农阶级对地主豪绅阶级和资产阶级的许多经济的政治的斗争”。② 毛泽东这种注重工农群众力量的革命观认识在抗战时期逐渐成熟。在抗战初期,从国民党片面抗战主张所导致的抗战失利教训中,毛泽东提出“兵民是胜利之本”的观点。他强调,战争取胜的关键因素,并非坚船利炮、精良武装和精锐部队,而是军队和民众的联合,要发挥好人民群众的革命主体力量。对于该时期革命形势的分析,毛泽东也是从人民群众的革命主体性角度出发的。他强调,革命不是一小撮的团体去行动的,它的行动主体是人民群众,“就是中国的老百姓”;革命的根本动力也不是来自于某一孤立的阶级,而是来自于“革命的骨干”,即占到全国人口绝大多数的工人农民。③

三是形成人民民主专政的政治构想。在马克思对“现实的人”的权利规定中,国家机体是属于人民的现实所有物,国家治理也是属于人民自己的公共事务。毛泽东在青年时代就萌发了“民众的大联合”的政治改革设想,表达了对人民当家作主的政治向往。在新民主主义革命时期,基于红色革命政权建设的实践探索,毛泽东初步提出“各革命阶级联合专

---

① 《毛泽东选集》第一卷,人民出版社 1991 年版,第 137 页。

② 《毛泽东选集》第一卷,人民出版社 1991 年版,第 49—50 页。

③ 参见《毛泽东选集》第二卷,人民出版社 1991 年版,第 562 页。

政”的建国主张，即建立“在无产阶级领导下的一切反帝反封建的人们联合专政的民主共和国”①。之后，毛泽东在《论联合政府》一文中进一步阐述了新民主主义的国家形态和政权形态，主张“建立一个以全国绝对大多数人民为基础而在工人阶级领导之下的统一战线的民主联盟的国家制度”，“新民主主义的政权组织，应该采取民主集中制，由各级人民代表大会决定大政方针，选举政府”。② 所以，人民始终是毛泽东思考中国政治出路的中心，人民应当建立真正属于自己的国家并建立代表自己的政府和其他权力机关。1948年，在为新中国成立做准备的中央政治局扩大会议上，毛泽东第一次比较系统地论述了“人民民主专政”的政治建设蓝图。具体而言，在国体上，呈现为无产阶级领导的，以工农联盟为基础的人民民主专政；在政体上，建立遵循民主集中制原则的各级人民代表大会；在政治运作上，人民通过共产党领导的人民民主统一战线形成强大的政治联合力量，在各级人民代表大会中通过行使民主权利形成共同的政治意志。“人民民主专政”的政治主张也得到了各民主党派和爱国民主人士的普遍认同，成为指导新中国成立和新政权建设的重要方针。

四是尊重人民群众的伟大创造力。在正确分析人民群众的革命主体性的同时，毛泽东也深化了对人民群众创造主体性的唯物史观理解。在写给新编革命剧《逼上梁山》剧目主创人员的信中，毛泽东肯定了主创人员对人民群众创造历史的生动演绎。以往的传统戏曲剧目总是演绎“历史的颠倒”，将普通民众编造为渣滓，而将剥削阶级奉为“历史主角”。这种艺术表演的陈规，实际上是对人民群众主体地位的“矮化”“丑化”，是一种黑白颠倒。毛泽东认为，真正的历史叙事恰是“颠倒过来”，历史是人民创造的。借着对传统戏曲剧目改革的高度肯定，毛泽东赞扬了人民

① 《毛泽东选集》第二卷，人民出版社1991年版，第675页。

② 《毛泽东选集》第三卷，人民出版社1991年版，第1056—1057页。

群众的创造主体作用。具体来看,在物质创造方面,面对革命边区遭遇的经济困难,毛泽东强调,边区人民群众是物质财富的根本创造者,"群众有伟大的创造力"①。因此,必须把边区人民群众组织动员起来,与革命军队一起,形成劳动生产的联合大军,促使人民群众的物质创造力量转化为解决经济困难的强大动力。在精神文化创造方面,毛泽东指出,一切精神财富的创造主体是人民群众。对于文化知识的获取,"群众是真正的英雄",如果不尊重这一点,往往是"幼稚可笑的",更无法获得"起码的知识"。② 对于文学艺术的创作,人民群众火热的现实生活是丰富的原料,是取之不尽、用之不竭的根本源泉。

五是明确全心全意为人民服务的根本宗旨。在革命斗争中,共产党人为了人民群众能够过上翻身作主的幸福生活,大力发扬无产阶级革命奉献精神,毫不利己、专门利人。1939 年,毛泽东在评价陈伯达撰写的《孔子的哲学思想》一文时指出,应当对孔子道德论当中的"知仁勇"进行"历史的唯物论的批判"。他认为,孔子所言的"知"存在脱离客观事实的倾向,其在"仁"和"勇"方面的理解亦是如此。"仁"是于统治者而言,而非芸芸众生。勇是"勇于压迫人民,勇于守卫封建制度,而不勇于为人民服务"③。在革命情境下来看,"知"应当是科学的理论,"仁勇是拿理论、政策等见之实践时候应取的一二态度",是"亲爱团结,克服困难"。④ 通过批判性地反思传统道德观念,毛泽东初步表达了共产党人的道德观,即要在将理论、政策、思想等见之于实践时,采取"亲爱团结""克服困难"的态度,仁义于人民、勇于为人民服务。随后,白求恩无私奉献、英勇牺牲的共产主义英雄事迹,让毛泽东看到了共产党人为人民服务、对人民极端热忱的义利取向。

---

① 《毛泽东选集》第三卷,人民出版社 1991 年版,第 933 页。
② 参见《毛泽东选集》第三卷,人民出版社 1991 年版,第 790 页。
③ 《毛泽东文集》第二卷,人民出版社 1993 年版,第 162—163 页。
④ 参见《毛泽东文集》第二卷,人民出版社 1993 年版,第 163 页。

与此同时，毛泽东也不断思考“什么是共产党员”。在纪念抗战6周年的政治宣言中，毛泽东指出：“共产党员是一种特别的人，他们完全不谋私利，而只为民族与人民求福利。”①因此，共产党员的行动也应该以“利于人民”“益于人民”为导向的，紧紧地和人民在一起，保卫人民，如同保卫自己的眼睛一样。所以，共产党人行动的出发点是受苦受难的人民群众，他们的落脚点也是人民群众，而不是为了追求狭隘的个人目的。在张思德同志的追悼会上，毛泽东指出，组成革命队伍的每一个个体虽然来自五湖四海，但都是为人民服务的，都是为了完全地解放人民、彻底地为人民的利益工作的共同革命目标而集结出发。对于“为人民服务”的政治表述，毛泽东强调，共产党人要全力以赴，以全心全意的状态服务人民，而不是“半心半意”或“三心二意”的状态。毛泽东在党的七大作政治报告时明确指出：“我们共产党人区别于其他任何政党的又一个显著的标志，就是和最广大的人民群众取得最密切的联系。全心全意地为人民服务，一刻也不脱离群众；一切从人民的利益出发，而不是从个人或小集团的利益出发；向人民负责和向党的领导机关负责的一致性；这些就是我们的出发点。”②随后，“全心全意为人民服务”被写入党章，成为党的根本宗旨。

二、社会主义革命和建设时期中国共产党人对“现实的人”的理论探索

在社会主义革命和建设时期，以毛泽东同志为主要代表的中国共产党人，继续将马克思“现实的人”理论的基本原理同中国最为广泛而深刻的社会变革的具体实际相结合，对社会主义建设初步探索情境下人民群

① 《毛泽东文集》第三卷，人民出版社1996年版，第47页。

② 《毛泽东选集》第三卷，人民出版社1991年版，第1094—1095页。

众主体性实践所积累的一系列经验进行归纳概括,形成了社会主义革命与建设语境下"现实的人"的理论面向。

其一,回答了"人民是什么"的唯物史观基本问题。在唯物史观的理论视域中,"人民"是一个历史性的主体概念。中国共产党从建党之初起便将唯物史观的"人民"概念同中国革命的具体实际相结合,在艰苦卓绝的革命斗争中逐渐认清了人民与敌人的界限,团结带领人民群众形成革命统一战线,发挥革命主体力量,最终实现民族独立、人民解放,开启了中国发展的新纪元。在新中国成立前夕发表的《论人民民主专政》一文中,毛泽东就对"人民是什么""哪些人是属于人民"等问题进行了理论分析。他指出,人民"在中国,在现阶段,是工人阶级,农民阶级,城市小资产阶级和民族资产阶级"①。这种以阶级来认识人民的思路,为新中国成立后共产党人科学地界定人民提供了基本的分析范式。在《关于正确处理人民内部矛盾的问题》一文中,毛泽东对"人民"和"敌人"作了系统区分。"在抗日战争时期,一切抗日的阶级、阶层和社会集团都属于人民的范围,日本帝国主义、汉奸、亲日派都是人民的敌人。在解放战争时期,美帝国主义和它的走狗即官僚资产阶级、地主阶级以及代表这些阶级的国民党反动派,都是人民的敌人;一切反对这些敌人的阶级、阶层和社会集团,都属于人民的范围。在现阶段,在建设社会主义的时期,一切赞成、拥护和参加社会主义建设事业的阶级、阶层和社会集团,都属于人民的范围;一切反抗社会主义革命和敌视、破坏社会主义建设的社会势力和社会集团,都是人民的敌人。"②所以,在毛泽东看来,"人民"是与"敌人"相对照的一个社会政治概念,是在具体的历史阶段,处于历史进步方向一边、肩负历史发展任务、推动社会发展的一定阶级、阶层、社会集团的集合体。

① 《毛泽东选集》第四卷,人民出版社1991年版,第1475页。
② 《毛泽东文集》第七卷,人民出版社1999年版,第205页。

他在对人民概念的内涵与外延进行厘定时，遵循着“质”与“量”的辩证统一原则，即在质的标准上坚持历史进步原则，在量的标准上坚持绝大多数原则，并在具体的历史分析、阶级分析和施政分析中有机地嵌入、耦合二者。①

其二，丰富了人民民主专政的战略意涵。在筹建新中国的过程中，人民民主专政的政治主张得到充分体现。1949 年 9 月，中国人民政治协商会议第一届全体会议在北平召开。肩负着全国人民嘱托和希望的 662 名代表出席会议，共商国是、协商建国，展现了全国各族人民、各界群众空前团结的政治气象，也是人民民主专政的一次生动实践。新中国成立后，第一届全国人民代表大会通过的《中华人民共和国宪法》，将人民民主专政的政治主张转化为人民行使当家作主权利的制度安排，真正实现了人民掌握国家权力的历史性变革，也为之后朝向社会主义民主政治道路前进夯基垒台。进入到社会主义建设时期后，我国实行人民民主专政的阶级基础发生了重大转变。工人阶级队伍不断扩大，农民阶级和其他劳动者群体成为社会主义的劳动者，民族资产阶级被改造为社会主义劳动者，知识界也成为服务社会主义建设事业的重要力量。所以，阶级矛盾已经基本解决。在此基础上，如何更好地实现人民民主专政？毛泽东认为，最根本的是不断扩大人民的民主权利，以充分的民主保障人民的各项权益。人民不仅拥有宪法规定的言论、出版、集会、结社、游行、示威、宗教信仰等自由权利，而且可以广泛参与政治活动。同时，对于人民内部的矛盾要用民主的办法来解决，用好“团结——批评——团结”的方法，让民主成为一种解决问题的手段，成为“具体的民主”。此外，毛泽东指出，在新的历史阶段，人民民主专政的作用也发生了重大变化。除了具有“维护社会

① 参见李德顺：《邓小平人民主体价值观思想研究》，北京出版社 2004 年版，第 110—111 页。

秩序和广大人民的利益”的直接作用，人民民主专政还具有“保卫全体人民进行和平劳动，将我国建设成为一个具有现代工业、现代农业和现代科学文化的社会主义国家”①的战略作用。也就是说，实行人民民主专政，可以为更好地建设社会主义提供坚实的政治保障。

其三，形成了以人的全面发展为旨趣的社会主义劳动观。不论是在大规模的工业建设还是社会主义改造过程中，毛泽东都十分注重人的主观能动性问题，强调人民是掌握自己命运的主人。他说道：“自己不能掌握自己的命运，那是不好的，每天难过日子。”②在党和国家的号召下，人民群众以主人翁的姿态投身热火朝天的生产劳动。进入全面的大规模的社会主义建设阶段以后，毛泽东将共产主义的远大理想与社会主义建设的现实任务结合起来，认识到社会主义建设的根本目的是实现人的全面发展。而在社会主义建设的进程中，要使得人们不断地自我发展、自我提升，以更好地朝着人的全面发展的目标努力，仍然需要人们依靠自己的双手去奋斗。毛泽东指出：“社会主义制度的建立给我们开辟了一条到达理想境界的道路，而理想境界的实现还要靠我们的辛勤劳动。”③他号召知识分子、军队、干部以及普通劳动者都要积极参加生产劳动，在为社会主义建设事业贡献力量的同时，不断改造个体的主观世界，从而实现“在德育、智育、体育几方面都得到发展，成为有社会主义觉悟的有文化的劳动者”④。此外，毛泽东在思考人的全面发展问题上也特别注重教育与生产劳动的结合问题，强调二者都是实现人的全面发展的不可或缺的方面。人们通过脑力劳动的方式学习科学文化知识、提高思想素养，同时，在参加体力劳动的过程中运用和实践所学知识，以更好地认识客观世界、改造

① 参见《毛泽东文集》第七卷，人民出版社 1999 年版，第 207 页。

② 《毛泽东文集》第六卷，人民出版社 1999 年版，第 494 页。

③ 《毛泽东文集》第七卷，人民出版社 1999 年版，第 226 页。

④ 《毛泽东文集》第七卷，人民出版社 1999 年版，第 226 页。

主观世界。在这种劳动育人理念的指导下，这一时期工学结合、农学结合的教育模式得到普及，劳动教育成为学生的必修课，同时，也造就了一大批合格的社会主义劳动者。

三、改革开放和社会主义现代化建设新时期中国共产党人对“现实的人”的理论探索

在改革开放和社会主义现代化建设新时期，中国共产党人将马克思“现实的人”理论的基本原理同中国大踏步追赶时代发展步伐的具体实际相结合，对中国特色社会主义情境下人民群众主体性实践所积累的一系列经验进行理论深化，形成了改革开放和社会主义现代化建设语境下“现实的人”的理论面相。

党的十一届三中全会以后，以邓小平同志为主要代表的中国共产党人，明确了人民导向的改革观。第一，将改善人民生活作为政策设计与实践探索的现实追求。在探索社会主义正确道路的进程中，如何提高人民生活水平是邓小平十分关心的重大现实问题。在赴地方的考察调研中，邓小平语重心长地讲道：“我们要想一想，我们给人民究竟做了多少事情呢？我们一定要根据现在的有利条件加速发展生产力，使人民的物质生活好一些，使人民的文化生活、精神面貌好一些。”①促使人民生活得到实实在在的改善，是邓小平衡量社会主义建设事业成败的关键标准，也是坚持实事求是原则的内在要求。根据这一人民导向的价值追求，改革开放的伟大决策得以实行，社会主义现代化建设开创全新局面。在后来关于市场经济姓“资”还是姓“社”的认识判断上，邓小平仍然把“提高人民的生活水平”作为核心评判原则。第二，发扬群众路线的光荣传统。推进改革开放和社会主义现代化建设是前无古人的历史重任，涉及亿万人民

① 《邓小平文选》第二卷，人民出版社 1994 年版，第 128 页。

的利益。他告诫党员干部，进入新的历史时期之后，不论社会物质条件如何优越，也不能忘记“从苦里过来”的岁月，更不能贪图享受特权的“甜”而漠视人民生活的苦、侵害人民的利益。邓小平指出：“不管天下发生什么事，只要人民吃饱肚子，一切就好办了”，“把人民团结起来，就比较容易克服面临的各种困难”。① 因此，面对全新的时代课题，邓小平反复强调群众路线的重要性，要求广大党员干部要密切联系群众，听取群众的呼声，了解群众的想法，把群众的得失作为衡量政策实施效果的硬标准。第三，尊重人民首创精神。“摸着石头过河”必然充满挑战与未知，经常需要破解一些新题难题。邓小平在指导改革开放的过程中，坚持人民群众的主体性原则，善于从人民群众的实践创造中总结出有益经验，并将这些鲜活的经验作为我们党制定路线、方针、政策的重要依据。在邓小平看来，紧紧依靠人民的创造性实践，中国特色社会主义才能不断取得成功。例如，在谈到农村家庭联产承包责任制的形成问题时，邓小平说道：“农村搞家庭联产承包，这个发明权是农民的。农村改革中的好多东西，都是基层创造出来，我们把它拿来加工提高作为全国的指导。”②

党的十三届四中全会以后，以江泽民同志为主要代表的中国共产党人，巩固了人民导向的政党观。世纪之交，伴随国内外形势的新变化，党的建设也面临新情况。如何强健党的肌体以应对各种风险挑战，是亟需解开的重大时代课题。第一，强化人民利益指向的党建基础。中国共产党从成立之日起，就把全心全意为人民谋利益作为自己的行为准则，并在艰苦奋斗中切切实实地为人民谋利益。这是党和人民鱼水情深的奥秘所在，也是社会主义建设事业不断取得进步的显著标志。江泽民不断强调：“我们的党员必须时刻记住，自己手中掌握的权力是人民赋予的，只能用

① 《邓小平文选》第二卷，人民出版社 1994 年版，第 406 页。

② 《邓小平文选》第三卷，人民出版社 1993 年版，第 382 页。

来为人民谋利益，绝不能用来为个人或小团体捞取好处，绝不能损害人民的利益。”①之后，江泽民在阐述党的组织基础、历史来路以及发展进路等问题时，均充分观照了为人民谋利益的价值旨趣。在一定意义上，将人民视为利益主体、真正关心人民利益，是江泽民解开新形势下党的建设的基本问题的“锁钥”。第二，开展人民利益指向的党内教育。针对党员干部素质、责任感和工作水平等方面存在的问题，江泽民提出要持续加强党内学习教育。根据这一指示精神，党的十四届六中全会作出决定，对县处级以上领导干部进行一次以讲学习、讲政治、讲正气为主要内容的党性党风教育。讲学习，侧重从理论维度改造主观世界，教育党员干部掌握为人民谋利益的领导本领；讲政治，侧重从政治维度改造主观世界，警示党员干部站稳人民立场、与人民同心同向；讲正气，侧重从道德维度改造主观世界，引导党员干部树立和发扬为人民服务的正气，反对和抵制侵害人民利益的不正之风。“三讲”教育开展期间，广大党员干部深入人民群众中间，想人民之所虑，急人民之所难，谋人民之所求，帮助困难群众解决实际困难，使一些长期未能解决的热点、难点问题程度不同地得到了解决。②第三，形成人民利益指向的使命担当。在赴广东进行调研时，江泽民概括了我们党始终赢得人民支持与拥护的秘诀，即我们党“总是代表着中国先进生产力的发展要求，代表着中国先进文化的前进方向，代表着中国最广大人民的根本利益，并通过制定正确的路线方针政策，为实现国家和人民的根本利益而不懈奋斗”③。这是江泽民首次论及“三个代表”重要思想，指出了我们党在历史积淀中形成的先进性特征。虽然生产力、文化和利益代表不同的内容领域，但其根本目的是为了人民。“不断发展先进

① 中共中央文献研究室编：《十四大以来重要文献选编》中，人民出版社 1997 年版，第 1194—1195 页。

② 参见罗平汉主编：《中国共产党群众路线思想史》，人民出版社 2013 年版，第 317 页。

③ 《江泽民文选》第三卷，人民出版社 2006 年版，第 2 页。

生产力和先进文化，归根到底都是为了满足人民群众日益增长的物质文化生活需要，不断实现最广大人民的根本利益。”①因此，为最广大人民谋利益，将人民利益与政党理想有机统合，是中国共产党先进于剥削阶级政党的根本所在。

党的十六大以后，以胡锦涛同志为主要代表的中国共产党人，坚持人民导向的发展观。站在全面建设小康社会的新起点上，胡锦涛将作为执政兴国第一要义的发展与实现最广大人民根本利益的价值追求有机结合，提出以人为本的科学发展观。胡锦涛认为，科学发展是将实现最广大人民的根本利益视为发展的逻辑起点，是从人民的主体实践与主体创造中积蓄发展的根本动力，最终要实现人对发展资料的充分占有，人的全面自由发展。具体来看，其一，马克思主义对“现实的人”的主体命运的深刻关切，对人类解放的不懈追求，是形成以人为本的科学发展观的学理依据。其二，我们党在艰苦奋斗中形成的立党为公、执政为民的实践传统，矢志不渝为人民谋利益的实践成就，是坚持以人为本的科学发展观的实践基础。其三，为人民办实事、办好事的基层呼声，切实解决人民的生产生活生存问题，是坚定以人为本的科学发展观的现实动因。这种以人为本的科学发展观，体现了中国特色社会主义实践中实现人的自由全面发展的具体行动方案。胡锦涛要求广大党员干部“要通过扎实有效的工作，实实在在为群众谋利益，带领群众创造自己的幸福生活”②。

四、新时代中国共产党人对“现实的人”的理论探索

党的十八大以来，以习近平同志为主要代表的中国共产党人，将马克思“现实的人”理论的基本原理同新的历史方位下党和国家事业发展的

① 《江泽民文选》第三卷，人民出版社 2006 年版，第 281 页。

② 《胡锦涛文选》第二卷，人民出版社 2016 年版，第 9 页。

具体实际相结合，对新时代中国特色社会主义情境下人民群众主体性实践所积累的一系列经验进行深邃思考和科学凝练，形成了新时代治国理政语境下“现实的人”的理论面向。

第一，树立为人民谋幸福的初心观。在治国理政的政治叙事中，“初心”一词主要用以指称新时代中国共产党人的一种集体心理状态或思想基础。这种公共性的精神意识来源于共产党组织建立的底层逻辑，即“为什么人”“为什么出发”的问题。作为从人民群众中走来的政党，共产党存在与发展的根基是人民群众，所以，共产党的初心也离不开人民群众。自建党以来，一代代共产党人前赴后继，甚至不惜以牺牲生命的代价诠释着党的一切工作都是为了人民。可以说，在共产党人的政治基因里，始终秉持着对人民的赤子之心、为绝大多数人谋利益之心。在新时代，习近平更加明确地指出：“为人民谋幸福，是中国共产党始终坚守的初心。”①他始终恪守为民初心，密切与人民群众的血肉联系，与人民群众打成一片。一方面，在许多重大场合的讲话中，习近平总是将“人民”一词作为高频词汇，将“为人民谋幸福”作为思想主旨。以党的二十大报告为例，习近平在报告中百余次提到“人民”，包括“人民至上”、“以人民为中心”、“人民立场”、“人民主体地位”等热词，字字饱含深情、句句掷地有声，无不表达着人民领袖对人民的尊重与热爱，生动展现了新时代中国共产党人为了人民幸福而奋斗的政治宣言。另一方面，在赴地方的调研考察中，习近平始终挂念人民群众。他的足迹遍布农村、社区、学校、工厂、港口、边关等不同场合，每到一处总会与人民群众深入接触、深入交流，在湘西同村民一道摘柚子，在北京庆丰包子铺与市民一起排队点餐，在梁家河自掏腰包为乡亲们买年货，在长白山下田地间与农民交流农业生产问

① 《习近平著作选读》第二卷，人民出版社2023年版，第493页。

题。“民之所忧，我必念之；民之所盼，我必行之。”①他用“行胜于言”的躬亲实践，宣示了新时代中国共产党人夙兴夜寐、一心为公，与人民心心相印，与人民同甘共苦的初心态度与初心行动。

第二，提出以人民为中心的发展观。马克思在《共产党宣言》中宣告了无产阶级政党的一切奋斗都是以无产阶级劳动大众为中心，奔着无产阶级劳动大众的利益而去。作为长期执政的马克思主义政党，中国共产党始终坚持人民的利益高于一切，在任何时候都要把人民利益放在第一位，最终使人民在获得主体利益的过程中实现对“幸福”的自主性体验。为此，习近平指出：“推进伟大事业，必须坚持以人民为中心”②。他要求全党要永远把人民对美好生活的向往作为奋斗目标，时刻将人民群众的安危冷暖放在心上，以永不懈怠的精神状态和一往无前的奋斗姿态，团结带领人民群众继续朝着实现第二个百年奋斗目标奋勇前进。同时，要将以人民为中心融入经济社会发展各个环节，在坚持和完善社会主义基本经济制度、发展全过程人民民主、推动共同富裕、处理效率与公平关系等各个方面、各个领域加以体现。当然，坚持以人民为中心，不仅是价值理念层面的应然状态，而且是具有鲜明实践指向的行动方案。习近平强调，新时代共产党人要始终以实现好、维护好、发展好最广大人民的根本利益为行动导向，在想问题、作决策、办事情的全过程中都要以人民心为心，全心全意地解民忧、纾民怨、暖民心，尽心尽力地为人民群众谋福利，将人民群众对于更好的教育、更稳定的工作、更满意的收入、更可靠的社会保障、更高水平的医疗卫生服务、更舒适的居住条件、更优美的环境等美好生活愿景，转变为美好生活现实。在具体的行动着力点上，习近平要求广大党员干部要瞄准人民群众最关心、最现实、最迫切的问题。“要从人民群众

① 《习近平谈治国理政》第四卷，外文出版社2022年版，第65页。

② 《习近平著作选读》第二卷，人民出版社2023年版，第360页。

普遍关注、反映强烈、反复出现的问题出发，拿出更多改革创新举措，把就业、教育、医疗、社保、住房、养老、食品安全、生态环境、社会治安等问题一个一个解决好，努力让人民群众的获得感成色更足、幸福感更可持续、安全感更有保障。”①也就是说，要聚焦最困难的群体、着眼最突出的难题、善抓最具体的工作，通畅问题堵点、疏解问题痛点、消除问题盲点，以扎扎实实的为民行动践行以人民为中心，避免陷入重“痕”不重“绩”、留“迹”不留“心”的官僚主义“痕迹管理”误区。

第三，明确人民至上的执政观。中国共产党何以在百余年的奋斗历程中永葆生机与活力？习近平指出，党的深厚根基在于人民、党的不竭动力源于人民、党的执政底气来自人民。他说道：“人民是历史的创造者，是决定党和国家前途命运的根本力量。我们党来自人民、植根人民、服务人民，一旦脱离群众，就会失去生命力。”②在他看来，时刻铭记人民赋予党取之不尽、用之不竭的前进动力，方能真正做到为人民执政、靠人民执政。从理论依据看，习近平强调依靠人民力量来巩固党的执政基础，是对马克思“现实的人”理论的科学遵循与创新运用，深刻揭示了人民是推动社会变革的决定性力量。过往的社会变革是由人民力量决定的，新时代的社会变革必然也是由人民力量推进的。从历史书写看，在革命、建设和改革各个历史时期，我们党都坚持紧紧依靠人民。也就是说，人民是新民主主义革命取得最终胜利的主体力量，是社会主义革命和建设不断推进的主体力量，也是改革开放以来推动中国特色社会主义向前发展的主体力量。党是从人民中走来的，党的发展历程诠释着“为人民而生，因人民而兴”的发展逻辑。从现实发展看，根基不牢，地动山摇。“人民是党执政的最大底气，也是党执政最深厚的根基。”③筑牢长期执政根基、巩固长

① 《习近平著作选读》第二卷，人民出版社 2023 年版，第 139 页。

② 《习近平谈治国理政》第三卷，外文出版社 2020 年版，第 135 页。

③ 《习近平谈治国理政》第三卷，外文出版社 2020 年版，第 137 页。

期执政地位,主要是依靠人民力量。实践最深刻,群众最睿智。人民群众的主体实践,是鲜活生动的,更是富有创造性的,是解决发展难题、破除发展困境的智慧之源。为人民掌好权、执好政,擘画好强党兴国蓝图,最根本的是要将党的执政能力提升植根于人民群众的实践力量之中,尊重人民首创精神、汲取人民丰富智慧,主动拜人民为师、虚心向人民学习。因此,习近平反复强调,在新的历史方位下共产党人要时刻不忘"人民是真正的英雄",尊重人民主体地位、发挥人民主体作用、依靠人民主体力量,充分激活蕴藏在人民中的创造伟力,依靠人民创造新的历史伟业。

第四,丰富人民当家作主的民主观。民主是全人类共同价值,民主也是具体的历史的。一个国家实行什么样的民主制度,走什么样的民主道路,必须与这个国家的国情相适应。中国共产党和中国人民对民主的追求和探索是持之以恒又与时俱进的,并在百余年的历史进程中走出了一条中国特色社会主义政治发展道路。习近平指出:"一个国家民主不民主,关键在于是不是真正做到了人民当家作主"①。中国特色社会主义民主将国家权力的人民属性鲜明地写在政治发展的旗帜上,不断推进人民民主的政治实践、拓宽人民民主的政治形式、丰富人民民主的政治表达,以巩固人民当家作主地位、保障人民当家作主权利。他说道:"保证和支持人民当家作主不是一句口号、不是一句空话,必须落实到国家政治生活和社会生活之中"②。其一,提出人民当家作主的体系化建设思路。一是不断强化党总揽全局、协调各方的领导核心作用,确保人民当家作主拥有可以依赖、值得托付的"主心骨",避免民主的无序与无效。二是不断完善人民当家作主的制度体系,巩固人民民主专政的"国体",深化人民代表大会制度的"政体",进一步丰富中国共产党领导的多党合作与政治协

① 《习近平著作选读》第二卷,人民出版社2023年版,第529—530页。

② 《习近平著作选读》第一卷,人民出版社2023年版,第268页。

商制度、民族区域自治制度与基层自治制度等方面的体制机制与程序规范。三是不断严明坚持人民主体地位的宪法理念，按照依法治国的原则实行人民民主，以健全的法治体系保障人民当家作主。其二，积极回应人民对社会主义民主政治的新期待，深化对社会主义民主政治发展规律的认识，提出全过程人民民主的重大理念。全过程人民民主不仅体现在制度安排、制度设计上，更蕴含在国家治理与社会治理的方方面面，是全链条、全方位、全覆盖的民主，是最广泛、最真实、最管用的社会主义民主。继续推进全过程人民民主建设，必须坚持具体的、现实的原则，把人民当家作主具体地、现实地体现在指导思想、方针政策与政治行动上。

第五，形成坚守人民立场的评价观。站在新的历史起点上，习近平对于解答时代问题高度重视。“时代是出卷人，我们是答卷人，人民是阅卷人。”①他深刻把握人类社会发展的普遍规律和发展趋势，准确研判了当前我国所处的“历史时代”。问题是时代的声音，不同时代具有各自不同的矛盾问题，而历史总是在解决不同时代具体矛盾问题的连续运动中发展的。因此，习近平指出，时代是“出卷人”。不同时代总是以具有自身时代印记的矛盾问题，考验不同时代人们的实践创造能力。中国共产党自成立以来便自觉肩负起“答卷人”的历史角色，团结带领全国各族人民持续解答时代考题。习近平要求全党，要“守初心、担使命”，以永远在路上的姿态“赶考”“答卷”，努力提交属于新时代的优异答卷。而“出卷”“答卷”最后都要接受“阅卷”的考核与评价。对此，习近平坚定地从人民立场出发，提出人民主体原则的评判标准。他说道：“检验我们一切工作的成效，最终都要看人民是否真正得到了实惠，人民生活是否真正得到了改善，人民权益是否真正得到了保障。”②人民是国家的主人，在党制定理

① 《习近平谈治国理政》第三卷，外文出版社 2020 年版，第 70 页。
② 《习近平著作选读》第一卷，人民出版社 2023 年版，第 212 页。

论路线方针政策和开展一切工作中处于最高地位，因此，人民是评判党的“答卷”实践的主体，人民的评判标准是衡量党的“答卷”效果的最终标准。这意味着，只有最终赢得人民的认同、达到人民满意的标准，党为人民谋福祉的“答卷”实践才真正有意义，才不会沦为虚无的空话。习近平强调，要时时以人民“拥护不拥护、赞成不赞成、高兴不高兴、答应不答应”的设问对党的“答卷”实践进行反思；要通过“人民生活是否改善、人民权益是否保障、人民意愿是否满足、人民作用是否发挥”的标准对党的“答卷”效果进行校验；要防止出现违背人民立场、抛弃人民评价标准的“答卷”倾向，“忘记了人民，脱离了人民，我们就会成为无源之水、无本之木，就会一事无成”①。

① 《习近平谈治国理政》第二卷，外文出版社 2017 年版，第 53 页。

第五章 新时代新征程坚持和运用马克思“现实的人”理论的重要价值

习近平指出：“时代在变化，社会在发展，但马克思主义基本原理依然是科学真理。”①当今世界正在经历百年未有之大变局，处在民族复兴关键时期的当代中国正在经历着有史以来最为广泛而深刻的社会变革，正在推进中国式现代化这一人类历史上非常宏大而独特的实践创新，中国之问、世界之问、人民之问、时代之问提出的新考题比过去更加复杂、更有难度。虽然历史情境发生了深刻变化，但马克思关于“现实的人”所阐述的一般原理仍具有真理性价值。因此，必须坚定不移地以马克思“现实的人”理论作为理论之源，坚持和运用马克思“现实的人”理论的立场观点方法，在新时代新征程上继续解答时代新课题。

第一节 科学揭示新时代新征程理论创新的人民性底色

人类实践没有止境，绽开于实践之上的理论创新也没有止境。“世界每时每刻都在发生变化，中国也每时每刻都在发生变化，我们必须在理

① 《习近平谈治国理政》第二卷，外文出版社2017年版，第66页。

论上跟上时代,不断认识规律"①。而不断推进理论创新、认识好理论规律,需要准确把握理论创新的内在机理。马克思"现实的人"理论正是打开理论创新内部世界的"锁钥"。从"现实的人"的理论视域来看,人民的创造性实践是理论创新的根本源泉。任何用以观察时代、把握时代、引领时代的理论,必须从人民的创造性实践中总结鲜活的经验,将其凝结成时代的思想精华。同时,人民的主体地位决定了推进理论创新必须广泛倾听人民的声音,从人民的真知灼见中获取理论创新的重要灵感。

一、注重从人民群众的创造中汲取理论创新智慧

马克思在关于"现实的人"的理论阐释中明确指出,人民是历史的创造者,不仅创造着物质财富,而且创造着精神财富。因此,人民身上蕴藏的不仅是无穷的主体力量,而且也蕴藏着无穷的智慧。新时代新征程持续推进理论创新,必须注重从人民群众的创造中汲取理论创新智慧,紧密联系人民群众、经常深入人民群众、紧紧依靠人民群众,拜人民为师,向人民学习。

首先,注重从人民群众的创造中汲取理论创新智慧,是马克思"现实的人"理论的内在规定。从理论的发展过程看,马克思关于"现实的人"的理论建构本身就是为人民立言、为人民代言的一种理论形态。其出发点即是改变人民命运,其内容也是在人民求解放的实践中不断丰富和发展的。在思想发展的早期阶段,普鲁士随处可见的境遇悲惨的劳动大众,强烈刺痛着马克思面向普鲁士社会政治现实的"神经",牵引着马克思开始关注劳动大众的物质利益问题,并对处在现实中的人拥有了整体的感性认知。在思想发展的上升阶段,望着德国"满载愚人"的船只和欧洲工业资本主义巨轮向着它们的宿命方向驶去,马克思在有产者与无产者难

---

① 《习近平著作选读》第二卷,人民出版社 2023 年版,第 22 页。

以调和的矛盾斗争中,发现了无产阶级劳动大众所具有的主体力量和主体智慧,并就彻底挖掘这种主体潜能进行了不懈探索。在思想发展的成熟阶段,马克思积极参与工人运动,始终站在革命斗争最前沿。从共产主义者同盟的建立、国际工人协会的成立到巴黎公社革命,马克思都是满腔热情、全力以赴地推动工人运动发展。在面向无产阶级劳动大众作为主体参与的革命实践中,马克思获取到完善“现实的人”理论的无穷智慧。可以说,人民群众是马克思“现实的人”理论的真实主体,是马克思“现实的人”理论的生命力象征。

从理论的内容看,马克思指出,历史不外乎是人的历史,是“现实的人”通过劳动实践不断发展的过程。“现实的人”在劳动实践的过程中不仅创造了满足人类生存与发展的物质世界,同时也创造了人的精神世界。正如马克思所言:“如果在全部意识形态中,人们和他们的关系就像在照相机中一样是倒立成像的,那么这种现象也是从人们生活的历史过程中产生的,正如物体在视网膜上的倒影是直接从人们生活的生理过程中产生的一样。”①换言之,人民群众是人类精神财富的真正创造者,人民群众的劳动实践过程也是人民群众形成精神意识和生产精神意识产物的过程。“凡是把理论引向神秘主义的神秘东西,都能在人的实践中以及对这种实践的理解中得到合理的解决。”②具体而言,人民群众正是在劳动实践的过程中把客观外在的现象或事物反映到自身头脑中形成感性认识,并在不断强化感性认识的基础上,运用自我意识的能动本性将感性认识抽象为理性认识。因此,作为人类精神财富的象征,理论创新只能是从现实的人民群众的实践主体地位出发,是人民群众创造性实践的智慧结晶。

---

① 《马克思恩格斯文集》第1卷,人民出版社2009年版,第525页。
② 《马克思恩格斯文集》第1卷,人民出版社2009年版,第501页。

其次，注重从人民群众的创造中汲取理论创新智慧，是中国共产党推进理论创新的优良传统。中国共产党从诞生之日起，便把依靠人民群众写在了接续奋斗的旗帜上。从马克思主义中国化时代化视域看，一代代中国共产党人对马克思“现实的人”理论的守正创新，无不体现着对人民群众主体地位的崇高敬意，也深受人民群众主体地位的理论启示。在革命战争年代，以毛泽东同志为主要代表的中国共产党人，面向深陷水深火热之中的工人、农民与革命军战士，初步萌发了密切联系工农大众的理论基调。建党初期，毛泽东就面向工农大众开展调研，并发表了《中国社会各阶级的分析》一文。1927年，针对当时农民运动“糟得很”的片面观点，毛泽东回到家乡湖南，辗转湘潭、湘乡、衡山、醴陵、长沙五县，与农民交谈、开调查会、听取报告，广泛调研农民运动实际状况，写作《湖南农民运动考察报告》，并得出农民运动“好得很”“没过分”、贫农是“革命先锋”的正确结论。在后来提出“全心全意为人民服务”的根本宗旨的过程中，毛泽东始终重视人民群众的主体地位。他不仅仅是把对人民群众主体地位的尊重转化为鱼水情深的人民情怀，更是将其融入指导革命斗争的理论体系中，成为指导共产党人的科学思想和行动宗旨。在社会主义革命和建设时期，毛泽东仍然是将人民群众视作理论创新智慧来源的伟大主体。在回答尼泊尔教育代表团外宾提出的“您这样伟大的秘密是什么，力量的源泉是什么”的问题时，毛泽东说道：“我没有什么伟大，就是从老百姓那里学了一点知识而已”，“力量的来源是人民群众”，“要在人民群众那里学得知识，制定政策，然后再去教育人民群众”。①

改革开放以来，面对新的时代课题与理论发展要求，中国共产党人坚守着理论创新的人民主体地位。改革开放之初，以邓小平同志为主要代

---

① 中共中央文献研究室编：《毛泽东年谱（1949—1976）》第五卷，中央文献出版社2013年版，第401页。

表的中国共产党人,主张虚心向人民学习、向实践求教,用人民群众的首创精神开启了改革开放的历史大幕,并形成了一系列指导改革开放和社会主义现代化建设的方针政策。世纪之交,以江泽民同志为主要代表的中国共产党人,从人民群众的根本利益出发,进一步思考了如何巩固人民群众在改革开放的发展新路中的主体地位,以及中国共产党如何开拓带领人民群众稳步向前的破局之路。进入新世纪之后,以胡锦涛同志为主要代表的中国共产党人,在不断解开新的发展难题的过程中形成了“以人为本”的理论表达。所以,从党的优良传统出发,中国共产党人在持续推进理论创新的过程中,不仅更加契合人民群众的主体诉求与理论期待,而且更加彰显了党的创新理论的人民性底色。

再次,注重从人民群众的创造中汲取理论创新智慧,是新时代新征程继续推进理论创新的必然要求。党的十八大以来,以习近平同志为主要代表的中国共产党人,始终把人民群众置于理论创新的中心地位,坚持从人民群众的创造性实践中汲取理论智慧,让党的创新理论深入亿万人民心中,成为接地气、聚民智、顺民意、得民心的理论。例如,“坚持以人民为中心”的提出,彰显了为人民造福的理论诉求,也现实地转化为为人民造福的理论指南;“全过程人民民主”的提出,体现了人民群众在社会主义民主政治理论发展中的主体地位;“精准扶贫、精准脱贫”战略思想的提出,离不开人民群众在全面建成小康社会、打赢脱贫攻坚战中的伟大实践。党的二十大报告围绕继续推进理论创新提出“六个必须坚持”的基本要求,其中将“必须坚持人民至上”放在首位。这充分体现了新时代中国共产党人坚持理论创新源自人民的鲜明立场,也表明了新时代中国共产党人在继续推进理论创新的过程中对注重从人民群众的创造中汲取理论创新智慧的高度重视。

不断推进理论创新,是马克思主义绽放真理光芒的生动写照。而这种理论创新,归根到底是绽开在实践基础上的理论创新,源自于人民群众的创新探索、人民群众的主动创造、人民群众的集体智慧。中国共产党之所以能够团结带领人民在各个历史时期取得重大成就,根本在于掌握了坚持人民群众的主体地位、从人民群众的实践创造中汲取理论智慧的方法论,并不断结合新的实际推进理论创新以回答新的实践问题、指导新的实践发展。在新时代新征程上,要继续深化从人民群众的实践创造中汲取理论智慧的规律性认识,不断取得更为丰硕的理论创新成果。人民群众是新时代中国特色社会主义伟大实践的主力军,在新时代中国特色社会主义伟大实践中处于最前线,对伟大实践的发展变化感知最敏感、感受最深切,也最有智慧。习近平指出:“一切脱离人民的理论都是苍白无力的,一切不为人民造福的理论都是没有生命力的。”①因此,继续推进理论创新,必须紧紧依靠人民群众,深深扎根于人民群众当中,向能者求教,向智者问策,广泛汇集人民群众的聪明才智,虚心向人民群众求教,决不能闭门造车、坐而论道。要始终以造福人民作为理论创新的根本追求,把人民群众作为理论成果的享有者,不断满足人民群众理论武装的精神需求。否则,理论创新将背离正确方向、成为“无本之木”,也会对实践创造带来消极影响。

二、深化“两个结合”的理论创新认识规律

坚持把马克思主义基本原理同中国具体实际相结合、同中华优秀传统文化相结合,是中国共产党团结带领人民在开辟中国特色社会主义道路中得出的规律性认识,也是继续推进理论创新的现实途径。在对“两个结合”的规律性认识进行深入挖掘的过程中,马克思“现实的人”理论可以提供重要的价值指引,也可以打开广阔的理论创新空间。

毫无疑问,“现实的人”是寓于“两个结合”之中的价值主体。马克思

① 《习近平著作选读》第一卷,人民出版社 2023 年版,第 16 页。

主义是随着时代发展而不断丰富的开放的理论体系。百余年来，我们党始终坚持马克思主义在意识形态领域的指导地位，把坚持马克思主义和发展马克思主义有机统一，结合不同历史时期的实践变化产生新的理论成果，使马克思主义充满旺盛活力。在坚持马克思主义和发展马克思主义的过程中，我们党遵循着理论创新的科学态度和真理精神，不断思考何以推动马克思主义实现中国化时代化的重大理论命题。党的十八大以来，以习近平同志为主要代表的中国共产党人，从时代发展高度和历史文化深度相统一的角度，准确把握了马克思主义在中国落地生根、根深叶茂的“两个结合”规律，科学揭示了马克思主义中国化时代化的根脉与魂脉。习近平指出：“我们决不能抛弃马克思主义这个魂脉，决不能抛弃中华优秀传统文化这个根脉。坚守好这个魂和根，是理论创新的基础和前提，理论创新也是为了更好坚守这个魂和根。”①而无论是坚守马克思主义的魂脉，还是传承中华优秀传统文化的根脉，“现实的人”都在其中充当着价值主体的角色。也就是说，服务于从事实践活动、在一定历史条件下发展着的人，是坚守好理论创新的魂和根的出发点和落脚点。事实正是如此。作为“两个结合”的理论创新成果，毛泽东思想、邓小平理论、“三个代表”重要思想、科学发展观和习近平新时代中国特色社会主义思想，均是为人民服务的理论，是指导人民认识世界和改造世界的强大思想武器。特别是，作为新时代中国共产党人坚持“两个结合”以推进理论创新的光辉典范，习近平新时代中国特色社会主义思想具有鲜明的人民性，充分体现了尊重理论发展规律和尊重人民主体地位的一致性，为推进理论创新和为最广大人民谋利益的一致性，以及强化党的理论武装和实现党的理论深入人心的一致性。所以，唯有从“现实的人”所内蕴的价值主体出发，坚持运用“两个结合”的规律性认识推进理论创新，才能够形成

① 习近平：《开辟马克思主义中国化时代化新境界》，《求是》2023年第20期。

为人民所理解、所认同、所拥有的创新理论。

一方面,在进一步推进马克思主义基本原理同中国具体实际相结合的进程中,从"现实的人"的理论视角出发,有助于深刻理解为什么坚持和发展马克思主义必须同中国具体实际相结合。

马克思通过对"现实的人"进行理论刻画,准确揭示了人的存在本质与发展规律。人不是抽象虚幻的、不是离群索居的,而是在一定条件下发展着的、可感可知的。人的存在与人的发展与"现实""条件""经验观察"等体现具体实际的范畴密不可分。作为以实现人的自由全面发展为终极追求的科学理论,马克思主义在指导人的实践、在作用于人的思想意识的过程中,必须与处在具体实际中的人相结合。所以,不难理解,在近代以来中国所经历的艰辛探索中,为什么马克思主义能够救中国、发展中国,因为马克思主义与正在苦苦探寻救亡图存出路的中国人民实现了完美结合,或者说,只有马克思主义真正贴合了处在具体实际中的中国人民的需要。马克思主义关于建立一个没有压迫、没有剥削、人人平等、人人自由的理想社会的科学构想,成为中国人民争取民族独立、人民解放和实现国家富强、人民幸福的现实目标。马克思主义指引人们投身人类解放事业的革命号角,让深受"三座大山"压迫的中国人民看到了自己的命运掌握在自己手中的可能性,也看到了通向光明未来的前进方向和行动方案。而旧式的农民战争、自强运动、改良主义、资产阶级革命派领导的革命以及其他种种方案纷纷失败的主要原因,也正是他们所信奉的思想没有真正实现与处在具体实际中的中国人民相结合。

从这个意义上来看,马克思主义基本原理同中国具体实际相结合,不仅仅是与中国的时代条件、实践课题相结合,更深层次的是与中国不同历史时期解答不同实践课题的人民群众相结合。马克思主义为中国革命、建设与改革事业提供的不是一成不变的模板,而是同中国人民认识世界和改造世界的具体需求相结合的立场观点方法,是随着人民群众实践创造的变化而不断发展的。因此,以马克思主义为指导的理论创新是整体的,也是独特的,必须坚持一切从实际出发,从现实的人的主体需求出发,根据不同历史阶段、不同实践基础的客观情况进行具体建构、具体推进。唯有坚持面向现实的、历史的人民本位逻辑,马克思主义基本原理同中国具体实际相结合的科学性才能得到充分运用,实践性才能得到充分贯彻,时代性也才能得到充分彰显。在强国建设、民族复兴的新征程上,必须坚持马克思主义这个立党立国、兴党兴国之本不动摇,不断用习近平新时代中国特色社会主义思想解答好时代课题、引领好实践发展,才能更好实现马克思主义基本原理同中国具体实际相结合,才能形成更多符合人民需要、反映时代声音的创新理论。

另一方面,在进一步推进马克思主义基本原理同中华优秀传统文化相结合的进程中,从“现实的人”的理论视角出发,可以有效地将马克思主义思想精髓同中华优秀传统文化精华贯通起来,使中华优秀传统文化中富有生命力的优秀因子得到充分激活,在更为广阔的文化空间中积累理论创新的新优势、探索理论创新的新领地。

其一,有利于充分运用中华优秀传统文化的宝贵资源,使中华优秀传统文化得到进一步挖掘和阐发。马克思在“现实的人”理论中把人的本质看作是一切社会关系的总和,中华优秀传统文化也强调从人的社会伦理关系来认识人、在家国天下的价值观中审视人,所以,二者都注重从社会关系的尺度衡量人、分析人,反对把人看作孤立的个体。这种价值意蕴的契合性奠定了二者结合的前提,也形成了二者结合的通路。以马克思“现实的人”理论为指导,“民为邦本,本固邦宁”“政在养民”“君舟民水”等中华传统文化中的治理思想可以不断克服其内在的矛盾性和局限性,在新的时代坐标上实现理论生命的更新和现代转型,也可以不断充实马克思主义的文化生命,让“人民至上”“以人民为中心”“江山就是人民,人民就是江山”等当代中国马克思主义的政治观念彰显鲜明的中国特色、中国风格和中国气派。总之,"让马克思主义成为中国的,中华优秀传统文化成为现代的"①。

其二,有利于不断巩固中华文化主体性。所谓文化主体性,并非是说文化内容本身的独立性或自主性,而是指文化创造者的主体性,即"现实的人"在文化实践中所具有的自觉性、主动性和创造性。它反映了人们对于自身所创造的文化的主体认同,并通过人们在文化实践中的情感、态度、心理等主体认知方面来呈现。习近平指出:"有了文化主体性,就有了文化意义上坚定的自我,文化自信就有了根本依托"②。自古以来,中华民族就拥有自己的文化主体性并充分发挥这种文化主体性,创造了辉煌灿烂的中华文化,滋养着中华儿女的精神世界。但近代以后,在中西文化的交锋与碰撞中,特别是在西方殖民侵略的严重冲击下,中华文化遭受前所未有的危机和挑战。一些国人对中华文化产生自卑心理,还有部分人士提出"全盘西化"的主张,这让中华文化主体性也日渐式微。随后,马克思列宁主义的传入、中国共产党的成立,为中华文化的发展注入了新的动力、找到了根本依托。也正是中国共产党带领人民在书写新的文化的过程中,重新建立起中华文化主体性。文化兴则国运兴,文化强则民族强。文化关乎国本国运,任何民族、任何国家的文化要繁荣兴盛,就必须有自己的主体性。在新时代新征程上,要始终以习近平新时代中国特色社会主义思想为根本遵循,坚持党对文化工作的领导权,不断赓续中华民族的文化血脉,牢牢守护人民群众的文化家园,持续强化人民群众的文化认同感和文化自信心,汇聚起巩固中华文化主体性的强大文化力量。

三、坚持把人民群众的实践作为检验理论创新的标准

马克思"现实的人"理论及其在中国的发展叙事,不是坐在象牙塔内

---

① 习近平:《在文化传承发展座谈会上的讲话》,人民出版社2023年版,第6页。

② 习近平:《在文化传承发展座谈会上的讲话》,人民出版社2023年版,第9页。

空想而来的，而是在“现实的人”的主体实践中不断发展、不断完善的，充分显现着真理性的价值韵律。在进一步推进理论创新的进程中，要正确处理好实践和真理的关系，要充分认识到唯有经得住人民群众实践检验的理论才是科学的理论、正确的理论，才能真正用以观察时代、把握时代、引领时代。

马克思立足于“人的实践力量”，形成科学的真理观，实现了对旧真理观的根本性变革。在马克思之前的旧真理观中，哲学家们或是依据前人经验、感性对象，抑或是因循圣人观点、绝对精神，以理论验证理论、以逻辑推导逻辑，未能超越唯心主义的囹圄，更未能认识到实践是认识的基础、源泉和检验真理的标准。就如何证明认识的真理性问题，马克思明确指出了“现实的人”的主体实践的关键所在。在马克思看来，理论性认识本质上是对“现实的人”的实践关系的凝练与表达。理论性认识是不是彻底、能不能说服人，必须经由人们的实践活动反复锤炼。即使理论性认识的内在逻辑可以自洽自证，但这种自洽自证的可靠性源自于人们的实践活动，最终要通过实践来验证。也正是经过了革命性实践的重重检验，马克思关于“现实的人”的理论性认识成为指导人们认识世界和改造世界的真理武器。后来的马克思主义经典作家也是在革命性实践中丰富了科学的真理观。列宁认为，实践作为检验真理的根本标准，也具有辩证性。他在批判波格丹诺夫的相对主义真理观时指出：“实践标准实质上决不能完全地证实或驳倒人类的任何表象。这个标准也是这样的‘不确定’，以便不让人的知识变成‘绝对’，同时它又是这样的确定，以便同唯心主义和不可知论的一切变种进行无情的斗争。”①也就是说，虽然人们的实践活动具有相对性和局限性，但人类的实践发展是无止境的，这决定了“人的实践力量”必然能够最终验证人类的理论性认识是真理还是谬误。

① 《列宁选集》第2卷，人民出版社2012年版，第103页。

在推进马克思“现实的人”理论中国化时代化的历史进程中，中国共产党始终遵循科学真理观的基本原则，以人民群众的主体实践以及由此产生的实践效果作为检验相关理论主张是否正确的唯一标准。

在新民主主义革命不断推进的过程中，以毛泽东同志为主要代表的中国共产党人，对“现实的人”进行理论探索的真理性价值，来源于人民群众革命性实践的反复检验。毛泽东在《实践论》中强调：“只有人们的社会实践，才是人们对于外界认识的真理性的标准。”①抗日战争时期，毛泽东从提出“为人民服务”的概念，明确“为人民服务”的内涵，到完善“全心全意为人民服务”的根本宗旨，均是以与人民群众切身利益息息相关的革命斗争的实际效果为评判依据。他指出：“共产党人的一切言论行动，必须以合乎最广大人民群众的最大利益，为最广大人民群众所拥护为最高标准。”②陕甘宁边区政府实行的一系列“为人民服务”的政策，包括“三三制”政权建设、公安司法、土地劳资、社会管理、文教卫生等政策，都是依照人民群众的主体实践来检验是否可行，而不是从本本出发。在回答斯坦因“党的政策措施如何实施”的提问时，毛泽东说道：“我们任何一项政策的正确性都必须由群众来检验，而且事实上一直是这样做的。”③人民群众在革命性实践中反馈的实际效果，纠正了党内存在的各种“左”和右的错误主张，确保了党的路线方针政策与革命斗争的实际相吻合，为党领导人民夺取新民主主义革命胜利形成了实事求是的思想路线。

在改革开放和社会主义现代化建设摸索前进的过程中，中国共产党人继承并发扬了用人民群众的主体实践来检验“现实的人”的理论性认识是否具有真理性的思想传统。面对什么是社会主义、怎样建设社会主义这一根本问题，以邓小平同志为主要代表的中国共产党人，牢牢抓住实

① 《毛泽东选集》第一卷，人民出版社1991年版，第284页。
② 《毛泽东选集》第三卷，人民出版社1991年版，第1096页。
③ 《毛泽东文集》第三卷，人民出版社1996年版，第188页。

践的办法，坚持在干中学，在实践中摸索。在南方谈话中，邓小平也是用实践的观点有力回应了关于“计划”与“市场”的争议。改革开放要迈开步子、敢闯敢试，相关的路线方针政策合不合适、正不正确，判断的标准只能是建立在人民群众主体实践基础上的“三个有利于”标准。在上海视察时，邓小平再次重申了实践的重要性：他说道：“实践这个标准最硬，它不会做假。要用上百上千的事实来回答改革开放姓‘社’不姓‘资’，有利于社会主义，不利于资本主义。”①可以说，改革开放以来，中国共产党始终坚持一切从人民群众的主体实践出发，通过人民群众的主体实践检验各种理论性认识包括路线方针政策的正确性。对于在实践中被验证为有误的认识，及时地进行修正调整，对于在实践中被验证为正确的认识，科学地进行归纳总结并广泛阐扬。改革开放以来的伟大成就也强有力地说明，唯有坚持实践检验的硬标准，才能实现实践创造与理论创新的良性互动，才能不断开创改革开放和社会主义现代化建设新局面。

新时代新征程继续推进理论创新，必须始终坚持科学的真理观，通过人民群众的主体实践来检验党的创新理论的真理性。历史和现实都充分表明，人民群众以主体实践的方式对理论性认识进行检验的过程，本质上是通过发挥人民群众的主观能动性和主体创造性，对理论性认识是否适用于实践进行甄别、判断与选择的行为过程。在主观见之于客观的具体活动中，哪些事物或对象是属于客观现实的部分，需要主体进行分辨与取舍。客观存在物并非都是具有实践意义的客观现实，作为实践主体的人民群众需要根据实践发展的需要、根据时代的声音来确定客观现实的部分，并运用理论性认识加以指导或改造。而在理论联系实际的过程中，指

① 中共中央文献研究室编：《邓小平年谱（1975—1997）》下卷，中央文献出版社 2004 年版，第 1340 页。

导或改造客观现实的理论性认识可能多种多样，需要人民群众在坚持客观实际与主观需求的有机统一中对其进行辨别和评估，从而作出合理的价值判断和价值选择。此外，如何应对理论性认识作用于实践的一些偶发因素，也是检验理论性认识是否具有真理性的重要一环。认识指导实践的过程本身是一个复杂的系统，一些偶发事件可能诱使实践发生转向，影响理论性认识作用于实践的预期。对此，人民群众需要以灵活辩证的思维、实事求是的态度、大量的实践经验进行综合分析。

回看中国共产党人对“现实的人”进行理论探索的历史来路，坚持实践是检验真理的唯一标准，廓清了困扰和束缚人民群众实践创造的思想迷雾，积累了丰富的理论智慧，形成了马克思“现实的人”理论中国化时代化的真理性认识。当代中国正在经历着有史以来最为广泛而深刻的社会变革，正在推进中国式现代化这一人类历史上非常宏大而独特的实践创新，在此基础上提出的解决现实问题的各种理论和路线方针政策是否科学有效，仍然需要通过人民群众的主体实践来检验。因此，继续推进理论创新、实现理论飞跃，最根本的仍然是坚持理论与实践的高度统一，坚持解放思想与实事求是的有机统一，在人民群众的主体实践中检验、运用和发展真理。习近平强调：“理论在一个国家实现的程度取决于理论满足现实需要的程度，理论作用发挥的效度取决于理论见诸实践的深度。”①要以“逢山开路、遇水架桥”的实践思路和“踏石留印、抓铁有痕”的实干精神，增强“理论满足现实需要的程度”，挖掘“理论见诸实践的深度”，反复淬炼理论性认识的真理性价值，提升理论性认识的“含金量”，让当代中国马克思主义、二十一世纪马克思主义展现出更加强大的真理力量。

---

① 习近平：《在二十届中央政治局第四次集体学习时的讲话》，《求是》2023 年第 10 期。

第二节　牢牢把握新时代新征程实践发展的人民性要求

实践性是党的创新理论的显著特征，推进理论创新的目的也全在于实践运用，在于改造主观世界和客观世界。习近平指出：“理论的飞跃不是体现在词句的标新立异上，也不是体现在逻辑的自洽自证上，归根到底要体现在回答实践问题、引领实践发展上。”①马克思“现实的人”理论是实践的理论，不仅是立足“现实的人”来解释世界，更是用以指导人民群众去改造世界。新时代新征程，在进一步回答实践问题、引领实践发展的过程中，马克思“现实的人”理论可以提供重要的方法论启示。

一、根本保障：发挥党的领导的“领导核心”作用

在马克思“现实的人”理论的内容体系中，无产阶级是真正革命的阶级，肩负着人类解放的历史重任。早在《〈黑格尔法哲学批判〉导言》中，马克思便指明了无产阶级存在的时代意义，即“宣告迄今为止的世界制度的解体”②。作为社会总代表，无产阶级为了实现人类解放的终极追求而扛起“推翻全部现存的社会制度”的大旗。在《共产党宣言》中，马克思深刻阐述了无产阶级的人民立场，揭示了无产阶级和人民大众休戚与共的关系。马克思旗帜鲜明地站在无产阶级和人民大众一边，热情讴歌人民群众在推动历史前进中的伟大作用，把无产阶级看作先进生产力的代表者、资本主义制度的掘墓人、新社会制度的创造者，认为无产阶级革命运动代表着占社会绝大多数的人民大众的利益，无产阶级唯有联合行动，

① 习近平：《开辟马克思主义中国化时代化新境界》，《求是》2023 年第 20 期。

② 《马克思恩格斯文集》第 1 卷，人民出版社 2009 年版，第 17 页。

通过暴力革命推翻资产阶级统治，方可实现自身解放与全人类解放。可以说，马克思向世人庄严宣告了无产阶级政党的使命担当与价值追求，准确锚定了为人民大众谋利益、为全人类谋解放的核心领导力量。

中国共产党作为世界上最大的马克思主义执政党，始终坚守马克思主义政党的政治立场，遵照马克思“现实的人”的革命主体逻辑，将“为绝大多数人谋利益”转化为党的根本宗旨，将实现共产主义、实现人的自由而全面的发展转化为党的崇高理想。在百余年的发展历程中，即使在不同历史时期面临不同的实践课题，党始终将维护最广大人民群众的根本利益放在第一位，始终把为人民谋幸福、为民族谋复兴作为自己的初心使命。习近平指出：“坚持和完善党的领导，是党和国家的根本所在、命脉所在，是全国各族人民的利益所在、幸福所在。”①正是党始终不忘初心、牢记使命，始终坚持人民立场，才团结带领人民迈过一道又一道难关，取得一个又一个胜利，才始终赢得人民的拥护与支持，永葆党的先进性和纯洁性。

新时代新征程，必须坚持和加强党的全面领导，不断增强党的创造力、凝聚力、战斗力，确保党始终成为中国特色社会主义事业的坚强领导核心，从而确保党和人民拥有团结奋斗的强大政治定力，汇聚起推进强国建设、实现民族复兴的磅礴力量。

其一，中国共产党领导是实现中华民族伟大复兴的根本保证。实现中华民族伟大复兴是中华民族近代以来最伟大的梦想。然而，民族复兴的道路并非一帆风顺，布满了荆棘与挑战。在民族危亡、风雨飘摇的近代中国，虽然各种政治力量纷纷提出救国救民的主张，但历史的发展证明，这些政治力量都缺乏彻底的革命性，难以带领人民摆脱侵略与压迫的苦难，更无法带领人民走向复兴之路。中国共产党的诞生，犹如一道曙光划

① 《习近平著作选读》第一卷，人民出版社 2023 年版，第 194 页。

破近代的黑夜长空，照亮了中华民族前进的道路。自成立之日起，中国共产党就肩负起实现中华民族伟大复兴的历史使命，团结带领人民进行艰苦卓绝的斗争与探索。从新民主主义革命时期的烽火岁月到社会主义革命和建设时期的劳动热潮，从改革开放和社会主义现代化建设新时期的春风化雨到新时代中国特色社会主义的壮丽篇章，中国共产党始终不渝地坚守着初心与使命，为实现中华民族伟大复兴打下了坚实基础。从列强环伺、任人宰割的半殖民地半封建社会性质的旧中国到如今人民幸福、社会和谐、开放自信、充满活力的新时代中国，从积贫积弱、山河破碎的苦难之地到如今小康社会全面建成的幸福家园，这些伟大成就生动呈现了中华民族伟大复兴的历史轨迹。而这一切成就的取得都离不开中国共产党的坚强领导。也就是说，在中国共产党的坚强领导下，实现中华民族伟大复兴的历史之路才越走越宽、更加光明。习近平指出：“现在，实现中华民族伟大复兴进入了不可逆转的历史进程，我们比历史上任何时期都更接近、更有信心和能力实现中华民族伟大复兴的目标，同时也必须准备付出更为艰巨、更为艰苦的努力。”①只有坚持中国共产党的领导，才能凝聚起全党全国各族人民团结奋斗、继往开来的磅礴力量，才能继续朝着实现中华民族伟大复兴的目标稳步迈进。

其二，中国共产党领导是中国特色社会主义制度的最大优势。根据唯物史观的基本原理，社会存在决定社会意识。一个国家在历史发展进程中选择何种社会制度，并非偶然决定的，而是与其生产力发展的阶段性特征紧密相关，是经济基础与上层建筑相互适应的结果。回首新中国的发展历程，在党的坚强领导下，旧中国的社会面貌和人民的悲惨命运被彻底改变，中国大地上建立起符合中国发展国情的社会主义基本制度，为新中国成立初期的经济社会发展奠定了重要的社会制度基础。改革开放和

① 《习近平谈治国理政》第四卷，外文出版社 2022 年版，第 321 页。

社会主义现代化建设新时期,党领导人民踏上了波澜壮阔的改革征程,经济体制及其他体制的改革探索被有序推进。在此基础上,党领导人民成功开辟出中国特色社会主义道路,不断形成和发展着中国特色社会主义制度,为新时期党和国家事业发展提供了坚实的制度保障。因此,党的领导与社会主义在中国的发展不可分割。没有中国共产党,就没有社会主义制度下的新中国,就没有中国特色社会主义,也就没有中国特色社会主义制度。在中国特色社会主义制度的萌发、形成与发展完善的全过程中,党的领导发挥了根本性作用,确保了中国特色社会主义的方向不偏、性质不变、颜色不褪,既不走改旗易帜的邪路,也不走封闭僵化的老路,而是始终坚持社会主义的根本立场、根本原则、根本方向。党的十八大以来,以习近平同志为核心的党中央把制度建设放在更加突出的位置,提出全面深化改革的总目标是完善和发展中国特色社会主义制度、推进国家治理体系和治理能力现代化,并对深化经济、政治、文化、社会生态等各方面体制改革作出重要部署。在此过程中,党的领导的最大优势得到充分体现。全党思想上更加统一、政治上更加团结、行动上更加一致,党的政治领导力、思想引领力、群众组织力、社会号召力显著增强。这为不断完善中国特色社会主义制度、不断提高国家治理体系和治理能力现代化水平提供了根本政治保证。踏上新征程,中国特色社会主义的前进道路上仍然可能存在难以预料的各种风险挑战甚至惊涛骇浪,必须始终发挥党的“定海神针”作用,在党的坚强领导下运用好中国特色社会主义制度优势,既要使党的领导的最大优势充分彰显,也要使这种优势不断转化为中国特色社会主义制度优势和国家治理效能。由此,全党全国各族人民才能披荆斩棘、攻坚克难,于变局中不断开新局,沿着中国特色社会主义道路奋勇前进。

其三,中国共产党领导是对一切工作的领导,是全面、系统、整体的领导。我国是工人阶级领导的、以工农联盟为基础的人民民主专政的社会主义国家。这决定了中国共产党是我国最高政治领导力量，党的领导制度在我国国家政治制度体系中居于统领地位。党的十八大以来，以习近平同志为核心的党中央就坚持和加强党的领导提出一系列原创性思想、作出一系列重要制度安排、取得一系列重大实践成果，使全党全国各族人民对坚持党的领导的认识不断深化，党的领导制度体系不断健全，党的领导核心作用充分彰显，开辟了坚持和加强党的领导的新境界。习近平强调：“在当今中国，没有大于中国共产党的政治力量或其他什么力量。党政军民学，东西南北中，党是领导一切的”①。只有坚持党对一切工作的领导，国家治理的大棋局才能有章法、有实效、有力量，我国政治稳定、经济发展、民族团结、社会稳定才能有根本依靠。新时代新征程要继续发挥党总揽全局、协调各方的领导核心作用，在党的坚强领导下，促使党政军民学既各司其职又相互配合，确保党和国家各项工作稳步推进。一要坚持和加强党的领导的全面性。必须把党的全面领导体现到国家政权的机构、体制、制度等的设计、安排、运行之中，体现到经济建设、政治建设、文化建设、社会建设、生态文明建设和国防军队、祖国统一、外交工作、党的建设等各方面，确保党的领导全面覆盖。二要坚持和加强党的领导的系统性。着力完善维护党中央权威和集中统一领导的体制机制，构建完备规范高效的党和国家机构职能体系，建设上下贯通、执行有力的组织体系，建立健全党的领导制度体系，着力发挥党在把方向、谋大局、定政策、促改革方面的关键作用。三要坚持和加强党的领导的整体性。要完整发挥党的领导功能，“全党在政治方向、政治路线、政治立场、政治主张上，必须同党中央保持高度一致”②。要坚持各级各类党政机构的一体化要求，也就是说，每一个党的组织、每名党员干部，无论处在哪个领域、哪

① 《习近平著作选读》第一卷，人民出版社2023年版，第192页。

② 《习近平著作选读》第一卷，人民出版社2023年版，第195页。

个层级、哪个部门和单位,都要自觉贯彻党中央的决策部署,都要始终坚决维护党中央权威、维护党的团结统一。

二、物质保障:发挥改善民生的“重要基石”作用

作为精神生产的一种思想结晶,马克思对“现实的人”的理论探索以及马克思主义中国化时代化视域“现实的人”的理论赓续,并非概念范畴的自我更新、自我完善,而是取决于无产阶级统治下社会物质资料生产的发展状况。“占统治地位的思想不过是占统治地位的物质关系在观念上的表现,不过是以思想的形式表现出来的占统治地位的物质关系”①。在马克思“现实的人”理论的感召下,世界范围内的无产阶级政党代表着社会先进生产力的发展要求与发展方向,代表着广大无产阶级劳动人民的物质利益追求,纷纷登上历史舞台。中国共产党作为中国社会先进生产力发展的领导力量,百余年来遵循着马克思关于“现实的人”的物质生产基础逻辑,不断探索解放和发展生产力、消灭剥削与奴役的正确发展道路,夯实了人民美好生活的物质基础。

重视现实社会的物质生产实践,从社会生产力发展的根源上复归利益范畴的人本属性,是马克思“现实的人”理论的重要组成部分。在古典政治经济学家看来,人类经济活动的理想状态是“自由放任”的状态,遵循“自然规律”的指导。为了解释这种“自然规律”,他们转向了对“人的本性”的探索,认为这种人类经济活动的原则源于人性本质。无论是商品的生产、交换、劳动分工,还是货币与财富的积累,都被视为个体利己主义动机的直接体现。即人们出于对利益的本能性占有,自然而然地进行物物交换、相互贸易,从而推动经济活动发展与繁荣。古典政治经济学家对“自然规律”的分析显然陷入了唯心主义的囹圄,忽略了物质生产活动

① 《马克思恩格斯文集》第1卷,人民出版社2009年版,第550—551页。

本身的内在规律。同时，辩证地看，也正是古典政治经济学家对世俗生活领域人们经济活动分析的不足，促使马克思越发关注物质生产活动的现实根基，越发注重探讨作为主体的人在经济活动中的受益性问题。马克思立足劳动人民在物质生产过程中发挥的主体创造作用，通过批判资本主义物质生产实践对劳动人民主体利益戕害的事实，揭示了劳动人民作为真正的物质利益所有者的主体价值。劳动人民通过物质生产活动创造的价值，是物质利益的一般表现形式，也就是说，物质利益不是对象化地外在于价值创造的劳动主体，而是劳动主体价值创造的物质化表达。所以，人们获取和占有物质利益的根本源泉，只能是现实的物质生产实践活动。牢牢把握解放和发展社会生产力的物质基础条件，是劳动人民主体利益实现的根本方向。伴随人类认识世界、改造世界的“人化自然”能力跃迁，人类社会的生产力水平将极大提高，作为主体的人对于生存、享受、发展的利益追求将不断革新、不断实现。

中国共产党带领人民开展物质生产实践的历史进程及其伟大成就，生动诠释了社会生产力的发展进步对实现最广大人民根本利益的基石作用。早在建党前后，初步具备共产主义信仰的革命进步分子，便积极动员工农群众开展争取物质利益的运动斗争。在“问题与主义”的启蒙性争辩中，选择具有社会主义前途的经济发展道路，是早期共产主义者主张的社会改造方法。李大钊指出：“在别的资本主义盛行的国家，他们可以用社会主义作工具去打倒资本阶级。在我们这不事生产的官僚强盗横行的国家，我们也可以用他作工具，去驱除这一班不劳而生的官僚强盗。”①在李大钊等早期共产主义者看来，用社会主义的“良药”解决经济问题，是化解近代社会积弊、重现社会生机的根本之道。中国共产党成立以后，党带领人民开启了新民主主义经济建设的实践探索。建党初期，反帝反封

① 《李大钊全集》第三卷，人民出版社2013年版，第51页。

建的经济斗争是主要的实践方式。在党的组织领导下，广大工农群众在经济斗争中不断探索“劳动立法”“增加工资”“改善劳动待遇”“实行八小时工作制”“减租减息”“抗捐”“土改”等维护自身物质利益的可行方案。

随着新民主主义革命的不断深入，党带领革命根据地人民稳步推进物质生产实践，不断解放社会生产力，满足了革命根据地人民群众的现实之需。土地革命战争时期，根据农村地区经济结构的客观实际，党动员革命根据地人民群众开展以土地革命为中心的物质生产实践，包括：以“平民式”的革命手段自下而上解决土地所有制问题；发展多种成分的工农业经济，形成国营事业、合作社事业和私营事业并存的生产局面；进行商业贸易，活跃生产生活所需的物资流通，繁荣革命根据地的买卖市场；等等。抗日战争时期，面对陕甘宁边区革命根据地的经济困难问题，党依旧是带领人民群众从物质生产实践来着手解决。毛泽东在《抗日时期的经济问题与财政问题》中指出，边区问题的解决之道在于经济基础，即“只有从切切实实的有效的经济发展上才能解决”①。从减租减息、休养民力的土地政策，到“自己动手，丰衣足食”的大生产运动，再到推进“发展经济，保障供给”的战时经济基础建设，“人民经济”不断增长、渐成气候的同时，为支持抗日战争、打败敌人提供了重要的物质保障。及至解放战争时期，在新老解放区推进减租减息、减租复查斗争，依据《五四指示》深化土地改革，以及制定“劳资两利”政策等经济发展问题上，党始终以维护人民群众的物质利益为初衷，不断推进变革物质生产关系的新实践。

新中国成立后，党领导人民彻底废除封建土地所有制，没收阻碍国民经济健康发展的官僚资本，打击商品市场中暗流涌动的投机资本，全面实施新民主主义经济政策，促使在革命战争年代遭受严重破坏的国民经济

---

① 《毛泽东选集》第三卷，人民出版社 1991 年版，第 892 页。

得到有效恢复。随着“一五”计划的实施和社会主义改造如火如荼进行，制约社会生产力发展进步的因素被革除，大规模、有计划的经济建设极大地提升了社会生产力水平。新中国从原先只能造出桌椅板凳、茶碗茶壶等相对落后的物质生产条件，转变为具备了生产钢铁、石油等工业原料、制造汽车、修建大型水利工程等工业化生产的水平，且工业化的生产成就远超新中国成立之前的任何历史时期。这种物质生产实践蓬勃向上的趋势，为人民群众初步创造了过上好日子的物质基础。

党的十一届三中全会以后，坚持以经济建设为中心，党成功带领人民群众开启了社会主义现代化建设的新征程。在经济建设的历史境遇上，科学研判我国生产力发展状况与物质生产条件，明确我国处于社会主义初级阶段的基本国情。在经济建设的总体架构上，围绕体制改革、发展战略、发展道路、运作机制以及对外开放等重大问题，作出了一系列原创性探索和布局。在经济建设的实际成效上，农村地区得益于家庭联产承包责任制的推广和乡镇企业的发展，彻底改变了农业发展落后、农民生活困窘的面貌，极大地解放了农村地区生产力；城市地区随着国有企业市场化改革、商品经济发展以及城市综合体制改革，盘活了经济发展的“蓄水池”，展现了社会主义市场经济的无限活力。

党的十八大以来，面对国际环境中全球经济复苏乏力、局部地区冲突加剧、全球性发展问题愈发凸显以及新冠疫情等不确定不稳定因素增加的新特征，以及国内环境中社会主要矛盾变化、经济发展进入新常态等新趋向，以习近平同志为核心的党中央坚持以人民为中心的发展思想，坚持以推动高质量发展为经济建设主题，将人民对美好生活的向往转化为推动物质生产的强劲动力，系统创新经济发展理念、深刻变革经济发展方式，指导新时代经济建设取得历史性成就、发生历史性变革。也即面对我国经济建设由高速度增长向高质量发展转变的客观现实，以供给侧结构性改革为主线，全面推进创新发展、协调发展、绿色发展、开放发展和共享发展,增强了新时代高质量发展的平衡性、协调性和可持续性,推动经济实力、经济结构、经济活力和韧性均跃上新台阶,为我国全面建成小康社会进而开启全面建设社会主义现代化国家新征程提供了强有力的物质保障。

习近平强调:“没有坚实的物质技术基础,就不可能全面建成社会主义现代化强国。”①新时代新征程进一步发挥物质生产的基础性作用,必须以更加坚定的发展方向、系统的发展理念、精准的发展举措、实干的行动自觉,在推动高质量发展上闯出新路子,在构建新发展格局中展现新作为。

一要将人民利益置于发展的核心位置。物质生产实践归根到底是为了不断实现最广大人民的根本利益,不断满足人民对美好生活的向往。“为人民谋利益”是马克思“现实的人”理论的旨趣所在,“为人民谋幸福”是中国共产党人赓续马克思“现实的人”理论的重要方向。为了打碎束缚人民群众的枷锁,保障人民群众的主体地位,复归人民群众的主体本质,中国共产党人从人民立场这一根本政治立场出发,团结带领广大人民走上了“打破旧世界”并“建设新世界”的解放之路。毋庸置疑,党带领人民群众“打破旧世界”的实践是全方位多层次宽领域的,同样,“建设新世界”的实践也是涉及经济社会发展的方方面面。然而,将“为人民谋幸福”的蓝图转化为“人民美好生活”的现实,首要前提和现实之锚是社会物质基础。恩格斯明确指出,随着生产力的社会化成为事实以及资本主义生产方式所造成的障碍得以消除,由无产阶级劳动大众主导的社会才能真正意义上占有生产资料,“人在一定意义上才最终地脱离了动物界,从动物的生存条件进入真正人的生存条件”②。百余年来党带领人民开

① 《习近平著作选读》第一卷,人民出版社 2023 年版,第 23 页。

② 《马克思恩格斯文集》第 9 卷,人民出版社 2009 年版,第 300 页。

展物质生产实践的历史性成就，带来了社会物质生产资料的不断富足和社会生产关系的不断优化，促使人民群众实现了由“受生活条件支配和控制”的状态向“成为自身的社会结合的主人”的状态的历史性跃迁。新时代新征程开展好物质生产实践，要始终坚持以人民为中心的思想，并将其充分融入“五位一体”总体布局、“四个全面”战略布局中，不断实现好、维护好、发展好最广大人民的根本利益。

二要构建高水平社会主义市场经济体制。社会主义市场经济体制是改革开放以来中国特色社会主义的一项重大创新成果。改革开放以来的发展成就也充分证明，社会主义市场经济体制的建立极大调动了人民群众的积极性、主动性和创造性，极大促进了社会生产力的解放和发展，极大增强了党和国家各项事业的生机活力。党的二十届三中全会明确提出，构建高水平社会主义市场经济体制，“必须更好发挥市场机制作用，创造更加公平、更有活力的市场环境，实现资源配置效率最优化和效益最大化，既‘放得活’又‘管得住’，更好维护市场秩序、弥补市场失灵，畅通国民经济循环，激发全社会内生动力和创新活力”①。必须坚持和完善社会主义基本经济制度，毫不动摇巩固和发展公有制经济，毫不动摇鼓励、支持、引导非公有制经济发展，充分发挥市场在资源配置中的决定性作用，更好发挥政府作用。对于国有经济发展而言，要进一步优化空间布局、加快结构调整，按照完善治理体系、增强激励机制、聚焦核心主业、提升运营效率的基本要求，深化国有企业混合所有制改革。对于民营经济发展而言，要不断净化市场环境、明确政策导向、完善法治保障、创新金融工具，支持民营经济高质量发展。对于全国统一的大市场建设而言，要加快构建全国统一的市场制度框架与规则体系，消除地方保护主义、市场分

① 参见《中共中央关于进一步全面深化改革　推进中国式现代化的决定》，人民出版社 2024 年版，第 6—7 页。

割等影响经济循环的瓶颈问题，促使商品、生产要素及资源在更广阔的市场内自由流动、优化配置，充分发挥我国超大规模市场的独特优势。对于进一步处理好政府和市场的关系问题而言，要深化简政放权、放管结合、优化服务改革，要创新宏观调控的思路和方式，坚持把加强顶层设计和坚持问计于民统一起来，建立健全宏观经济治理体系。同时，要坚持用联系的、发展的眼光看问题，坚持有效市场和有为政府的有机统一，推动形成“看不见的手”和“看得见的手”高效协同的机制。对于引导资本健康发展而言，要深刻把握资本的文明属性及其作用规律，充分发挥资本作为重要生产要素的积极作用，完善资本市场改革的制度体系和规则体系，规范引导各类资本公平竞争、有序竞争。

三要加快发展新质生产力。当前，高质量发展成为全面建设社会主义现代化国家的首要任务。以习近平同志为核心的党中央精准把握我国高质量发展的客观现实与内在要求，坚持和运用马克思主义生产力理论的基本原理，创新性地提出“新质生产力”的重要概念。习近平指出：“新质生产力是创新起主导作用，摆脱传统经济增长方式、生产力发展路径，具有高科技、高效能、高质量特征，符合新发展理念的先进生产力质态。它由技术革命性突破、生产要素创新性配置、产业深度转型升级而催生，以劳动者、劳动资料、劳动对象及其优化组合的跃升为基本内涵，以全要素生产率大幅提升为核心标志，特点是创新，关键在质优，本质是先进生产力。”①作为推动高质量发展的内在要求和重要着力点，发展新质生产力要着力在发展新产业、建构新模式和培育新动能上下功夫。在新产业发展方面，要重点发展由技术的革命性突破催生的战略性新兴产业。在巩固好优势产业领先地位的基础上，进一步发挥互联网、大数据、云计算、

① 习近平：《发展新质生产力是推动高质量发展的内在要求和重要着力点》，《求是》2024年第11期。

人工智能、区块链等现代信息技术的创新动力，大力发展新一代信息技术、人工智能、生物技术、新能源、新材料、高端装备、绿色环保等战略性新兴产业和未来产业。在新模式建构方面，要重点关注由生产要素优化配置所创生的融合发展模式。例如，依托数字经济的快速发展，促进数字经济和实体经济深度融合，进一步催化网络购物、移动支付、直播带货、跨境电子商务等集成化、便捷化、个性化的新模式。在新动能培育方面，教育、科技、人才是全面建设社会主义现代化国家的基础性、战略性支撑，也是发展新质生产力的基础动能。必须坚持科技是第一生产力、人才是第一资源、创新是第一动力，深入实施科教兴国战略、人才强国战略、创新驱动发展战略，充分夯实发展新质生产力的创新基石，不断塑造发展新质生产力的新优势。

三、政治保障：发挥人民民主的“生命线”作用

在马克思“现实的人”理论的基本意涵中，以及中国共产党人对马克思“现实的人”理论的运用和发展中，政治实践环节始终承载着“现实的人”作为革命主体和权利主体的政治追求，基于政治实践的民主化政权建设与民主化制度探索，也现实地构成人民当家作主的政治保障。

马克思在建构与完善“现实的人”理论的逻辑体系时，始终以无产阶级领导下的民主化革命斗争与政权建设尝试为实践基础。他认为，打碎资产阶级对无产阶级劳动大众的奴役枷锁，推翻资产阶级统治，确立无产阶级的统治地位，是无产阶级领导革命斗争的首要目标。但无产阶级上升为统治阶级的目的，并非是为了统治而统治、为了掌权而掌权，而是为了实现民主——超越于资本主义理性魅惑之下的伪善民主，实行科学社会主义祛魅之下的真实民主，建立无产阶级专政的国家制度。在马克思看来，巴黎公社的政治实践，开创了无产阶级建立政权、争取民主的伟大尝试。巴黎公社把由工人阶级代表构成的公社委员会，作为取代资产阶

级旧政权的唯一合法政权。并且,巴黎公社制定了一系列维护工人阶级利益、保障无产阶级专政的民主化举措。马克思高度肯定了巴黎公社政权建设的民主意义。他说道:“公社的存在本身就意味着那至少在欧洲是阶级统治的真正赘瘤和不可或缺的外衣的君主制已不复存在。公社给共和国奠定了真正民主制度的基础。”①在巴黎公社建立之前,法国资产阶级统治下的所谓民主,实则是维护少数资产阶级利益的政治“外衣”,是侵蚀无产阶级劳动大众合法权利的“赘瘤”。民主、自由、平等等权利的获取或占有,均是以血缘、等级、财产等因素作为先决条件,无产阶级劳动大众无法真正获得民主权利。巴黎公社这一民主化政权建设的历史性“闪光”,首次真正意义上代表被压迫的无产阶级劳动大众的民主诉求,探索性地建立无产阶级专政的民主制度,因而,“多种多样的人把公社看成自己利益的代表者”②。虽然囿于经济基础、组织领导以及指导思想等方面存在的不足,巴黎公社最终只是昙花一现,但其作为无产阶级建立政权的有益尝试,确证了社会主义民主政治的实践可能。

中国共产党自成立之日起就致力于建设人民当家作主的新社会,并领导人民开展了民主政治的实践探索。在百余年的发展历程中,中国共产党人对马克思“现实的人”理论的认识阐发与丰富发展,也都是以民主政治的实践探索为重要源泉和重要依托。新民主主义革命时期,党领导人民为争取民主、反抗压迫和剥削进行了艰苦卓绝的斗争。从地方性的工农协会的萌芽到井冈山革命根据地红色政权的探索,从中华苏维埃工农民主政权的建立到抗日民主政权的发展,人民当家作主的区域性民主政治实践获得极大发展。到陕甘宁边区民主政权建设期间,边区人民不仅拥有选举权和被选举权,而且拥有民主监督权。边区人民对政府“知

① 《马克思恩格斯文集》第3卷,人民出版社2009年版,第157页。
② 《马克思恩格斯文集》第3卷,人民出版社2009年版,第157页。

无不言，言无不尽”，干部对人民“言之无罪，闻者足戒”，以往“怕民主”“怕放手”的错误观点得到纠正，民主意识、民主制度、民主氛围渐成气候。毛泽东在同英国记者斯坦因的谈话中指出，“在全国范围内推行民主制度，使人民获得一切现代自由，以真正自由的普选方式选举中央及地方政府”，是新民主主义革命的一项重要政治任务，而这些在边区民主政权管辖范围内已经实现。① 此外，抗日战争胜利前夕毛泽东与民主人士黄炎培关于历史周期律问题的经典对话，也佐证了党领导下的民主政治实践的显著成效。毛泽东指出，新民主主义民主政治实践已然形成了跳出历史周期率的新路，“这条新路，就是民主”②。以实现人民当家作主为目标的新民主主义民主政治实践，顺应了历史发展趋势，代表着广大人民群众的民主诉求，最终汇聚起磅礴的革命力量，推翻了国民党反动政府，推翻了“三座大山”，成立新中国，实现了中国从几千年封建专制政治向人民民主的伟大飞跃。

社会主义革命和建设时期，人民当家作主的政治架构、经济基础、法律原则、制度框架基本确立并不断发展，党领导人民开展的民主政治实践进入新纪元。早在新中国成立前夕召开的中共中央政治局扩大会议上，毛泽东便对新中国的国体、政体进行了科学擘画。他强调：“我们是人民民主专政，各级政府都要加上‘人民’二字，各种政权机关都要加上‘人民’二字，如法院叫人民法院，军队叫人民解放军”③。在总结中外历史经验和倾听人民心声的基础上，中国共产党人清晰地认识到，新中国应当建立与国体相适应的政权组织形式，实行民主集中制的人民代表大会制度，让广大劳动人民充分享有民主权利、广泛参与国家事

① 参见《毛泽东文集》第三卷，人民出版社 1996 年版，第 182—183 页。

② 中共中央文献研究室编：《毛泽东年谱（1893—1949）（修订本）》中册，中央文献出版社 2013 年版，第 611 页。

③ 《毛泽东文集》第五卷，人民出版社 1996 年版，第 135 页。

务。此外，中国共产党领导的多党合作和政治协商制度、民族区域自治制度也应运而生。这些人民当家作主的制度安排意味着，由少数人所掌控的、奴役和压榨广大劳动人民的政治基础、经济基础以及社会秩序被彻底革除，国家机器、生产资料以及社会财富的所有权复归广大劳动人民，即人民群众平等地拥有财富所有权与政治参与权，真正成为国家的主人。这也呈现了社会主义制度与其他一切具有剥削性质的制度的本质区别。

改革开放和社会主义现代化建设新时期，党领导人民坚定不移推进中国特色社会主义民主政治建设。1979 年 3 月，在党的理论工作务虚会上，邓小平强调了人民民主在新的历史时期的重要性。他说道：“中国人民今天所需要的民主，只能是社会主义民主或称人民民主，而不是资产阶级的个人主义的民主。”①邓小平指出，要充分发扬人民民主，通过各种有效的形式保证全体人民切实享有管理国家的权力。这一时期，社会主义民主政治实践不断突破体制机制的局限，人民群众的“主人翁”地位显著提升。同时，人民当家作主的这种实践成效，也转化为保障人民民主进一步发展的政治制度，即作为根本政治制度的人民代表大会制度，作为基本政治制度的中国共产党领导的多党合作和政治协商制度、民族区域自治制度、基层群众自治制度。此外，坚持党的领导、人民当家作主、依法治国有机统一，坚定不移走中国特色社会主义政治发展道路，积极稳妥推进政治体制改革，制定新宪法，形成中国特色社会主义法律体系，为社会主义民主政治建设的制度化法治化奠定了良好基础。

党的十八大以来，作为全面深刻改革与推进“中国之治”的题中之义，中国特色社会主义民主政治建设朝向更加完善的制度化逻辑、规范化逻辑与程序化逻辑发展，人民当家作主的优越性得到更好发挥。以

① 《邓小平文选》第二卷，人民出版社 1994 年版，第 175 页。

习近平同志为核心的党中央始终坚持人民主体地位，保证人民依法实行民主选举、民主协商、民主决策、民主管理、民主监督。继续推进人民代表大会制度理论和实践创新，推动人大工作取得历史性成就，人民代表大会制度更加成熟、更加定型，人民依法管理国家事务、管理经济文化事业、管理社会事务的形式和途径更加广泛。在坚持和完善人民代表大会制度的同时，党领导人民进一步发展了中国共产党领导的多党合作和政治协商制度、民族区域自治制度、基层群众自治制度等基本政治制度，形成了人民当家作主制度体系。坚持和完善中国共产党领导的多党合作和政治协商制度，完善民主党派中央对重大决策部署贯彻落实情况实施专项监督、直接向中共中央提出建议等制度，加强人民政协专门协商机构制度建设，推进社会主义协商民主广泛多层制度化发展，形成中国特色协商民主体系。坚持巩固基层政权，完善基层民主制度，完善办事公开制度，保障人民知情权、参与权、表达权、监督权。① 特别是，党领导人民全面发展全过程人民民主，形成了新时代我国民主政治领域具有重大创新意义的标志性成果，拓展了中国特色社会主义民主政治的理论和实践内涵，实现了过程民主和成果民主、程序民主和实质民主、直接民主和间接民主、人民民主和国家意志相统一，充分彰显了社会主义民主政治的本质属性和巨大优势。

经过百余年的实践探索，党领导下的民主政治建设焕发出旺盛的生命力。特别是改革开放以来，结合民主政治建设的经验与教训，顺应时代发展的潮流与人民当家作主的新期待，党领导人民通过深化政治体制机制改革、建立民主政治制度、拓展民主形式与民主渠道，找到一条适合中国国情的民主政治发展道路。习近平指出：“中国特色社会主义民主是

① 参见《中共中央关于党的百年奋斗重大成就和历史经验的决议》，人民出版社2021年版，第40页。

个新事物,也是个好事物。当然,这并不是说,中国政治制度就完美无缺了,就不需要完善和发展了。"①在肯定新时代人民当家作主事业取得的巨大成就的同时,也要辩证地认识到中国特色社会主义民主政治还有需要不断加以完善的地方。面向全面建成社会主义现代化强国、实现第二个百年奋斗目标的新征程,必须进一步发展全过程人民民主,不断实现党的主张、国家意志、人民意愿相统一,把人民当家作主具体、现实地体现到国家政治生活和社会生活各方面。②

第一,必须坚持党的领导,为发展全过程人民民主提供根本保证。从历史逻辑看,全过程人民民主根植于党领导下的社会主义民主政治的实践探索,是党领导人民追求人民民主、发展人民民主的伟大创造。习近平强调:"人民民主是社会主义的生命,没有民主就没有社会主义"③。正是党始终高举人民民主的旗帜,始终坚守人民民主的重要理念,坚定不移地走人民民主的政治发展道路,坚持不懈地发展人民民主的政治理论,全过程人民民主的政治愿景才不断转变为现实。可以说,这是中国政治发展的具体国情实然,是实现中华民族伟大复兴的必然,也是巩固人民主体地位、实现人民当家作主的应然。在不断探索人民民主的政治出路、建立人民民主的合法政权以及发展人民民主的政治制度的过程中,我们党"立党为公,执政为民"的执政理念得以不断强化,"全心全意为人民服务"的根本宗旨得以深入人心。这种人民至上的执政理念与根本宗旨也进一步反作用于人民民主的政治实践,指导我国社会主义民主政治建设要始终把人民利益作为基本政治考量和根本政治准则,在决策、执行、落实、监督等各个政治环节都要以实现最广大人民根本利益作为出发点和落脚点,

① 《习近平著作选读》第一卷,人民出版社 2023 年版,第 265 页。

② 参见《中共中央关于进一步全面深化改革　推进中国式现代化的决定》,人民出版社 2024 年版,第 28 页。

③ 《习近平著作选读》第二卷,人民出版社 2023 年版,第 530 页。

保证社会主义民主政治的建设成效惠及全体人民。此外，中外历史上由于缺乏坚强领导核心而选错政治发展道路、导致人亡政息的教训屡见不鲜。对于我们这样情况相对复杂的人口大国、发展中大国来说，如果没有坚强领导核心、缺乏强大的政治定力，就没有社会主义民主发展的空间，更无法实现全过程人民民主。因此，积极发展全过程人民民主，必须毫不动摇地坚持党的领导，旗帜鲜明地反对弱化、虚化、淡化党的领导的政治行为。

第二，必须健全人民当家作主制度体系，为发展全过程人民民主提供制度保证。全过程人民民主之所以具有时间上的连续性、内容上的整体性、运行上的协同性、人民参与上的广泛性，呈现出最广泛、最真实、最管用的优越性，归根结底是因为其形成于人民当家作主的政治实践，依托于人民当家作主的制度建设。尤其是通过坚持和完善根本政治制度、基本政治制度和重要政治制度，全过程人民民主拥有了科学合理的制度安排，并不断应用于具体的民主政治实践中，从而促使人民行使民主权利的内容更加丰富、渠道更加通畅、形式更加多样。针对当前人民当家作主制度体系建设还有待完善的问题，要不断地补短板、强弱项、固根基。一是坚持系统观念。根本政治制度、基本政治制度和重要政治制度其实构成了一个有机的整体，它们既相辅相成又各有侧重。要坚持从整体上推进人民当家作主制度体系的完善工作，充分发挥人民当家作主制度体系的强大合力。二要坚持人民立场。人民当家作主制度体系是以人民为中心建构的，健全人民当家作主的制度体系仍然不能动摇人民主体地位。要不断将人民对美好生活的向往融入制度体系建设的各个环节，要让广大人民的主人翁精神在制度体系建设中充分展现，要通过制度体系建设更好地实现最广大人民的根本利益。三要坚持兼收并蓄。人民当家作主制度体系建设符合中国国情、具有中国特色，但这并非是说其具有排他性。习近平强调，“对丰富多彩的世界，我们应该秉持兼容并蓄的态度，虚心学习他人的好东西"①。要扎根人民当家作主政治实践的本国土壤，学习世界其他国家民主制度建设的有益经验，为健全人民当家作主制度体系提供充沛养分。

第三，必须提升国家治理效能，为发展全过程人民民主提供不竭动力。习近平强调："民主不是装饰品，不是用来做摆设的，而是要用来解决人民需要解决的问题的。"②相比于西方以生产资料私有制为基础、国家权力实际上控制在少数资本家或利益集团手中的虚伪民主，彰显社会主义民主优势的全过程人民民主，构筑在生产资料公有制经济基础上，构筑在国家一切权力属于人民的政治基础上，构筑在实现人类解放与人的自由全面发展的价值追求上，因而，其超越了资本至上、金钱万能的资产阶级民主运作逻辑，展现出人民至上、求真务实的实践底色，保证在党的领导下有效治理国家，为世界政治文明发展注入新活力、带来新希望。一方面，要坚持人民的事人民管，人民的事人民办。上到国家战略安排下到民众生活日常，各级政府的政策规划、落地实施及效果评价，都不能忽视人民参与的重要性。人民的意志，要通过民主决策的机制转化为党和国家的方针政策。同时，这些施政所向要通过从中央到地方的层层传导、步步落实，转化为推动人民民主深入发展的具体行动。由此，不仅促使当代中国民主理论、制度和实践持续创新，还有利于政治稳定与社会进步，进而形成了民主发展与国家治理相互促进、相互作用的生动局面。另一方面，要坚持集中力量办大事，画出最大同心圆。在对待重大决策、重大改革等问题上，要广泛采取协商民主的形式，充分发挥协商民主的作用，加强社会各种力量的合作协调。这样可以从根本上避免议而不决、决而不行、行而不实等阻碍国家治理的乱象，也可以防止出现对立冲突、撕裂社

---

① 《习近平著作选读》第一卷，人民出版社 2023 年版，第 262 页。

② 《习近平著作选读》第二卷，人民出版社 2023 年版，第 529 页。

会、民族隔阂等影响安定团结的因素，促使党、国家和人民成为立场一致、目标一致、行动一致的有机整体，形成有效推进国家治理的强大合力，让新时代中国的国家治理充满生机与活力。

四、方法保障：发挥群众路线的“传家宝”作用

群众路线是中国共产党的根本工作路线，也是中国共产党永葆青春活力和战斗力的重要传家宝。其核心要义是坚持一切为了群众，一切依靠群众，从群众中来，到群众中去，把党的正确主张变为群众的自觉行动。这种凝结了集体智慧的经验结晶，以马克思“现实的人”理论为根本依据，在党领导人民进行革命、建设和改革的实践进程不断丰富和发展。新时代新征程要继续走好党的群众路线，确保党始终保持同人民群众的血肉联系，始终同人民同呼吸、共命运、心连心。

马克思对“现实的人”的革命主体性之思，特别是关于无产阶级政党如何正确对待群众和处理好与群众的关系的论述，蕴含着群众路线的方法论意蕴。随着理论水平与实践水平的不断提升，马克思逐渐洞察到人类历史演进的奥秘。“历史活动是群众的活动，随着历史活动的深入，必将是群众队伍的扩大。”①在人类历史的演进过程中，广大劳动人民是社会生产力构成中最为活跃的因素，是推动历史进步的真正主体和决定性力量。广大劳动人民不仅创造着人类生存和发展所需的物质资料，同时，在生产实践中创造着丰富多彩的精神财富。虽然英雄人物的历史作用总是被资产阶级的历史编撰家刻意夸大，但人类历史的发展演变最终要看人民群众的实践与意志，最终依靠人民群众的主体力量。

也正是叹服于人民群众的主体力量，马克思认识到，无产阶级政党要实现人类解放的崇高目标，仅仅依靠工人阶级的力量必然远远不够。无

① 《马克思恩格斯文集》第1卷，人民出版社2009年版，第287页。

产阶级政党存在与发展的阶级基础，应该具有更加广泛的对象指向，而不是单指工人群体。随后，在对 1848 年欧洲革命进行分析时，马克思指出了工农联盟的重要历史作用，认为无产阶级必须争取农民阶级的信任与联合，才能为革命胜利筑牢阶级基础。对于德国革命问题，马克思也特别强调农民阶级与无产阶级要联合起来，认为农民阶级支持无产阶级革命是解开德国革命问题的关键。所以，无产阶级要确保自身的政治合法性、巩固并扩大自身的阶级基础，必须注重自身与人民群众的关系。恩格斯也认为，面对欧洲革命之后社会主义性质的政党势力不断壮大的实际，无产阶级政党要想将“可以预见的将来的事情”变成现实，“这个政党应当首先从城市走向农村，应当成为农村中的一股力量”①。正是由于无产阶级政党从占社会绝大多数的劳动人民中走来，完全没有与人民利益不一致的利益，人民群众才将其视为革命领导力量。这种与生俱来的人民性，也决定了无产阶级政党必须始终代表最广大人民群众的根本利益，必须密切联系人民群众，虚心向人民群众学习。恩格斯在答复《萨克森工人报》编辑部的论述中指出，在党内担任职务的人员不仅要具备理论能力，还需要具备“自我修正”的能力，要谨记“应该向工人学习的地方，比工人应该向他们学习的地方要多得多”②。

回看建党历程，中国共产党之所以能够始终保持先进性和纯洁性，向人民、向历史交出优异答卷，关键原因就是在一切工作中都坚持群众路线这一根本工作路线。在百余年的奋斗历史中，党充分认识到人民群众在推动社会变革中发挥着根本性的主体作用，紧紧依靠人民群众推进革命、建设和改革的伟大实践，并在实践过程中形成了群众路线，也随着实践变化发展了群众路线。土地革命时期，针对红四军内部出现的思想认识混

① 《马克思恩格斯文集》第 4 卷，人民出版社 2009 年版，第 510 页。
② 《马克思恩格斯文集》第 4 卷，人民出版社 2009 年版，第 397 页。

乱、军队纪律涣散、侵扰群众利益等问题，毛泽东坚决反对单纯军事观点、漠视群众工作和流寇主义思想的蔓延。这一时期他对群众工作的高度重视以及提出的相关主张，客观上助推了“九月来信”“新泉整训”和古田会议等事件的发展。特别是古田会议对脱离人民群众的错误思想进行纠偏，确证了毛泽东重视群众工作的科学性和正确性。他强调：“红军宣传工作的任务，就是扩大政治影响争取广大群众。由这个宣传任务之实现，才可以达到组织群众、武装群众、建立政权、消灭反动势力、促进革命高潮等红军的总任务。”①古田会议的召开加快了将毛泽东重视群众工作、坚持群众路线的认识主张上升为全党认识共识的进程。抗日战争时期，通过放手发动人民群众、武装人民群众、联合人民群众的方式，抗日战争发展为全民族行动的人民战争，党的群众路线不断形成。毛泽东指出：“在我党的一切实际工作中，凡属正确的领导，必须是从群众中来，到群众中去。”②坚持群众路线，就要牢固树立“为了人民群众”“向人民群众负责”“相信人民群众自我解放”以及“向人民群众学习”的群众观点，并在实际工作中充分践行这些群众观点。党的七大通过的党章明确将群众路线规定为党的根本政治路线和组织路线。解放战争时期，党的群众路线在土地改革和整党运动中进一步发展，有效地解决了解放区基层党组织中存在的思想、作风和组织不纯的问题，“教育了和产生了成万的积极分子和工作干部”③。同时，在党的群众路线的作用下，广大劳动人民的生产积极性和拥军支前热情被充分调动，形成了支援解放战争的强大力量。

社会主义革命和建设时期，党的群众路线随着党在全国执政的实践推进而不断丰富。在党的八大上，邓小平在关于修改党章的报告中对新民主主义革命时期党坚持群众路线的经验和新中国成立以来党坚持和运

① 《毛泽东文集》第一卷，人民出版社 1993 年版，第 96 页。

② 《毛泽东选集》第三卷，人民出版社 1991 年版，第 899 页。

③ 《毛泽东选集》第四卷，人民出版社 1991 年版，第 1309 页。

用群众路线的做法进行总结,并对群众路线作了新的阐述。他指出党的工作中的群众路线包含两方面的意义:"在一方面,它认为人民群众必须自己解放自己;党的全部任务就是全心全意地为人民群众服务;党对于人民群众的领导作用,就是正确地给人民群众指出斗争的方向,帮助人民群众自己动手,争取和创造自己的幸福生活。因此,党必须密切联系群众和依靠群众,而不能脱离群众,不能站在群众之上;每一个党员必须养成为人民服务、向群众负责、遇事同群众商量和同群众共甘苦的工作作风。在另一方面,它认为党的领导工作能否保持正确,决定于它能否采取'从群众中来,到群众中去'的方法"①。随后,党的八大修订的党章首次引入"群众路线"这一表述,强调党必须大力发扬群众路线的优良传统。

党的十一届三中全会以后,党的群众路线的时代内涵得到进一步丰富和发展。邓小平站在人民群众一边,密切联系人民群众,关心人民群众生产生活,反对党员干部搞特殊化,强调党员干部要与人民群众同甘共苦。党的十一届六中全会通过的《关于建国以来党的若干历史问题的决议》将党的群众路线明确概括为:"一切为了群众,一切依靠群众,从群众中来,到群众中去",同时强调"党是为人民利益而存在和奋斗的","离开人民,党的一切斗争和理想不但都会落空,而且都要变得毫无意义","把社会主义事业推向前进,就必须坚持群众路线"。② 在与人民群众"富起来"紧密相关的改革开放实践探索中,邓小平通过调查研究、走群众路线,逐渐形成了围绕"三个有利于"判断标准而展开的群众路线的生动表达。党的十四大修订的党章在总纲部分用"一切为了群众,一切依靠群众,从群众中来,到群众中去,把党的正确主张变为群众的自觉行动"的

---

① 中央档案馆、中共中央文献研究室编:《中共中央文件选集(1949 年 10 月—1966 年 5 月)》第 24 册,人民出版社 2013 年版,第 133 页。

② 中共中央文献研究室编:《改革开放三十年重要文献选编》上,中央文献出版社 2008 年版,第 209—210 页。

表述凝练地概括群众路线。这一表述也标志着群众路线作为党的根本工作路线,以党内大法的形式固定下来。世纪之交,面对党自身建设遇到的新情况、新问题,江泽民将群众路线作为党经受各种风浪考验的根本之策,沿着群众路线新的时代要求,大力推进党的建设新的伟大工程。进入新世纪以后,胡锦涛按照群众路线的基本思路对贯彻落实科学发展观进行合理布局,始终将将人民利益摆在首要位置、将人民需求作为第一选择、将人民满意视为根本标准。

党的十八大以来,以习近平同志为核心的党中央高度重视群众路线在党的工作中的运用和发展。紧密围绕保持党同人民群众的血肉联系,不断强化党员干部的群众观念和人民情怀,在党的十八大召开后不久,党中央便牢牢抓住作风建设这条主线,一以贯之、步步深入地坚持和发展群众路线,不断提升为人民服务的宗旨意识,不断厚植党长期执政的群众基础。一是开展党员干部集中学习教育。通过党的群众路线教育实践活动、“三严三实”专题教育、“两学一做”学习教育、“不忘初心、牢记使命”主题教育、党史学习教育、学习贯彻习近平新时代中国特色社会主义思想主题教育等学习活动,广大党员干部增强了守初心、担使命的价值自觉、思想自觉和行动自觉,党和人民群众的联系更加密切。二是同脱离人民群众的不正之风作斗争。严格落实中央八项规定精神,严厉纠治形式主义、官僚主义、享乐主义和奢靡之风,坚决反对特权思想和特权现象,零容忍惩治腐败问题,从根本上纠治了一些顽瘴痼疾,遏制了不正之风的滋长蔓延。三是把群众路线贯彻到治国理政全部活动中。要求广大党员干部始终把实现好、维护好、发展好最广大人民根本利益作为一切工作的出发点和落脚点,在想问题、做决策、办事情的过程中都要站在人民立场上,把坚持党的群众路线转化为实实在在的惠民成果。

从一定程度上看,党的百余年奋斗历史就是一部坚持和发展群众路线的光辉历史。毛泽东指出:“我们共产党人区别于其他任何政党的又一个显著的标志，就是和最广大的人民群众取得最密切的联系。”①只有始终与人民群众想在一起、干在一起，从群众中来、到群众中去，党才能做好人民群众的利益代表，才能知群众冷暖、明群众急难、晓群众愁盼，才能为实现人民群众根本利益、满足人民群众主体需要提供坚实的政治保障。党在百余年的奋斗历程中之所以能够取得一个又一个的胜利，关键原因就在于能够始终保持同人民群众的血肉联系，始终坚持群众路线，始终团结好、凝聚好广大人民群众，为解决一个又一个时代考题形成集体的智慧和力量。习近平反复强调：“得民心者得天下，失民心者失天下，人民拥护和支持是党执政的最牢固根基。”②如果没有人民群众的拥护与支持，党的事业将难有成就、难以为继。群众路线是党在干事创业的实践中形成的伟大创造，是党从胜利走向新的胜利的重要法宝。新时代新征程，党的新赶考之路才刚刚起步。在此背景下，越是需要回答好建设什么样的长期执政的马克思主义政党、怎样建设长期执政的马克思主义政党，越不能忘记密切联系群众是我们党的最大政治优势，越要走好新时代党的群众路线。

第一，始终践行让人民生活幸福的“国之大者”。为什么人的问题，是检验一个政党、一个政权性质的试金石。百余年来，纵观革命、建设和改革各个历史时期，党始终与人民有福同享、有难同当，始终与人民同舟共济、携手前行，根本目的就是为了让人民过上好日子。对于党而言，人民重于千钧，人民就是一切。习近平指出：“让人民生活幸福是‘国之大者’。”③随着我国社会主要矛盾的深刻变化，人民群众对于美好生活，尤其是高品质生活的向往更加强烈。在党的坚强领导下，人民群众对美好生活的向往也不断变为幸福生活的现实。但是，在肯定成绩的同时还需

---

① 《毛泽东选集》第三卷，人民出版社 1991 年版，第 1094 页。

② 《习近平著作选读》第一卷，人民出版社 2023 年版，第 124 页。

③ 习近平：《论“三农”工作》，中央文献出版社 2022 年版，第 49 页。

要看到，当前我们在巩固拓展脱贫攻坚成果、增强民生建设的均衡性和可及性以及更好把发展成果转化为生活品质等方面还面临诸多痛点难点堵点。因此，必须始终心怀“国之大者”，对“国之大者”做到心中有数、行动有谱。一方面，牢记人民利益高于一切。要拥有强烈的爱民、忧民、为民、惠民之心，想人民之所想，急人民之所急，办人民之所需，不断增强人民群众的获得感、幸福感、安全感。另一方面，真抓实干、埋头苦干、善作善成。要始终牢记“社会主义是干出来的，好日子都是奋斗出来”的道理，坚持人人尽责、人人享有，团结带领人民群众依靠勤劳奋斗创造幸福生活。

第二，深入人民群众开展调查研究。习近平指出：“开展调查研究就是走群众路线，没有调查就没有发言权，就没有决策权。”①走好新时代党的群众路线，必然要全面深入地了解人民群众的现实情况、掌握人民群众的所思所想所忧所盼。只有充分把握人民群众的客观实际，才能为更好维护人民群众的切身利益、解决人民群众的急难愁盼问题制定科学合理的行动方案。这也就是说，人民群众期待什么、需要什么、关心什么，不是拍脑袋就能想出来的，而是需要通过深入基层、深入群众的调研来得出。一要坚持真心实意地接地气、通下情。坚持问计于民、问需于民，要做到眼睛往下看、脚步往下迈，真正与人民群众打成一片，放下架子、俯下身子，与人民群众交朋友，而不是为下基层而下基层、搞形式主义的调查研究。二要坚持问题导向，增强问题意识。听真话、察真情，关键是为了发现真问题、研究真问题、解决真问题。要通过解剖麻雀、分析典型的方式，实事求是地把问题的真相和全貌了解清楚，把问题的本质和规律把握到位，把解决问题的方法策略制定准确。三要坚持与时俱进，注重方法创新。在互联网时代，由于网络信息技术的飞速发展，网络虚拟空间已成为

① 中央党史和文献研究院、中央学习贯彻习近平新时代中国特色社会主义思想主题教育领导小组办公室编：《习近平关于调查研究论述摘编》，党建读物出版社、中央文献出版社 2023 年版，第 54 页。

亿万网民发布信息、交流信息的重要渠道,"数字化生存"已成为人们生活不可或缺的样态。要把互联网作为同人民群众沟通交流的重要平台,走好网上群众路线,通过网络问政、网络参政、网络监督等新方式,更及时、更有效地倾听民声、尊重民意、顺应民心。

第三,要不断推进党的自我革命。走好新时代党的群众路线,始终保持同人民群众的血肉联系,必须深入推进党的自我革命,始终保持党的肌体健康,永葆党的先进性和纯洁性,尤其是要提高拒腐防变的能力,确保党的初心使命和为人民服务的宗旨意识不动摇,确保党的执政基础不动摇。习近平强调,党之所以能够历经千锤百炼仍朝气蓬勃,赢得人民群众支持和拥护,"原因就在于党敢于直面自身存在的问题,勇于自我革命,始终保持先进性和纯洁性,不断增强创造力、凝聚力、战斗力,永葆马克思主义政党本色"①。一要完善党的自我革命制度规范体系。以党章为根本,以民主集中制为核心,以完备的党内法规制度、高效的权力监督制约机制、良好的党内政治生态为重点,构建起制度治党、依规治党的完整体系。二要坚决打赢反腐败斗争攻坚战持久战。"人民群众最痛恨腐败现象,腐败是我们党面临的最大威胁。"②腐败问题损害党和群众的关系,危及党的执政根基和国家长治久安。必须清醒地认识到,当前腐败问题产生的土壤和条件仍然存在并呈现新的变化特征,反腐败斗争任重道远,绝不可以喘口气、歇歇脚。必须坚持反腐败无禁区、全覆盖、零容忍,持续发力、纵深推进,有力地遏制增量、有效地清除存量,形成不敢腐、不能腐、不想腐的良好局面。三要坚持以伟大自我革命引领伟大社会革命。必须站在中国特色社会主义事业长远发展、党长期执政的高度,以更清醒的自觉、更坚定的决心、更高的标准进行伟大自我革命,继续统揽好伟大斗争、

① 《习近平谈治国理政》第四卷,外文出版社2022年版,第32页。

② 《习近平著作选读》第二卷,人民出版社2023年版,第55页。

伟大工程、伟大事业、伟大梦想，解决好大党独有难题，使党在自我革命的锻造中更加坚强有力，更好担负起强国建设、民族复兴的历史重任。

第三节　持续解答新时代新征程“人民之问”

“现实的人”是马克思唯物史观批判与建构的出发点和落脚点，具有丰富的理论内涵和重要的实践价值。恩格斯指出：“只要进一步发挥我们的唯物主义论点，并且把它应用于现时代，一个强大的、一切时代中最强大的革命远景就会立即展现在我们面前。”①新时代新征程，人民群众在追求美好生活的过程中必然不断产生新需求新期待，这对党和国家的工作提出了更高要求。要继续坚持好、运用好马克思“现实的人”理论的立场观点方法，做到心中有民、实干为民、造福于民，持之以恒地解答好“人民之问”。

一、以人民立场为根本，始终坚持人民主体地位

人民立场是中国共产党的根本政治立场，是马克思主义政党区别于其他政党的显著标志。同人民风雨同舟、生死与共，始终保持血肉联系，是党团结带领人民战胜一切困难、不断走向辉煌的根本保证。人民立场凝结着党对人民的深厚情感，呈现着党矢志不渝的为民情怀，也体现了“人民”二字在共产党人心中分量最重、位置最高。坚守人民立场这一根本政治立场，就是要始终牢记人民对美好生活的向往就是党的奋斗目标，要时刻不忘党来自于人民、植根于人民，党的力量在人民，要始终铭记全心全意为人民服务的根本宗旨，做好人民的勤务员，要始终把人民拥护不拥护、赞成不赞成、高兴不高兴、答应不答应作为衡量一切工作得失的根

① 《马克思恩格斯文集》第2卷，人民出版社2009年版，第597—598页。

本标准。当前,面对纷繁复杂的国际国内形势,面对新一轮科技革命和产业变革,面对人民群众新期待,必须更加自觉地坚守人民立场,始终牢记江山就是人民、人民就是江山,把坚持人民主体地位摆在更加突出位置。

首先,充分尊重人民主体地位,发挥好保障人民主体地位的政治优势。马克思在"现实的人"理论中深刻阐明,人民是创造历史的真正动力,是推动历史发展和社会进步的主体力量。人民主体地位植根于人民群众在创造社会物质财富、精神财富以及推动社会变革中的主体作用。只有在思想上、理论上充分认识清楚这一规律性结论,才能在行动上更好地体现对人民主体地位的尊重和守护。在我国,尊重人民主体地位是党和国家政治生活的重要价值基础,也是核心价值追求。其一,尊重人民主体地位镌刻在我国国体和政体之中。新中国成立后不久,党团结带领各民主党派和全国各族人民建立起社会主义基本制度,将对人民主体地位的尊重以制度的形式确立下来。在国体中,国家根本性质彰显着人民性底色,即我国是工人阶级领导的、以工农联盟为基础的人民民主专政的社会主义国家,人民是国家的主人,是国家权力的所有者。在政体中,人民代表大会制度构成了我国国家政权的组织形式,人民通过各级人民代表大会行使国家权力。这种制度设计与制度建立,凸显了人民作为国家主人的最高地位,也形成了人民主体地位转化为国家高效运行的治理机制,为尊重人民主体地位提供了根本政治保障。其二,尊重人民主体地位熔铸在党的根本大法中。党的章程开宗明义明确,中国共产党是中国工人阶级的先锋队,同时是中国人民和中华民族的先锋队。这从性质上规定了党不仅是中国工人阶级、中国人民和中华民族的代表,而且代表着中国工人阶级、中国人民和中华民族的最先进集体。也就是说,党既来自于人民又是人民的直接代表,党的性质在根本上是其人民性的展现,是党尊重人民主体地位的直接表达。

充分尊重人民主体地位,必须进一步发挥好保障人民主体地位的政治优势。一方面，要发挥好中国特色社会主义政治制度的显著优势。中国特色社会主义政治制度是在我国历史传承、文化传统、经济社会发展的基础上长期发展、不断演化而来的。这种制度安排有效保证了人民享有更加广泛、更加充实的权利和自由，保证了人民广泛参加国家治理和社会治理。要进一步坚持和完善我国根本政治制度、基本政治制度、重要政治制度，构建好中国特色社会主义政治制度的四梁八柱，为保障人民主体地位提供具有强大生命力的先进制度。另一方面，要发挥好党的领导的最大优势。习近平强调：“中国共产党领导人民打江山、守江山，守的是人民的心。”①作为最高政治领导力量，党在百余年的不懈奋斗中赢得了最广大人民群众的支持和拥护，赢得了各民主党派、各团体、各民族、各阶层的支持和拥护。要继续发挥好党在应对各种风险挑战中的中流砥柱作用，在推进中国特色社会主义事业中总揽全局、协调各方中的领导核心作用，引导人民群众更加紧密团结在党的周围，形成保障人民主体地位的强大领导力量。

其次，坚持以人民为中心，夯实好保障人民主体地位的发展基础。在关于发展问题的认识上，是坚持以人民为中心还是以经济建设为中心，并非相互对立的关系，而是内在统一、缺一不可的关系。坚持以经济建设为中心，是改革开放以来我们党在全面总结社会主义建设经验教训的基础上，对“什么是社会主义、怎样建设社会主义”这一基本问题进行深刻解答的结果。从理论依据看，更加先进的社会形态的实现是建立在更加发达的社会生产力和更加坚实的经济基础之上的。所以，建设社会主义社会必须以发展社会生产力、夯实经济基础为中心任务。基于改革开放之初我国基本国情和社会主要矛盾，我们党坚持实事求是，团结带领人民以经济建设为中心，大力发展社会生产力。改革开放以来的发展成就也强

① 《习近平著作选读》第一卷，人民出版社 2023 年版，第 38 页。

有力地证明,坚持贯彻以经济建设为中心这一党的基本路线的要求,对于我国经济社会发展、综合国力提升和人民生活水平提高具有显著的作用效果。也就是说,从过程和结果来看,坚持以经济建设为中心,不仅仅实现了物的增长,更促进了人的发展。社会财富的增长,在根本上也是为了更好满足人民的美好生活需要,满足人的发展需要。因此,一段时间以来的“唯 GDP 论”、以 GDP 增长论英雄的发展论调,其实是对坚持以经济建设为中心的片面理解和错误应用,在一味地追求经济增长速度的过程中忽视了人的主体地位和为了人而发展的根本目的。

党的十八大以来,以习近平同志为核心的党中央深刻认识时代发展大势、科学分析国内外发展经验教训,对“新时代坚持和发展什么样的中国特色社会主义、怎样坚持和发展中国特色社会主义”这一基本问题进行了系统回答。习近平从党的根本政治立场和根本宗旨出发,阐明了党推动发展为了谁、依靠谁、成果由谁享有的核心问题。他指出:“只有坚持以人民为中心的发展思想,坚持发展为了人民、发展依靠人民、发展成果由人民共享,才会有正确的发展观、现代化观。”①这就要求新时代的发展要不断满足人民日益增长的美好生活需要,不断增进民生福祉,要将实现好、维护好、发展好最广大人民根本利益作为发展的根本出发点和落脚点。而要真正将坚持以人民为中心的发展思想落地落实,必须紧紧抓住经济建设这个中心,推动经济发展实现质的有效提升和量的合理增长。历史和现实都表明,如果没有高水平的社会生产力和坚实的物质基础,人民对美好生活的向往只能是无源之水、无本之木。同时,需要注意,不“唯 GDP 论”,不是说不要 GDP,而是需要更高质量的 GDP,需要保持中高速增长的 GDP。

发展是解决我国一切问题的基础和关键,更是让发展成果更多更公

① 《习近平著作选读》第二卷,人民出版社 2023 年版,第 407 页。

平惠及全体人民的基础和关键。因此，在发展的问题上，必须将坚持以经济建设为中心与坚持以人民为中心统一起来。坚持以人民为中心是坚持以经济建设为中心的价值立场和价值旨归，也是坚持以经济建设为中心深入发展的主体动力。坚持以经济建设为中心是实现坚持以人民为中心的根本途径和坚实基石，也是坚持以人民为中心的内在规定。当前，我国已经全面建成小康社会，踏上全面建设社会主义现代化国家新征程。习近平指出：“全面建成小康社会、实现第一个百年奋斗目标之后，我们要乘势而上开启全面建设社会主义现代化国家新征程、向第二个百年奋斗目标进军，这标志着我国进入了一个新发展阶段。”①新发展阶段是我国社会主义发展进程中的一个重要阶段，是党带领人民迎来从站起来、富起来到强起来历史性跨越的新阶段。但是，我们必须清醒地看到，根据人类社会发展规律和我国发展基本国情，新发展阶段仍是“社会主义初级阶段中的一个阶段，同时是其中经过几十年积累、站到了新的起点上的一个阶段”②。这意味着，现阶段我国仍处于并将长期处于社会主义初级阶段，我国仍然是世界上最大的发展中国家，发展仍是党执政兴国的第一要务。所以，进入新发展阶段，仍然需要始终坚持党在社会主义初级阶段的基本路线不动摇，牢牢抓住经济建设这一中心任务，着重解决发展不平衡不充分问题，坚定不移贯彻创新、协调、绿色、开放、共享的新发展理念，实现更高质量、更有效率、更加公平、更可持续、更为安全的发展，在经济发展的基础上推动社会全面进步，不断满足人民美好生活需要，实现人的全面发展。

以“绿水青山就是金山银山”这一重要发展理念和发展原则为例，其深刻阐明了生态环境保护与经济发展之间的辩证关系，指明了保护生态

---

① 《习近平著作选读》第二卷，人民出版社2023年版，第398—399页。

② 《习近平著作选读》第二卷，人民出版社2023年版，第399页。

环境就是保护生产力、改善生态环境就是发展生产力的发展新路。从坚持以经济建设为中心与坚持以人民为中心相统一的逻辑来看，这一发展理念和发展原则也深刻蕴含以人为本的价值意蕴。绿水青山是人民健康的重要屏障，是人民共有财富，更是人类永续发展的最大本钱。保护绿水青山不仅仅是对过往以牺牲生态环境为代价的发展思路的根本革新，更是对绿水青山蕴含的人的价值本位的复归。经济增长是提升人民生活水平的基石，而生态环境是人类赖以生存的根本。辩证地看待“绿水青山”和“金山银山”的关系，是为了更好地坚持在发展中保护、在保护中发展，是为子孙后代的生存与发展做谋划，是对人的主体地位的关怀和尊重。

再次，加强精神文明建设，建构好保障人民主体地位的精神家园。马克思在“现实的人”理论中指出，文化因人而产生，由人们在实践活动中创造的法律、道德、艺术、哲学等文化形式承载着一定阶级的思想情感和精神世界，并作为上层建筑能动地反作用于一定历史阶段的经济社会发展。一方面，精神文明是一个国家文化软实力的重要组成部分，是衡量一定社会发展程度、发展水平的重要标尺。精神文明发展进步是国家富强、民族振兴、人民幸福的精神支撑和精神动力。人民有信仰，民族有希望，国家有力量。习近平强调：“实现中华民族伟大复兴的中国梦，物质财富要极大丰富，精神财富也要极大丰富。”①抓好精神文明建设，能够为党团结带领人民不断前进提供坚强的思想保证、强大的精神力量、丰润的道德滋养。另一方面，精神文明是人的主体性的重要表现形式，通过个体的价值观念、生活态度、行为习惯、心理状态等反映出来，也是人的自由全面发展的内在规定。恩格斯在谈论人的自由问题时指出：“文化上的每一个进步，都是迈向自由的一步。”②纵然实现人的自由全面发展需要物质基

① 《习近平谈治国理政》第二卷，外文出版社 2017 年版，第 323 页。

② 《马克思恩格斯文集》第 9 卷，人民出版社 2009 年版，第 120 页。

础来保障，但如果精神生活匮乏、精神生产滞后，人的自由全面发展也无法实现。在物质富足的基础上，不断追求精神富有，不断满足人的精神需求，才能更好地促进人的自由全面发展。

党的十八大以来，以习近平同志为核心的党中央高度重视精神文明建设工作，紧紧围绕举旗帜、聚民心、育新人、兴文化、展形象的使命任务，作出一系列重要指示和部署，坚持“两手抓、两手都要硬”，为创新精神文明建设工作、丰富人民精神文化生活提供了根本遵循。“仓廪实而知礼节，衣食足而知荣辱”。随着人民物质生活需要的不断满足，人民精神生活需要也不断升级。人们对精神文化的需要从“有没有”转向了“好不好”，人们的精神生活追求也越发呈现高品质、个性化的特点。因此，必须提供更高质量、更高品位的精神生活产品，才能更好满足人民文化需求、增强人民精神力量，建构好保障人民主体地位的精神家园。一要充分挖掘中华优秀传统文化的精神宝藏。以中华优秀传统文化的当代传承和创新发展夯实人民精神生活的文化底蕴，为丰富人民精神生活提供厚重的历史文化载体和传统价值智慧。二要大力发展文化事业和文化产业。坚持以人民为中心的创作导向，提升公共文化服务水平，扩大优质文化产品供给，推出更多增强人民精神力量的优秀作品。三要深度培育和践行社会主义核心价值观。要注重教育引导、实践养成、制度保障的协同发力，把社会主义核心价值观全方位、深层次地融入经济社会发展与人民日常生活，使践行社会主义核心价值观成为人民自觉行动。四要积极培育时代新风新貌。统筹推动文明培育、文明实践、文明创建，推进城乡精神文明建设融合发展，在全社会广泛弘扬劳动精神、奋斗精神、奉献精神、创造精神、勤俭节约精神，推动形成适应时代发展的文明风尚。

二、以人民创造为动力，扎实推动全体人民共同富裕

共同富裕是社会主义的本质要求，是中国式现代化的重要特征。在

作出改革开放伟大决策以后，我们党在探索社会主义正确道路的进程中深刻认识到，贫穷不是社会主义，要打破传统的体制机制束缚和教条主义思想的束缚，让一部分人、一部分地区先富起来、先发展起来，先富带动后富，最终实现共同富裕。党的十八大以来，以习近平同志为核心的党中央科学把握发展阶段新变化，把逐步实现全体人民共同富裕摆在更加重要的位置上，推动区域协调发展，采取有力措施保障和改善民生，打赢脱贫攻坚战，全面建成小康社会，为促进共同富裕创造了良好条件，团结带领人民步入扎实推动共同富裕的历史阶段。

坚定不移走共同富裕的道路、扎实推动全体人民共同富裕，是党站稳人民立场、坚持人民至上的内在要求，也彰显了中国式现代化的鲜明价值底色。邓小平指出："社会主义最大的优越性就是共同富裕，这是体现社会主义本质的一个东西。"①资本主义国家在特定发展时期尽管采取了一些措施尝试解决"公平"与"效率"之间的矛盾，但从根本上来看，并没有解决共同富裕这一发展难题。资本主义发展的内在逻辑必然产生"两极分化"的现象且这种现象仍在不断加剧。所以，纵观西方发达国家历史，即便经历了数百年的工业化进程、不断提升了社会生产力水平，但受限于资本主义的制度设计和运行逻辑，共同富裕的目标至今仍未真正实现，反而贫富差距的问题越发凸显。而共同富裕本身便是社会主义社会的应有之义。马克思指出，在未来社会中，"生产将以所有的人富裕为目的"②。共同富裕旨在实现全体人民过上富裕生活，而不是为了一部分人的富裕或特定利益群体的富裕，彰显了社会主义制度与资本主义制度的本质区别。只有在社会主义制度下，通过科学的制度设计和政策实施，才能有效避免两极分化，逐步实现共同富裕。因此，要始终朝着实现全体人民共同

① 《邓小平文选》第三卷，人民出版社 1993 年版，第 364 页。

② 《马克思恩格斯文集》第 8 卷，人民出版社 2009 年版，第 200 页。

富裕的目标迈进，时刻警惕偏离社会主义方向的不良倾向，防止陷入穷者愈穷、富者愈富的恶性两极分化。

新时代新征程，适应我国社会主要矛盾的新变化，更好满足人民日益增长的美好生活需要，始终坚持以人民为中心的发展思想，深入践行发展为了人民、发展依靠人民、发展成果由人民共享的基本思路，必须把促进全体人民共同富裕作为为人民谋幸福的着力点。习近平指出：“幸福生活都是奋斗出来的，共同富裕要靠勤劳智慧来创造。”①这一实践要求在马克思“现实的人”理论中可以找到充分的依据和支撑。马克思对“现实的人”所具有的主观能动性和主体创造性的论述，揭示了人民群众身上蕴藏的创造性力量。人民群众在劳动实践中充分发挥着主观能动性，创造着社会物质财富和精神财富，又不断地推动社会变革和历史发展。因而，人民群众无论是在具体的劳动实践中还是人类历史的书写中都居于主体地位、拥有主体力量。在扎实推动共同富裕的进程中，人民群众必然是劳动实践的主体，是幸福生活的奋斗者、创造者、享有者。要充分发挥人民群众的主体力量，努力形成人人参与、人人尽力、人人都有成就感的生动局面。

首先，要强化勤劳致富的社会共识，弘扬劳动光荣的社会风尚。从文化传统来看，勤于劳动、善于创造是中华民族的传统美德，也是中华民族的一种集体价值观。“民生在勤，勤则不匮。”正是因为拥有勤劳勇敢、吃苦耐劳的精神品格，中华民族创造了辉煌灿烂的中华文明，也以自强不息的精神面貌屹立于世界民族之林。从发展成就来看，在党团结带领人民走过的百余年历程中，一系列彪炳史册的重大成就都离不开人民群众的辛勤劳动、艰苦奋斗。从贫穷落后到兴旺发达、从一穷二白到全面小康、从被动挨打到自信自立，波澜壮阔的历史记录着党团结带领人民走过的

① 《习近平著作选读》第二卷，人民出版社 2023 年版，第 501 页。

艰苦奋斗之路。实现中华民族伟大复兴,必然不可能轻轻松松、敲锣打鼓就实现,需要付出更大的努力,继续艰苦奋斗。因此,必须传承好艰苦奋斗的优良传统,让人们广泛认同勤劳致富的观点。习近平强调:“必须牢固树立劳动最光荣、劳动最崇高、劳动最伟大、劳动最美丽的观念,让全体人民进一步焕发劳动热情、释放创造潜能,通过劳动创造更加美好的生活。”①

一方面,充分保障人民群众作为劳动主体的权益。让劳动者获得实惠、享有荣光,是激发劳动创造力的必由之路。人民作为创造主体以现实的劳动实践创造着社会价值,也不断实现着自身价值。只有充分尊重人民创造主体地位、充分保障人民劳动权益,人民才能焕发劳动热情、释放创造潜能。要解决好职工群众最关心最直接最现实的利益问题,加强相关制度机制保障。坚持社会公平正义,有针对性地扫除阻碍劳动者参与发展、分享发展成果的障碍,切实保障劳动者的基本权益。另一方面,积极营造尊重劳动、尊重知识、尊重人才、尊重创造的社会氛围。引导人们树立正确的劳动观和劳动价值取向,以辛勤劳动为荣,以好逸恶劳为耻。同时,要大力弘扬劳模精神、发挥劳模的典型示范作用,用榜样的先进事迹教育和引导人们爱岗敬业、乐于奉献,以平凡的劳动创造不平凡的业绩。

其次,要充分发挥人民首创精神,注重总结和推广人民群众的经验智慧。人民首创精神展现了改革开放以来人民群众在我国经济社会发展各领域探索性实践中的创造性智慧。在推进改革开放和社会主义现代化建设的过程中,认识和实践上的每一次突破,每一个新生事物的出现,每一个方面经验的形成,无不来自于亿万人民的实践,象征着亿万人民的智慧。而今,人民首创精神也成为党和人民面对严峻复杂的国际环境和艰巨繁重的国内改革发展稳定任务时必备的,用以发现问题、直面问题、解

---

① 《习近平著作选读》第一卷,人民出版社 2023 年版,第 118 页。

决问题的宝贵精神财富。我们党始终尊重人民首创精神，坚持把人民群众的创造性实践作为智慧源泉，即始终把执政智慧的增长、执政本领的提高扎根于人民群众的创造性实践。在为促进共同富裕夯基垒台、创造条件的进程中，人民首创精神发挥了至关重要的作用。人民群众在促进共同富裕的劳动实践中不断发挥着主体创造性，自觉地运用自身的技能本领和聪敏才智。

在扎实推动共同富裕的进程中，要继续发挥人民首创精神，牢记人民群众不仅是浩瀚的力量之海，也是浩瀚的智慧之海。在不断激发人民群众的创新创造活力、营造浓厚的干事创业氛围的同时，更好发挥人民首创精神，要及时发现、总结、概括人民群众在勤劳致富实践中形成的丰富经验，使之上升为指导推动共同富裕的理论和政策。一方面，要为人民群众发挥主体创造性提供良好的实践环境，为人民群众在促进共同富裕的劳动实践中留足探索空间。坚持顶层设计与基层实践相结合，既要做到规划科学又要做到实践灵活，既要鼓励创新又要宽容失败，最大限度地激发人民群众的创造热情和创新活力。另一方面，要循序渐进地升华人民群众的实践经验。习近平强调：“共同富裕是一个长远目标，需要一个过程，不可能一蹴而就”①。科学总结人民群众在勤劳致富实践中形成的经验也需要一个过程，必须遵循理论联系实际的客观规律。要通过试点试验的方式鼓励人民群众大胆探索、开拓创新，并将其中的有益探索、先进做法归纳为典型经验，最后在因地制宜的原则下向各地逐渐推广。例如，浙江在稳步推进共同富裕示范区建设的过程中涌现出的“共富工坊”、山海协作、“两进两回”行动等解决“共富”难题的做法，均是来自于人民群众的创新探索，为扎实推动共同富裕提供了最真实、最鲜活、最有效的经验参考。

① 《习近平著作选读》第二卷，人民出版社2023年版，第502页。

再次，要完善扎实推动共同富裕的体制机制，为激发人民群众内生动力提供重要保障。在所有制方面，坚持公有制为主体、多种所有制经济共同发展，要毫不动摇巩固和发展公有制经济，毫不动摇鼓励、支持、引导非公有制经济发展。一方面，要大力发挥公有制经济在促进共同富裕中的重要作用。公有制经济是全体人民的宝贵财富。毫不动摇巩固和发展公有制经济，是保证全体人民共享发展成果的所有制基础，也是筑牢党的执政根基、巩固社会主义制度的必然要求。另一方面，要促进非公有制经济健康发展尤其是民营经济健康成长。非公有制经济是改革开放以来在党的方针政策指引下发展起来的，是社会主义市场经济的重要组成部分，也是促进共同富裕不可或缺的力量。习近平在民营企业座谈会上的讲话中指出：“长期以来，广大民营企业家以敢为人先的创新意识、锲而不舍的奋斗精神，组织带领千百万劳动者奋发努力、艰苦创业、不断创新。”①要进一步优化民营经济发展环境，促进民营经济做大做优做强，引导民营经济走向更加广阔的舞台，更好地发挥非公有制经济的创新活力。

在分配制度方面，要坚持按劳分配为主体、多种分配方式并存的基本分配制度，构建初次分配、再分配、第三次分配协调配套的制度体系。在扎实推动共同富裕的进程中，收入分配制度是基础性的制度安排。根据生产力与生产关系的辩证关系，生产要素是影响收入分配制度的主要因素。在生产力发展中，劳动是财富创造的直接源泉，人是生产力中最活跃的因素，因此，必须坚持多劳多得，鼓励勤劳致富。同时，资本、土地、知识、技术、管理、数据等生产要素也是财富创造的必要条件，要充分优化这些生产要素在收入分配中的作用。总之，在党领导全体人民共同奋斗把“蛋糕”做大做好的前提下，要通过科学合理的制度体系把“蛋糕”切好分

① 中共中央党史和文献研究院编：《十九大以来重要文献选编》上，中央文献出版社2019年版，第673页。

好。党的二十届三中全会明确提出，要完善收入分配制度，特别是强调要“规范收入分配秩序，规范财富积累机制，多渠道增加城乡居民财产性收入，形成有效增加低收入群体收入、稳步扩大中等收入群体规模、合理调节过高收入的制度体系”①。这一制度安排有利于促进收入分配更合理、更有序，从而在扎实推动共同富裕中更好实现效率和公平的有机统一。

在资源配置体制方面，要加快完善社会主义市场经济体制，推动发展更平衡、更协调、更包容。习近平强调：“全体人民共同富裕是一个总体概念，是对全社会而言的，不要分成城市一块、农村一块，或者东部、中部、西部地区各一块，各提各的指标，要从全局上来看。”②确保发展更平衡，重点要构建优势互补的区域经济布局和国土空间体系。实施区域重大战略和区域协调发展战略，健全转移支付制度，缩小区域人均财政支出差异，加大对欠发达地区的支持力度。确保发展更协调，重点要强化行业发展的协调性，加快垄断行业改革，推动金融、房地产同实体经济协调发展。此外，还需要正确处理政府与市场、经济与社会、物质文明与精神文明、经济发展与生态环境保护、发展与安全等各方面的重大关系。确保发展更包容，重点要支持中小企业发展，构建大中小企业相互依存、相互促进的企业发展生态。

最后，解决好人民最关心最直接最现实的利益问题，加强基础性、普惠性、兜底性民生建设，让发展成果更多更公平惠及全体人民。“治国有常，而利民为本”。民生保障直接关系人民群众的生存生活生计，是民心所向的风向标，也是民情民意的集中体现，更是衡量共同富裕建设效果的基础性工程。习近平强调：“采取更多惠民生、暖民心举措，着力解决好人民群众急难愁盼问题，健全基本公共服务体系，提高公共服务水平，增

① 参见《中共中央关于进一步全面深化改革　推进中国式现代化的决定》，人民出版社 2024 年版，第 35 页。

② 《习近平著作选读》第二卷，人民出版社 2023 年版，第 506 页。

强均衡性和可及性，扎实推进共同富裕。”①生活过得好不好、生活品质高不高，人民群众是最直接最有发言权的评判者。要从人民群众普遍关注、反映强烈、反复出现的问题出发，拿出更多更有力度的改革举措，把就业、教育、医疗、社保、住房、养老、食品安全、生态环境、社会治安等问题实打实地一个一个解决好，努力让人民群众的获得感成色更足、幸福感更可持续、安全感更有保障。

同时，需要注意，在扎实推动全体人民共同富裕的问题上，“政府不能什么都包，重点是加强基础性、普惠性、兜底性民生保障建设”②。因此，要着力补齐民生短板，兜牢民生底线，回应民生槽点、打通民生堵点、纾解民生痛点，用心用情用力解决好影响促进共同富裕的民生问题，脚踏实地、久久为功，以实际行动提升人民群众的幸福指数。一要健全社会保障体系。“社会保障是保障和改善民生、维护社会公平、增进人民福祉的基本制度保障，是促进经济社会发展、实现广大人民群众共享改革发展成果的重要制度安排，发挥着民生保障安全网、收入分配调节器、经济运行减震器的作用，是治国安邦的大问题。”③要全面深化社会保障制度改革，完善覆盖全民、统筹城乡、公平统一、安全规范、可持续的多层次社会保障体系。二要完善基本公共服务体系。围绕《国家基本公共服务标准》中的幼有所育、学有所教、劳有所得、病有所医、老有所养、住有所居、弱有所扶、优军服务保障、文体服务保障等九大领域，进一步健全基本公共服务体系，持续推进基本公共服务均等化。特别是针对低收入群体这一促进共同富裕的重点帮扶保障人群，要加大普惠性人力资本投入，建立健全分层分类的低收入群体社会帮扶体系，确保共同富裕路上一个也不能掉队。三要解决好最艰巨最繁重的任务。习近平指出：“促进共同富裕，最艰巨

① 《习近平著作选读》第一卷，人民出版社 2023 年版，第 38 页。

② 《习近平著作选读》第二卷，人民出版社 2023 年版，第 502 页。

③ 《习近平著作选读》第二卷，人民出版社 2023 年版，第 447 页。

最繁重的任务仍然在农村。”①一方面，要巩固脱贫攻坚成果，确保不发生规模性返贫和新的致贫。抓好防止返贫监测，加大开发型政策帮扶力度，促进脱贫群众增收，增强脱贫地区和脱贫群众内生发展动力。另一方面，要全面推进乡村振兴，使更多农村居民勤劳致富。通过实施乡村振兴战略促进农业高质高效、乡村宜居宜业、农民富裕富足，是实现全体人民共同富裕的必然选择。要坚持把促进共同富裕的基本要求融入全面推进乡村振兴的决策部署中，统筹好乡村振兴与共同富裕的内在关系。要把产业振兴作为乡村振兴的重中之重，有效激活乡村各类生产要素，持续推动乡村产业深度融合发展，大力培育乡村新产业新业态，不断拓宽农民增收渠道，充分发挥农民主体作用，让乡村产业在发展壮大中更多更好惠及农村居民。

三、以坚定的历史自信，走好新的赶考之路

历史自信是中国共产党在带领人民认识历史、把握历史和创造历史的过程中形成的自豪感与自信心，是新时代中国共产党人奋发昂扬、自信豪迈的精神风貌和情感活动的生动展现。习近平强调：“在新的赶考之路上，我们能否继续交出优异答卷，关键在于有没有坚定的历史自信。”②新时代新征程，中国共产党只有具备坚定的历史自信，不断加深历史认知，增进历史认同，掌握历史主动，才能更好带领人民踔厉奋发、勇毅前行，以新的伟大成就书写新的赶考之路上的优异答卷。

首先，正确的历史认知是历史自信的重要基础。百余年来中国共产党始终以实事求是的原则对待历史，并基于历史事实进行叙事和分析，不断提升洞察历史和解释历史的能力。这形成了中国共产党坚定历史自信

① 《习近平著作选读》第二卷，人民出版社 2023 年版，第 505 页。

② 《习近平谈治国理政》第四卷，外文出版社 2022 年版，第 545 页。

的历史认知前提,也塑造了历史自信的基本形成过程。

建党之初,早期共产党人曾多次论述对于历史问题的看法。毛泽东在与蔡和森就无政府主义交换意见时指出,历史认识要以事实为根据,发挥事实的重要性,要能被证实。[①] 李大钊在为北大史学系讲授《史学思想史》课程时强调,历史是社会在时间向度上呈现的面貌,获取历史知识要注意“一切史的知识,都依他为事实,一切史学的研究,都以他为对象,一切史的纪录,都为他所占领”[②]。李大钊反复言及的“他”概念,突出历史学习要以实在的历史事实为根据。这些观点从侧面反映出,蕴含实事求是指向的历史观初步在早期共产党人的头脑中开始酝酿。随着新民主主义革命持续推进,以毛泽东同志为主要代表的中国共产党人紧密结合实际形势的变化来不断学习历史、总结历史、书写历史。抗日战争爆发后,毛泽东在党的扩大的六届六中全会上明确了党领导中华民族进行伟大斗争的历史任务。为了更好地指导这一伟大的革命运动,毛泽东要求共产党员,一方面要具备革命理论,另一方面要向历史学习。他说道:“今天的中国是历史的中国的一个发展;我们是马克思主义的历史主义者,我们不应当割断历史。”[③]因此,即便身处革命斗争的历史境遇,共产党人也应该坦荡地面对过往历史,批判性地总结历史并继承宝贵的历史遗产。在此次大会的结论部分,为重申抗战策略的关键意义,毛泽东再次面向历史,回顾了中国共产党战争史上的胜利与失败。他讲道:“到今天为止,我们可以自信地说,中国共产党在十七年的斗争中,不但锻炼出来了一条坚强的马克思主义的政治路线,而且锻炼出来了一条坚强的马克思主义的军事路线。”[④]从这一论述不难看出,彼时中国共产党人始终以客观、理

---

① 参见《毛泽东文集》第一卷,人民出版社 1993 年版,第 4 页。

② 《李大钊全集》第四卷,人民出版社 2013 年版,第 319 页。

③ 《毛泽东选集》第二卷,人民出版社 1991 年版,第 534 页。

④ 《毛泽东选集》第二卷,人民出版社 1991 年版,第 548 页。

性的视角看待自身历史，并虚心向历史求教，进而潜移默化地形成了进行伟大斗争所必需的集体自信心理。到后来召开的党的扩大的六届七中全会，全党亦是从“前车之覆”中得出“后车之鉴”，形成《关于若干历史问题的决议》。凭借着这种客观把握历史的学习自觉与集体自信，中国共产党人源源不断地汲取历史力量，在新民主主义革命道路上取得了一个又一个胜利。

新中国成立后，面对民生凋敝、一穷二白的社会现状，以毛泽东同志为主要代表的中国共产党人知重负重、以史为鉴、提振信心，带领人民群众重建家园、发展生产。在指导全国土地改革工作的过程中，毛泽东本着对历史负责、对人民负责的态度，对正确划分农村阶级成分、注意土地改革工作方法作出特别指示。他以解放战争初期华北、东北以及山东等地部分地区土地改革中曾出现的侵犯农民利益、破坏农村工商业的历史事实为例，着重剖析该时期土地改革发生偏差的历史局限与解决措施。毛泽东既未回避这一历史问题，也未夸大其中的历史教训。他在审阅刘少奇《关于土地改革问题的报告》文稿时写道：“为了使我们的同志今后在各新解放区进行土地改革工作中不要重复过去的错误，指出过去的经验是有必要的。”①历史是一面镜子，给人启迪，也给人定力。该时期中国共产党人从党的革命历史中获取了正反两方面启示，不仅为新生的人民政权建设提供了历史镜鉴，而且为后来的社会主义革命与建设探索增加了历史底气。到“一五”计划期间，中国共产党人逐渐形成了艰苦奋斗、迎难而上的历史乐观主义精神。1955 年 3 月，在中国共产党全国代表会议上，毛泽东指出，面对新的历史时期国家发展可能遭遇的困难，要“想一想我们自己的历史”，“根据我们几十年的经验，我们遇到的每一个困难，

① 《毛泽东文集》第六卷，人民出版社 1999 年版，第 65 页。

果然都被克服下去了”。[①] 因此，要抱有基于历史事实的乐观主义态度，从历史中发现总结社会发展的规律，避免主观主义错误，科学地藐视困难、克服困难。显然，毛泽东所强调的“乐观主义”，彰显了中国共产党人在社会主义建设浪潮中攻坚克难的历史自信。这也激发了工人、农民、知识分子投身工业化建设的劳动热情。

党的十一届三中全会以后，“解放思想，实事求是，团结一致向前看”逐渐成为以邓小平同志为主要代表的中国共产党人的价值导向和行动指南。特别是在真理标准问题大讨论后，坚持实事求是，一切从实际出发，越发成为凸显真理性的思想路线。在邓小平看来，实事求是不仅是确立思想路线的关键所在，而且是认识历史问题的“锁钥”。邓小平认为，对于一些较为复杂的历史遗留问题，“要尽快实事求是地解决”；对于历史人物以及特定历史阶段，“应该科学地历史地来看”。[②] 当然，对于党带领人民实现“四个现代化”、解决新问题的历史信念，也必须立足于从实践中得出的历史经验。他说道：“过去我们搞革命所取得的一切胜利，是靠实事求是；现在我们要实现四个现代化，同样要靠实事求是。”[③]以实事求是为历史观导向，改革开放初期的中国共产党人同心同德、信心十足，助推党和国家事业发展迎来重大的历史转折。到世纪之交，以江泽民同志为主要代表的中国共产党人依旧脚踏实地地运用历史思维。面对建设中国特色社会主义这盘大棋局，江泽民批判了好高骛远的理想化倾向。他指出，过去“大跃进”中搞建设，“就太理想化了，脱离了国情，超越了社会发展阶段，结果吃了苦头”[④]。因而，要以历史的眼光明确我国处于社会主义初级阶段的实际，现实地谋划并建设中国特色社会主义，从而增强跨

① 《毛泽东文集》第六卷，人民出版社 1999 年版，第 393 页。

② 参见《邓小平文选》第二卷，人民出版社 1994 年版，第 147—149 页。

③ 《邓小平文选》第二卷，人民出版社 1994 年版，第 143 页。

④ 《江泽民文选》第二卷，人民出版社 2006 年版，第 96 页。

越新世纪的集体自信心。党的十六大以后，以胡锦涛同志为主要代表的中国共产党人从“艰苦奋斗”的角度坚持和运用实事求是的历史观。胡锦涛号召广大党员干部，要以求真务实的科学态度学习党的艰苦奋斗历史，保持共产党人的政治本色，“在各种困难和考验面前巍然屹立、敢于胜利”①。

党的十八大以来，以习近平同志为主要代表的中国共产党人坚持实事求是地认识历史、叙述历史、总结历史，不断坚定历史自信。从党的十八大到党的二十大，每次党代会闭幕后，新当选的中央领导集体都会进行具有深远历史意义的宣示。从国家博物馆《复兴之路》展览到上海中共一大会址和嘉兴南湖红船，再到延安革命纪念地的中共七大会址、毛泽东旧居等，红色地标所承载的历史记忆始终是新时代中国共产党人坚定历史自信最好的“营养剂”。在习近平赴全国各地开展的考察调研中，革命圣地、旧址、历史纪念馆等总是他调研行程的重要一站。他说道：“每到一地，重温那一段段峥嵘岁月，回顾党一路走过的艰难历程，灵魂都受到一次震撼，精神都受到一次洗礼。”②所以，促使新时代中国共产党人信心满怀的历史认知，生成于直面历史、体悟历史的现实性实践。在建党百年之际开展的党史学习教育，也是新时代中国共产党人坚定历史自信的重要实践。学史明理、学史增信、学史崇德、学史力行，关键前提是坚持实事求是的正确党史观。习近平强调：“要实事求是看待党史上的一些重大问题，既不能因为成就而回避失误和曲折，也不能因为探索中的失误和曲折而否定成就。”③因此，新时代以来中国共产党不断呈现出的高度历史自信，不断向党内外、国内外展示出百年大党的清醒和成熟，是中国共产

① 《胡锦涛文选》第二卷，人民出版社2016年版，第6页。

② 习近平：《用好红色资源　赓续红色血脉　努力创造无愧于历史和人民的新业绩》，《求是》2021年第19期。

③ 习近平：《在党史学习教育动员大会上的讲话》，人民出版社2021年版，第24—25页。

党作为历史活动主体在伟大实践中不断获取正确的历史认知、凝聚广泛的历史共识的结果。

其次,历史自信具有深刻的时代价值与战略意蕴。习近平指出:“我们要用历史映照现实、远观未来”①。不断坚定历史自信,是新时代新征程中国共产党人立足现实、擘画未来、掌握前途的一种历史自觉,不仅能够为正在书写的、具有光明前景的强国建设、民族复兴伟业提供不竭的精神动力,而且能为新时代中国特色社会主义巍巍巨轮劈波斩浪、行稳致远提供强大的历史定力。

第一,为推进中国式现代化汇聚前行力量。改革开放以来,“走自己的道路”的时代命题不断转变为于摸索中行进的中国式现代化道路。尤其在新时代,随着第一个百年奋斗目标如期实现、共同富裕稳步推进,中国式现代化道路越走越宽。中国式现代化的成功,是中国共产党带领人民坚定历史自信的伟大创举。在新征程上继续推进和拓展中国式现代化,也是坚定历史自信的内在要求。由此,一方面,有利于驾驭各种风险挑战,走稳前行之路。以中国式现代化的历史性探索为基础,及时总结社会主义现代化建设进程中的实践经验,牢牢把握熔铸于历史自信之上的“五个坚持”重大原则,居安思危、未雨绸缪、振奋精神,从容应对各种随时可能发生的“黑天鹅”“灰犀牛”事件,勇敢迎接风高浪急甚至惊涛骇浪的重大考验。另一方面,有利于实现人的全面发展的现代化。由于中国共产党始终把实现人民对美好生活的向往作为现代化建设的出发点和落脚点,中国式现代化的实现过程也是保障人的主体地位、复归人的主体本质的历史性过程。坚定历史自信,有利于从这种表征真正的“人的现代化”的发展轨迹中汇聚历史力量、树立历史信心,为实现全面建成社会主义现代化强国的战略目标注入不竭动力。而随着中国式现代化建设进程

① 《习近平著作选读》第二卷,人民出版社 2023 年版,第 481 页。

不断取得新突破，现代化建设成果将更多更公平惠及全体人民——不仅是物的全面丰富，更是人的主体性的全面提升。

第二，为马克思主义中国化时代化提供实践养分。中国共产党拥有善于革新理论的历史传统，能够坚持从不断发展的实际出发，及时科学解答时代新课题，不断推进马克思主义中国化时代化。在实现理论飞跃的过程中，历史自信发挥着“催化剂”的作用。由于源自党的历史性实践，历史自信蕴含具体的、现实的真理力量。即便是在不同的时代背景下，历史自信均促使马克思主义基本原理同中国具体实际、同中华优秀传统文化的结合相得益彰。习近平新时代中国特色社会主义思想，作为当代中国马克思主义、二十一世纪马克思主义，出场于中国特色社会主义进入新时代的伟大实践，彰显着新时代中国共产党历史自信的真理魅力。面向实现第二个百年奋斗目标的新的赶考之路，坚定历史自信契合马克思主义中国化时代化的现实之需，能够为理论创新提供丰富的实践养分。一方面，有助于反思新的实践中的新问题，并使之成为理论创新的突破口。在新的赶考之路上，必然会遇到更多新情况、新问题，需要从理论与实践的结合上作出新解答。坚定历史自信，实事求是、直面问题，不仅能够及时化解实践中的问题困境，而且能够在化解问题的过程中激活理论创新的实践动力，拓展理论发展的创新空间。另一方面，有助于在新的实践中校验理论的真理性价值。将历史自信中“以史为鉴”的认知逻辑融入检验真理的过程，以历史的、发展的、批判的眼光审视理论性认识的科学性，有利于剔除理论建构过程中的窠臼与谬误，不断校正理论创新的立场观点方法。

第三，为制度优势向治理效能更好转化夯实变革基础。历史地看，中国共产党在立党立国、兴党兴国的过程中，破除了许多体制机制问题和利益固化藩篱，展现出卓越的政治领导力和坚定的政治自信心。这种蕴含于政治改革语境中的历史自信表现，突出规则、规制、管理、标准等基础性制度要素的系统集成，极大地提高了治国理政基本经验转化为制度优势的效能。在执政党建设方面，有利于驱动党的自我革命规范化呈现。以党史学习教育常态化长效化为抓手，引导广大党员、干部在践行初心使命的过程中，更好地传承和发扬党的革命历史传统，从红色基因、红色血脉中寻找自我革命的历史依据。进而，以历史传统为基本遵循，不断强化对党内权力的制约和监督，构建全面从严治党的制度体系。在国家治理方面，有利于通过全面深化改革完善各方面制度。只有坚定历史自信，才能够将治国理政的历史经验有机融入推进国家治理体系和治理能力现代化的全过程，推动党和国家权力机关运用历史思维进行改革创新，因循历史规律破解深层次体制机制问题，在“有为”与“有限”的辩证统一中形成较为完备的制度体系。

再次，进一步坚定历史自信，走好新的赶考之路，必须坚持正确党史观、树立大历史观，以党百余年的奋斗史为根本源泉，以人民至上为价值旨归，以中华文明为重要涵养，以历史主动精神为主体动力，咬定青山不放松、风雨无阻向前行，不断彰显百年大党的自信从容。

第一，坚持以党百余年的奋斗史为根本源泉。在习近平关于历史自信的相关论述中，建党以来的百余年构成了核心的时间轴。并且，围绕该时间轴展开的百余年光辉历程，始终是他表达历史自信话语的史实语境。2021 年 12 月，在中共中央政治局党史学习教育专题民主生活会上，习近平明确将中国共产党百年来的历史书写过程概括为中国共产党历史自信的最大底气。他说道：“一百年来，我们党致力于为中国人民谋幸福、为中华民族谋复兴，致力于为人类谋进步、为世界谋大同，天下为公，人间正道，这是我们党具有历史自信的最大底气，是我们党在中国执政并长期执政的历史自信，也是我们党团结带领人民继续前进的历史自信。”①这表

① 《习近平谈治国理政》第四卷，外文出版社 2022 年版，第 545—546 页。

明，中国共产党书写的全部历史锻造了历史自信形成的事实基础。马克思在《巴黎手稿》中指出："历史本身是自然史的一个现实部分，即自然界生成人这一过程的一个现实部分。"①因此，历史并非虚无缥缈的神秘概念，也非主观任意的抽象记忆，而是包含"物质决定意识""主观见之于客观"的感性实在活动，具有鲜明的现实性底色。要想在不断发展的历史过程中获得关于它本身的认识，即具体的、感性的本质力量，唯有将历史作为观察对象且作为明确的事实对象，才能具有实现的可能。历史自信作为中国共产党通过省思百余年来自身的社会现实活动而生成的一种感性本质力量，必然遵循着历史范畴的普遍规律，植根于党带领人民进行实践创造的整体史实。具体而言，从时间之维看，它包括建党以来不同历史时期党带领人民开创的具体社会现实，包括：夺取新民主主义革命伟大胜利、完成社会主义革命和推进社会主义建设、进行改革开放和社会主义现代化建设、开创中国特色社会主义新时代。从内容之维看，它覆盖建党以来各个领域党带领人民进行不懈探索的演进史，如经济工作史、政权建设史、文化创新史、社会治理史、环境保护史等。可以说，党带领人民走过的百余年史实是最科学、最深刻、最具说服力的实践创造，是坚定历史自信的源头活水。只有充分了解建党以来的全部历史事实，深刻认识四个历史时期的"伟大飞跃"的历史性成就，才能真正具备坚定历史自信的强大底气。

第二，坚持以人民至上为价值旨归。党的根基在人民、血脉在人民、力量在人民。建党以来的百余年历史，可以说是一部党与人民惺惺相惜、同甘共苦的历史。如果离开人民，历史书写将陷入虚无，党的事业也将难以为继。坚定历史自信，意味着党始终坚守不负人民的价值追求。一方面，作为长期执政的马克思主义政党，党的形成逻辑遵循无产阶级政党组

① 《马克思恩格斯文集》第1卷，人民出版社2009年版，第194页。

建的人民利益至上逻辑。党除了国家、民族、人民的利益,没有自己特殊的利益,从来不代表任何利益集团、任何特权阶层的利益。“为人民而生,因人民而兴,始终同人民在一起,为人民利益而奋斗,是我们党立党兴党强党的根本出发点和落脚点。”①另一方面,历史自信出场的“历史的康庄大道”,蕴含人民实践至上逻辑。马克思指出,历史不具有任何神秘性,它并非属于“批判的批判”的“一种思想”,而是属于“群众的活动”。在《哲学的贫困》中,马克思进一步揭示了“现实的历史”的人民实践动力,阐明人民既是历史的“剧中人物”,又是历史的“剧作者”。因此,在历史自信的概念指称中,与生俱来地内蕴人民利益至上与人民实践至上相统一的意义设定。百余年来,人民的所思所想所忧所盼,在党不断坚定历史自信的过程中得到回应和解决。新时代新征程要继续将把握人民愿望、尊重人民创造、集中人民智慧的人民至上价值旨趣,融会到党带领人民意气风发、奋勇前行的伟大实践中。

第三,坚持以中华文明为重要涵养。历史文明是一个国家、一个民族在人类历史发展长河中塑造的社会进步状态,其在整体意义上相当于一定历史时期或历史形态的总称,而在具体形式上又呈现为人类创造性实践活动的一切有益成果。马克思指出:“人们自己创造自己的历史,但是他们并不是随心所欲地创造,并不是在他们自己选定的条件下创造,而是在直接碰到的、既定的、从过去承继下来的条件下创造。”②在马克思所处的“文明时代”,虽然他对资本主导下的西方文明传统持批判态度,但这种批判并非不顾历史事实的全盘否定,而是基于人类文明演进的大历史观进行辩证思考,充分注重历史文明传统的涵养性价值。这意味着,历史文明的赓续与进步固然需要不断革故鼎新,但却不可偏废文明传统的重

① 《习近平著作选读》第二卷,人民出版社 2023 年版,第 420—421 页。

② 《马克思恩格斯文集》第 2 卷,人民出版社 2009 年版,第 470—471 页。

要基础。历史文明的发展包含对于文明传统的扬弃逻辑,需要以历史过往为前提,“从已有的思想材料出发”①。中华民族作为古老而伟大的民族,在5000多年的发展中创造了璀璨辉煌的东方文明,为人类文明进步作出不可磨灭的历史贡献。在近代以前,中华民族在世界上极具影响力,无论是在社会制度、经济发展、科学技术还是文化艺术领域,中华文明都显示出强大的感召力和吸引力。这些举世瞩目的历史文明成就,以其博大精深的内容体系和非同凡响的价值智慧,为中国人民所自豪,也逐渐积淀为中华民族自信自强的文明底气和丰厚滋养。当代中国是历史中国的延续,历史自信是历史文明的重要表征。作为民族复兴道路上的坚强领导核心,中国共产党的历史自信必然体现着马克思主义关于历史文明存续的内在要求,牢牢扎根于中华文明沃土,以中华民族灿烂夺目的历史文明成就为重要给养。否则,任何关于坚定历史自信的行动都将可能缺失文明之根,缺失更深沉更持久的文明积淀。

第四,坚持以历史主动精神为主体动力。努力达到历史自信的状态,也是坚定历史自信的内在规定。习近平强调,要深刻认识党和国家事业发展的历史大势、掌握历史主动。“历史发展有其规律,但人在其中不是完全消极被动的。”②马克思认为,人类认识世界并非机械被动的活动,而是自觉能动的活动。人们能够运用自身的主观能动性反映事物,在合规律性和合目的性的辩证统一中获得真理性认识。同样,历史的存在有其自身规律且不以人的意志为转移。但作为认识历史的主体,人们能够凭借革命的、能动的主体意识,揭开历史发展的奥秘,从而对历史发展的未来路向进行展望并作出规划。百余年来,党充分发挥历史主动精神,在错综复杂的历史斗争中占据主动,即由精神主动实现革命主动、建设主动、

① 《马克思恩格斯文集》第3卷,人民出版社2009年版,第523页。

② 《习近平著作选读》第二卷,人民出版社2023年版,第419页。

改革主动,厚植了坚定历史自信的主体力量。比如:在大革命遭遇失败后,党结合具体实际,开辟了工农武装割据的革命新路,并根据革命星火的燎原之势作出“革命高潮快要到来”的自信预判;解放战争初期,面对敌我军事力量和经济力量悬殊的严峻考验,党从革命性质与革命基础方面进行科学判断,深刻认识到决定战争成败的关键是人民而非新式武器,提出“一切反动派都是纸老虎”的自信论断。新中国成立后,党顺应时代发展潮流,带领人民创造社会主义革命和建设的伟大成就、改革开放和社会主义现代化建设的伟大成就和新时代中国特色社会主义的伟大成就,彻底改变了国家和民族的前途命运,形成了坚定历史自信的伟大奋斗成就。因此,新时代新征程进一步坚定历史自信,必须牢牢把握历史发展规律和大势,始终掌握党和国家事业发展的历史主动。一要主动顺应历史大势。以更宽广的视野、更长远的眼光把握世界历史的发展脉络和正确走向,认清我国社会发展、人类社会发展的大逻辑大趋势,把握中国式现代化的历史沿革和实践要求,做到因势而谋、应势而动、顺势而为。二要主动把握历史机遇。面对不断涌现的新矛盾新挑战,要增强机遇意识,用好危中有机、危可转机的辩证法,加强研判,准确识变、科学应变、主动求变,抓住时机,赢得主动。三要主动迎难而上、勇担历史使命。前进的道路上不可能一片坦途,必须准备进行具有许多新的历史特点的伟大斗争。唯有以“狭路相逢勇者胜”的气概,主动迎战、坚决斗争,才能战胜前进道路上的一切艰难险阻,自觉肩负历史责任,主动担当历史使命,不断开创新局面、夺取新胜利。

参考文献

一、马克思主义经典著作及党和国家领导人著作

《马克思恩格斯选集》第1—4卷，人民出版社2012年版。

《马克思恩格斯文集》第1—10卷，人民出版社2009年版。

《马克思恩格斯全集》第1卷，人民出版社1995年版。

《马克思恩格斯全集》第3卷，人民出版社2002年版。

《马克思恩格斯全集》第42卷，人民出版社1979年版。

《马克思恩格斯全集》第44卷，人民出版社2001年版。

《马克思恩格斯全集》第45卷，人民出版社1985年版。

《马克思恩格斯全集》第47卷，人民出版社2004年版。

《马克思恩格斯全集》第49卷，人民出版社2016年版。

《列宁选集》第一——四卷，人民出版社2012年版。

《毛泽东选集》第一——四卷，人民出版社1991年版。

《毛泽东文集》第一——八卷，人民出版社1993、1996、1999年版。

《邓小平文选》第一——三卷，人民出版社1994、1993年版。

《江泽民文选》第一——三卷，人民出版社2006年版。

《胡锦涛文选》第一——三卷，人民出版社2016年版。

《习近平谈治国理政》第一——四卷，外文出版社2018、2017、2020、2022年版。

《习近平著作选读》第一——二卷，人民出版社2023年版。

习近平：《在文化传承发展座谈会上的讲话》，人民出版社2023年版。

习近平:《论"三农"工作》,中央文献出版社 2022 年版。

习近平:《在二十届中央政治局第四次集体学习时的讲话》,《求是》2023 年第 10 期。

习近平:《开辟马克思主义中国化时代化新境界》,《求是》2023 年第 20 期。

习近平:《发展新质生产力是推动高质量发展的内在要求和重要着力点》,《求是》2024 年第 11 期。

中共中央文献研究室编:《论群众路线:重要论述摘编》,中央文献出版社、党建读物出版社 2013 年版。

中央党史和文献研究院、中央学习贯彻习近平新时代中国特色社会主义思想主题教育领导小组办公室编:《习近平关于调查研究论述摘编》,党建读物出版社、中央文献出版社 2023 年版。

中共中央文献研究室、中央档案馆编:《建党以来重要文献选编(1921—1949)》第 1—26 册,中央文献出版社 2011 年版。

中共中央文献研究室编:《十四大以来重要文献选编》中,人民出版社 1997 年版。

中共中央文献研究室编:《十八大以来重要文献选编》上、中、下,中央文献出版社 2014、2016、2018 年版。

中共中央党史和文献研究院编:《十九大以来重要文献选编》上、中,中央文献出版社 2019、2021 年版。

二、中文著作

冯友兰:《中国哲学史》上、下册,华东师范大学出版社 2015 年版。

钱穆:《中华文化十二讲》,九州出版社 2011 年版。

黄楠森等主编:《马克思主义哲学史(修订版)》第一——八卷,北京出版社 2005 年版。

庄福龄等主编:《马克思主义发展史》第一——十卷,人民出版社 2023 年版。

高清海:《哲学与主体自我意识:论马克思实践观点的思维方式》,北京师范大学出版社 2017 年版。

孙伯鍨:《探索者道路的探索:青年马克思恩格斯哲学思想研究》,北京师范大学出版社 2017 年版。

夏甄陶:《人是什么》,商务印书馆 2000 年版。

陈先达:《走向历史的深处:马克思历史观研究》,北京师范大学出版社 2017 年版。

孙正聿:《马克思辩证法理论的当代反思》,人民出版社 2002 年版。

安启念:《马克思恩格斯伦理思想研究》,武汉大学出版社 2010 年版。

王南湜:《人类活动论:马克思的哲学革命》,北京师范大学出版社 2017 年版。

丰子义:《马克思主义社会发展理论研究》,北京师范大学出版社 2017 年版。

张一兵:《马克思历史辩证法的主体向度:似自然性、物役性批判理论研究》,北京师范大学出版社 2017 年版。

张一兵:《回到马克思:经济学语境中的哲学话语》,江苏人民出版社 2013 年版。

顾海良:《马克思经济思想的当代视界》,经济科学出版社 2005 年版。

吴晓明等:《马克思主义本体论研究》,北京师范大学出版社 2017 年版。

王东:《马克思学新奠基:马克思哲学新解读的方法论导言》,北京大学出版社 2006 年版。

韩庆祥:《现实逻辑中的人:马克思的人学理论研究》,北京师范大学出版社 2017 年版。

杨耕:《为马克思辩护:对马克思哲学的一种新解读》,江苏人民出版社 2017 年版。

陈曙光:《马克思人学的存在论阐释》,社会科学文献出版社 2019 年版。

任平:《走向交往实践的唯物主义:马克思交往实践观的历史视域与当代意义》,北京师范大学出版社 2017 年版。

邹诗鹏:《激进政治的兴起:马克思早期政治与法哲学批判手稿的当代解读》,复旦大学出版社 2012 年版。

刘同舫:《马克思人类解放思想论》,人民出版社 2022 年版。

聂锦芳:《清理与超越:重读马克思文本的意旨、基础与方法》,北京大学出版社 2005 年版。

杨学功:《超越哲学同质性神话:马克思哲学革命的当代解读》,北京大学出版社 2010 年版。

贺来:《辩证法的生存论基础:马克思辩证法的当代阐释(修订本)》,北京师范大学出版社 2021 年版。

仰海峰:《形而上学批判:马克思哲学理论前提的当代阐释》,中国人民大学出版社 2022 年版。

臧峰宇:《马克思政治哲学引论》,中国人民大学出版社 2020 年版。

苗力田等主编:《西方哲学史新编(修订本)》,人民出版社 2015 年版。

郭湛:《主体性哲学:人的存在及其意义》,中国人民大学出版社 2011 年版。

杨大春:《现代性与主体的命运》,中国人民大学出版社 2019 年版。

张分田:《民本思想与中国古代统治思想》上、下册,南开大学出版社 2009 年版。

孙力:《人的解放主题的中国化进程:中国共产党对人权的社会主义塑造和开拓》,东方出版中心 2011 年版。

汪信砚:《马克思主义哲学中国化:传统与创新》,北京师范大学出版社 2017 年版。

罗平汉主编:《中国共产党群众路线思想史》,人民出版社 2013 年版。

曹普:《中国改革开放全景录(中央卷)》,人民出版社 2018 年版。

高尚全等:《人民本位论》,人民出版社 2012 年版。

林尚立:《论人民民主》,上海人民出版社 2016 年版。

潘维:《信仰人民》,中国人民大学出版社 2017 年版。

王炳林等:《人民至上:中国共产党的根本政治立场》,中共党史出版社、中央文献出版社 2021 年版。

刘红凛等:《赢得人民的成功密码:党的群众路线研究》,上海人民出版社 2021 年版。

陈金龙:《坚持人民至上》,人民日报出版社 2022 年版。

刘儒:《人民至上》,商务印书馆 2023 年版。

陈培永:《什么是人民、阶级及其他:以马克思的名义》,江苏人民出版社 2018

年版。

戴立兴:《毛泽东人民观及其当代意义研究》,社会科学文献出版社 2016 年版。

龚云:《毛泽东与人民》,中国社会科学出版社 2015 年版。

李德顺:《邓小平人民主体价值观思想研究》,北京出版社 2004 年版。

李培林主编:《坚持以人民为中心的新发展理念》,中国社会科学出版社 2019 年版。

吴海江:《以人民为中心的发展思想研究》,人民出版社 2019 年版。

成龙:《新时代中国特色社会主义的思想逻辑研究》,人民出版社 2020 年版。

李淑梅等:《“以人民为中心”及其践行路径》,人民出版社 2022 年版。

三、译著

[美]乔治·麦卡锡:《马克思与古人:古典伦理学、社会主义和 19 世纪政治经济学》,王文扬译,华东师范大学出版社 2011 年版。

[美]汉娜·阿伦特:《马克思与西方政治思想传统》,孙传钊译,江苏人民出版社 2012 年版。

[美]艾伦·布坎南:《马克思与正义——对自由主义的激进批判》,林进平译,人民出版社 2013 年版。

[美]诺曼·莱文:《马克思与黑格尔的对话》,周阳译,中国人民大学出版社 2015 年版。

[美]汤姆·洛克莫尔:《费希特、马克思与德国哲学传统》,夏莹译,北京师范大学出版社 2018 年版。

[美]沃伦·布雷克曼:《马克思、青年黑格尔派与激进社会理论的起源》,李佃来译,北京师范大学出版社 2018 年版。

[美]塞缪尔·亨廷顿:《文明的冲突与世界秩序的重建》,周琪等译,新华出版社 2009 年版。

[美]列奥·施特劳斯等:《政治哲学史》,李洪润等译,法律出版社 2009 年版。

[美]列奥·施特劳斯:《什么是政治哲学》,李世祥等译,华夏出版社 2014 年版。

[美]乔伊斯·阿普尔比:《无情的革命:资本主义的历史》,宋非译,社会科学文献出版社 2014 年版。

[美]弗朗西斯·福山:《历史的终结及最后的人》,陈高华译,广西师范大学出版社 2014 年版。

[美]乔万尼·萨托利:《民主新论》,冯克利等译,上海人民出版社 2015 年版。

[美]约翰·罗尔斯:《正义论》,何包钢等译,中国社会科学出版社 2017 年版。

[美]莫里斯·迈斯纳:《马克思主义、毛泽东主义与乌托邦主义》,张宁等译,中国人民大学出版社 2006 年版。

[美]罗斯·特里尔:《毛泽东传》,何宇光等译,中国人民大学出版社 2010 年版。

[美]沈大伟:《中国共产党:收缩与调适》,吕增奎等译,中央编译出版社 2011 年版。

[美]亨利·基辛格:《论中国》,胡利平等译,中信出版社 2012 年版。

[美]傅高义:《邓小平时代》,冯克利译,生活·读书·新知三联书店 2013 年版。

[美]罗伯特·劳伦斯·库恩:《他改变了中国:江泽民传》,谈峥等译,上海译文出版社 2005 年版。

[美]熊玠:《大国复兴:中国道路为什么如此成功》,李芳译,湖北教育出版社 2016 年版。

[英]佩里·安德森:《西方马克思主义探讨》,高铦等译,人民出版社 1981 年版。

[英]亚当·斯密:《国富论》,贺爱军等译,陕西人民出版社 2005 年版。

[英]托马斯·霍布斯:《利维坦》,吴克峰译,北京出版社 2008 年版。

[英]约翰·穆勒:《政治经济学原理》上、下卷,赵荣潜等译,商务印书馆 2009 年版。

[英]阿诺德・汤因比:《历史研究》上、下卷,郭小凌等译,上海人民出版社2010年版。

[英]特里・伊格尔顿:《马克思为什么是对的》,李杨等译,新星出版社2012年版。

[英]伯特兰・罗素:《西方哲学史》,何兆武等译,商务印书馆2015年版。

[英]戴维・麦克莱伦:《马克思传》,王珍译,中国人民大学出版社2016年版。

[英]戴维・麦克莱伦:《马克思以后的马克思主义》,李智译,中国人民大学出版社2017年版。

[英]罗伯特・欧文:《欧文选集》第二卷,柯象峰等译,商务印书馆2017年版。

[英]洛克:《政府论》下篇,叶启芳等译,商务印书馆2017年版。

[英]诺曼・杰拉斯:《马克思与人性》,魏南海译,重庆出版社2023年版。

[德]路德维希・费尔巴哈:《费尔巴哈哲学著作选集》上、下卷,荣震华等译,商务印书馆1984年版。

[德]弗里德里希・卡尔・冯・萨维尼:《论立法与法学的当代使命》,许章润译,中国法制出版社2001年版。

[德]弗里德里希・卡尔・冯・萨维尼:《历史法学派的基本思想:1814—1840年》,郑永流译,法律出版社2009年版。

[德]马克斯・韦伯:《新教伦理与资本主义精神》,阎克文译,上海人民出版社2010年版。

[德]谢林:《先验唯心论体系》,梁志学等译,商务印书馆2011年版。

[德]黑格尔:《哲学史讲演录》第一卷,贺麟等译,上海人民出版社2013年版。

[德]黑格尔:《法哲学原理》,邓安庆译,人民出版社2016年版。

[德]麦克斯・施蒂纳:《唯一者及其所有物》,金海民译,商务印书馆2017年版。

[德]康德:《康德著作全集》第四卷,李秋零译,中国人民大学出版社2005年版。

[德]弗兰茨·梅林:《马克思传》,胡晓琛等译,中央编译出版社 2022 年版。

[法]奥古斯特·科尔纽:《马克思的思想起源》,王谨译,中国人民大学出版社 1987 年版。

[法]费尔南·布罗尔代:《15 世纪至 18 世纪物质文明、经济和资本主义》第三卷,顾良等译,生活·读书·新知三联书店 2002 年版。

[法]路易·阿尔都塞:《保卫马克思》,顾良译,商务印书馆 2010 年版。

[法]卢梭:《卢梭全集》第四卷,李平沤译,商务印书馆 2012 年版。

[法]克劳德·昂利·圣西门:《圣西门选集》第一卷,王燕生等译,商务印书馆 2017 年版。

[法]沙尔·傅立叶:《傅立叶选集》第一——二卷,赵俊欣等译,商务印书馆 2017 年版。

[法]伏尔泰:《哲学辞典》,王燕生译,商务印书馆 2019 年版。

[法]科斯塔斯·阿克塞洛斯:《马克思:技术思想家——从人的异化到征服世界》,张福公译,南京大学出版社 2024 年版。

[意]尼科洛·马基雅维利:《君主论》,潘汉典译,商务印书馆 1985 年版。

[加]埃伦·米克辛斯·伍德:《资本主义的起源:学术史视域下的长篇综述》,夏璐译,中国人民大学出版社 2016 年版。

[苏联]捷·伊·奥伊则尔曼:《马克思主义哲学的形成》,潘培新等译,生活·读书·新知三联书店 1964 年版。

[苏联]尼·拉宾:《马克思的青年时代》,南京大学外文系俄罗斯语言文学教研室翻译组译,生活·读书·新知三联书店 1982 年版。

四、中文报刊论文

张盾:《马克思政治哲学中的个人原则与社会原则》,《中国社会科学》2013 年第 8 期。

刘同舫:《马克思人类解放理论的叙事结构及实现方式》,《中国社会科学》2012 年第 8 期。

刘同舫:《马克思唯物史观叙事中的劳动正义》,《中国社会科学》2020 年第

9 期。

牟成文:《马克思的群众观及其哲学变革》,《中国社会科学》2012 年第 2 期。

牟成文:《人民意志:马克思法哲学的思想特质》,《中国社会科学》2020 年第 3 期。

李佃来:《马克思正义思想的三重意蕴》,《中国社会科学》2014 年第 3 期。

吴晓明:《马克思的现实观与中国道路》,《中国社会科学》2014 年第 10 期。

叶险明:《马克思历史认识模式的复杂性及实践解读》,《中国社会科学》2016 年第 4 期。

张文喜:《马克思所有权批判及其相关的公平正义观》,《中国社会科学》2016 年第 8 期。

公丕祥:《马克思的法律发展思想及其当代意义》,《中国社会科学》2017 年第 10 期。

张一兵:《定在概念:马克思早期思想构境的历史线索》,《中国社会科学》2019 年第 9 期。

王韶兴:《现代化国家与强大政党建设逻辑》,《中国社会科学》2021 年第 3 期。

王晓升:《世界、身体和主体——关于主体性的再思考》,《中国社会科学》2021 年第 12 期。

姜辉、林建华:《当代中国历史方位和发展阶段的科学判断及其演进逻辑》,《中国社会科学》2022 年第 1 期。

韩庆祥:《21 世纪马克思主义的基础性问题》,《中国社会科学》2022 年第 4 期。

杨洪源:《马克思创立唯物史观的发生学探究》,《中国社会科学》2023 年第 10 期。

叶汝贤:《现实的人及其历史发展的科学——深入解读〈德意志意识形态〉所阐发的唯物史观》,《哲学研究》2008 年第 2 期。

涂良川:《马克思“现实的历史的人”及其意义》,《哲学研究》2016 年第 5 期。

马拥军:《历史唯物主义的“实证”性质与马克思的正义观念》,《哲学研究》2017 年第 6 期。

汪信砚、程通:《对马克思关于"人的本质"经典表述的考辨》,《哲学研究》2019 年第 6 期。

贺来:《辩证法与本体论的双重转换——马克思辩证法理论的本体论变革意蕴》,《哲学研究》2020 年第 7 期。

唐正东:《唯物史观视域中的反贫困思想与中国的脱贫攻坚实践》,《哲学研究》2021 年第 7 期。

何中华:《马克思主义中国化的历史意蕴再思考》,《哲学研究》2021 年第 10 期。

鲁品越:《习近平以人民为中心的方法论体系的形成机制及其哲学意蕴》,《哲学研究》2022 年第 2 期。

刘日明:《马克思对资本主义文明的批判与人类文明新形态》,《哲学研究》2023 年第 2 期。

吴宏政:《马克思"历史哲学"的澄明及时代定向》,《哲学研究》2023 年第 2 期。

汪亭友:《马克思主义的本质概括:无产阶级争取自身和全人类获得彻底解放的科学——兼论马克思主义的阶级性与科学性、人民性的统一》,《政治学研究》2011 年第 1 期。

李慎明:《试论马克思主义人民民主思想:基本内涵和实践路径》,《政治学研究》2020 年第 6 期。

吴向东:《论马克思人的全面发展理论》,《马克思主义研究》2005 年第 1 期。

刘建军:《"为人民服务"的命题史考察》,《马克思主义研究》2011 年第 7 期。

李包庚:《马克思"人民主体性"思想解读》,《马克思主义研究》2014 年第 10 期。

张奎良:《马克思人的本质概念的演绎程序》,《马克思主义研究》2014 年第 11 期。

李冉:《深刻认识和把握以人民为中心的发展思想》,《马克思主义研究》2017 年第 8 期。

田旭明:《"让人民群众有更多获得感"的理论意涵与现实意蕴》,《马克思主义研究》2018 年第 4 期。

田心铭:《论坚持人民立场》,《马克思主义研究》2022 年第 1 期。

曲青山:《人民群众:共产党的根基、血脉和力量源泉》,《马克思主义与现实》2019 年第 2 期。

徐长福:《“政治国家”与“物质国家”的辩证法——马克思政治哲学范式的发生学考察》,《马克思主义与现实》2020 年第 3 期。

金民卿:《历史和人民选择了马克思主义》,《马克思主义与现实》2021 年第 4 期。

王兴赛、李萍:《论马克思人民概念的三维结构及其范式转换》,《马克思主义与现实》2021 年第 5 期。

夏莹:《试论马克思哲学的“哲学性”及其方法论原则》,《马克思主义与现实》2023 年第 1 期。

徐斌:《马克思关于“现实的人”的思想及其当代意义》,《中共中央党校学报》2013 年第 1 期。

陈慧平:《论马克思“现实的人”的理论潜能》,《社会科学战线》2016 年第 7 期。

陈培永:《重思马克思的“人民”概念》,《哲学动态》2018 年第 1 期。

李淑梅:《马克思人民主体性的国家建构思想——基于〈黑格尔法哲学批判〉的探讨》,《北京大学学报(哲学社会科学版)》2021 年第 1 期。

成龙:《中国共产党“学哲学、用哲学、创造哲学”的百年经验探析》,《社会科学战线》2021 年第 4 期。

江畅:《“人民至上”价值理念的道义合理性》,《道德与文明》2021 年第 5 期。

刘红凛:《坚持人民至上的政治逻辑与基本历史经验》,《中共中央党校(国家行政学院)学报》2022 年第 2 期。

侯衍社:《从三重维度看“人民至上”的科学内涵》,《江海学刊》2022 年第 4 期。

唐正东:《马克思主义人民观在当代中国实践中的创新发展》,《马克思主义理论学科研究》2022 年第 12 期。

任平:《开辟当代中国马克思主义发展哲学的新境界——“以人民为中心的发展思想”的哲学逻辑》,《南京社会科学》2022 年第 12 期。

肖贵清:《坚持人民至上:习近平新时代中国特色社会主义思想的根本立场观点方法》,《当代世界与社会主义》2022年第6期。

成龙:《从三维结构看中国式现代化的中国特色》,《武汉大学学报(哲学社会科学版)》2023年第5期。

李维武:《马克思主义哲学中国化视域中的人民至上观念》,《武汉大学学报(哲学社会科学版)》2023年第5期。

后　记

这部著作是我主持的上海市哲学社会科学规划青年项目“新赶考路视域下中国共产党人民主体观创新发展研究”（项目批准号:2022EKS001）的阶段性成果,也是对我近一段时间以来研究工作的一次检验。

犹记2018年在马克思诞辰200周年之际,我有幸去往这位“千年第一思想家”的故乡德国特里尔城,瞻仰伟人故居、追寻伟人足迹、接受思想洗礼。在布吕肯街10号马克思故居博物馆中,我不仅实地探访了马克思出生成长的居所环境,也再次学习了解了马克思的生平、事业以及他的思想从19世纪至今对世界产生的广泛影响。与以往书本上的收获有所不同,在真实的历史场景中学习伟人的丰功伟绩、感受伟人的思想魅力,让我的内心受到前所未有的触动。怀着崇敬之心去,带着许多感悟回。正是在这次初心之行中,在实地学习体悟马克思为人类求解放的崇高境界与毕生追求的过程中,想从学理方面厘清“马克思究竟如何思考‘现实的人’以及这种思考对当代中国发展有哪些启示”的种子在我心中开始萌发。到今日,这颗种子终于“扬花抽穗”了。

“落其实者思其树,饮其流者怀其源。”付梓之际,要向给予我无私帮助的各位师长亲友献上真挚的感谢。感谢北京大学王东教授,浙江大学成龙教授、刘同舫教授、王东莉教授、段治文教授等,他们从不同方面对我的研究主题和写作思路提出宝贵意见,为我进一步打开研究视域、深化研究内容带来许多灵感和启发。感谢大力支持和热情帮助我的院领导、同事,感谢默默付出、给我无限动力的家人、朋友。最后,还要感谢人民出版社的垂爱与编辑老师为本书顺利出版付出的大量心血!

由于本人水平与能力有限,书稿不可避免地存在错漏与不足之处,敬请大家多提宝贵批评与指导,以促进我更加深入地研究。

程　丙

于复旦燕园

责任编辑：李　航

图书在版编目(CIP)数据

马克思“现实的人”理论及其当代价值研究 / 程丙著. -- 北京 : 人民出版社，2024. 10. -- ISBN 978-7-01-026871-2

Ⅰ. C912.1

中国国家版本馆 CIP 数据核字第 2024KJ4067 号

马克思“现实的人”理论及其当代价值研究

MAKESI “XIANSHIDEREN” LILUN JIQI DANGDAI JIAZHI YANJIU

程 丙 著

人民出版社 出版发行

（100706　北京市东城区隆福寺街 99 号）

北京建宏印刷有限公司印刷　新华书店经销

2024 年 10 月第 1 版　2024 年 10 月北京第 1 次印刷

开本:710 毫米×1000 毫米 1/16　印张:18.25

字数:235 千字

ISBN 978-7-01-026871-2　定价:98.00 元

邮购地址 100706　北京市东城区隆福寺街 99 号

人民东方图书销售中心　电话 (010)65250042　65289539